中国特色高水平高职学校项目建设成果

Auto Parts Management and Marketing

汽车配件管理与营销

主　编　刘　颖

副主编　陈　锐　马玉蕾

参　编　宋春雨　王关宇　王　聪

主　审　于星胜

机械工业出版社
CHINA MACHINE PRESS

本书是职业院校汽车专业的创新教材，基于工作过程，以“项目+任务”的方式组织内容，融入课程思政，实现汽车配件管理与营销职业能力的培养和职业精神的塑造，符合教学过程的实际应用。

全书共分为4个学习项目，计12个学习任务，内容包括汽车配件采购管理、汽车配件仓储管理、汽车配件销售管理和汽车配件售后服务管理。

本书内容翔实、结构清晰，可作为高职高专院校汽车相关专业的专业课教材，也可作为相关行业的岗位培训教材和汽车配件管理人员的自学用书。

本书配有电子课件、微课、动画、试题及答案。读者可通过手机扫描书中二维码观看视频和动画。为方便教学，凡选用本书作为授课教材的教师均可登录 www. cmpedu. com，以教师身份注册、免费下载试题和电子课件。

图书在版编目（CIP）数据

汽车配件管理与营销/刘颖主编．—北京：机械工业出版社，2022. 3（2026. 1 重印）
中国特色高水平高职学校项目建设成果
ISBN 978-7-111-70313-6

Ⅰ．①汽…　Ⅱ．①刘…　Ⅲ．①汽车-配件-销售管理-高等职业教育-教材　Ⅳ．①F766

中国版本图书馆 CIP 数据核字（2022）第 039982 号

机械工业出版社（北京市百万庄大街 22 号　邮政编码 100037）
策划编辑：王海峰　谢熠萌　责任编辑：王海峰　谢熠萌　葛晓慧
责任校对：张　征　刘雅娜　封面设计：张　静
责任印制：郜　敏
河北虎彩印刷有限公司印刷
2026 年 1 月第 1 版第 5 次印刷
184mm×260mm · 14. 5 印张 · 319 千字
标准书号：ISBN 978-7-111-70313-6
定价：49. 00 元

电话服务　　网络服务
客服电话：010-88361066　机　工　官　网：www. cmpbook. com
010-88379833　机　工　官　博：weibo. com/cmp1952
010-68326294　金　书　网：www. golden-book. com
封底无防伪标均为盗版　机工教育服务网：www. cmpedu. com

中国特色高水平高职学校
项目建设系列教材编审委员会

编写说明

中国特色高水平高职学校和专业建设计划（简称“双高计划”）是我国为建设一批引领改革、支撑发展、中国特色、世界水平的高等职业学校和骨干专业（群）而推出的重大决策建设工程。哈尔滨职业技术学院入选“双高计划”建设单位，对学院中国特色高水平学校建设进行顶层设计，编制了站位高端、理念领先的建设方案和任务书，并扎实开展了人才培养高地、特色专业群、高水平师资队伍与校企合作等项目建设，借鉴国际先进的教育教学理念，开发中国特色、国际标准的专业标准与规范，深入推动“三教改革”，组建模块化教学创新团队，实施“课程思政”，开展“课堂革命”，校企双元开发活页式、工作手册式、新形态教材。为适应智能时代先进教学手段应用需求，学校加大优质在线资源的建设，丰富教材的载体，为开发以工作过程为导向的优质特色教材奠定基础。

按照教育部印发的《职业院校教材管理办法》要求，教材编写总体思路是：依据学校双高建设方案中教材建设规划、国家相关专业教学标准、专业相关职业标准及职业技能等级标准，服务学生成长成才和就业创业，以立德树人为根本任务，融入课程思政，对接相关产业发展需求，将企业应用的新技术、新工艺和新规范融入教材之中，教材编写遵循技术技能人才成长规律和学生认知特点，适应相关专业人才培养模式创新和优化课程体系的需要，注重以真实生产项目、典型工作任务、生产流程及典型工作案例等为载体开发教材内容体系，理论与实践有机融合，满足“做中学、做中教”的需要。

本套教材是哈尔滨职业技术学院中国特色高水平高职学校项目建设的重要成果之一，也是哈尔滨职业技术学院教材改革和教法改革成效的集中体现，教材体例新颖，具有以下特色：

第一，教材研发团队组建创新。按照学校教材建设统一要求，遴选教学经验丰富、课程改革成效突出的专业教师担任主编，确定了相关企业作为联合建设单位，形成了一支学校、行业、企业和教育领域高水平专业人才参与的开发团队，共同参与教材编写。

第二，教材内容整体构建创新。教材内容体系精准对接国家专业教学标准、职业标准和职业技能等级标准，参照行业企业标准，有机融入新技术、新工艺、新规范，构建基于职业岗位工作需要的体现真实工作任务和流程的内容体系。

第三，教材编写模式形式创新。与课程改革相配套，按照“工作过程系统化”“项目+任务式”“任务驱动式”“CDIO 式”四类课程改革需要设计教材编写模式，创新新形态、活页式和工作手册式教材三大编写形式。

第四，教材编写实施载体创新。依据本相关专业教学标准和人才培养方案要求，在深入企业调研、岗位工作任务和职业能力分析基础上，按照“做中学、做中教”的编写思路，以企业典型工作任务为载体进行教学内容设计，将企业真实工作任务、业务流程、生产过程融入教材之中，同时开发了与教学内容配套的教学资源，以满足教师线上、线下混合式教学的需要。教材配套资源同时在相关教学平台上线，可随时进行下载，也可以满足学生在线自主学习的需要。

第五，教材评价体系构建创新。从培养学生良好的职业道德、综合职业能力与创新创业能力出发，设计并构建评价体系，注重过程考核以及由学生、教师、企业、行业、社会参与的多元评价，在学生技能评价上借助社会评价组织的“1+X”技能考核评价标准和成绩认定结果进行学分认定，每种教材根据专业特点设计了综合评价标准。

为确保教材质量，组建了中国特色高水平高职学校项目建设系列教材编审委员会。教材编审委员会由职业教育专家组成，同时聘请企业技术专家指导。组织了专业与课程专题研究组，建立了常态化质量监控机制，为提升教材的品质提供稳定支持，确保教材的质量。

本套教材是在学校骨干院校教材开发的基础上，经过几轮修改，融入课程思政内容和课堂革命理念，既具积累之深厚，又具改革之创新，凝聚了校企合作编写团队的集体智慧。本套教材由机械工业出版社出版，充分展示了课程改革成果，为更好地推进中国特色高水平高职学校和专业建设及课程改革做出积极贡献！

哈尔滨职业技术学院
中国特色高水平高职学校项目建设系列教材编审委员会

前言

为深入贯彻落实国务院在《国家职业教育改革实施方案》中提出的“建设一大批校企‘双元’合作开发的国家规划教材”的要求，深化“三教”改革，我们通过校企合作开发了新能源汽车技术专业的工学结合特色教材。

本书根据新能源汽车检测与维修技术专业教学标准、新能源汽车检测与维修技术专业人才培养方案，结合“1+X”职业技能等级证书标准确定教学目标；以《高等学校课程思政建设指导纲要》为指导，以立德树人为根本，确定育人目标；从岗位需求出发，以典型工作任务为载体，基于工作过程，以“项目+任务”的方式组织内容，构建教材内容框架，进而实现素质目标、知识目标、能力目标的培养，力争达到最佳的教学效果。

本书为校企合作开发的教材，采用任务驱动的编写模式，每个项目由若干个任务组成，每个任务的重难点问题都配有数字资源，并且附有合作企业按照主机厂要求制订的各项业务活动的标准作业程序。本书开发的与教学内容配套的教学资源，能够满足教师线上、线下混合式教学的需要，配套资源同时上传至相关线上平台，可随时下载，也可以满足学生在线自主学习课程的需要。

本书由哈尔滨职业技术学院刘颖任主编，陈锐和马玉蕾任副主编，哈尔滨华通丰田汽车服务有限公司零件供应中心宋春雨、王关宇、王聪参加编写。本书编写分工如下：项目一、项目三和项目二中的任务3由刘颖编写；项目二中的任务1和项目四由陈锐编写，项目二中的任务2和任务5由马玉蕾编写，项目二中的任务4由宋春雨编写；附录由王关宇和王聪编写。本书由哈尔滨职业技术学院于星胜主审。

本书在编写过程中，得到了哈尔滨华通丰田汽车服务有限公司零件供应中心、哈尔滨华通集团、哈尔滨新里程汽车维修站等合作企业的大力支持，得到哈尔滨职业技术学院孙百鸣、杜丽萍、徐翠娟、李敏、张敏等各位老师的指导，在此深表感谢。

由于编者的能力和水平有限，书中难免有不妥或错误之处，敬请广大读者和同仁提出宝贵意见（发送至420673631@ qq. com），以便不断完善。

编　者

二维码索引

目录

项目一 ▶ 汽车配件采购管理

学习目标

1. 能够根据历史数据预测配件需求。
2. 能够根据历史数据确定库存宽度。
3. 能够根据历史数据计算标准库存量。
4. 能够根据销售情况计算建议订货量。
5. 能够熟练运用目测法鉴别汽车配件质量。
6. 能够熟练运用简单技术手段鉴别汽车配件质量。
7. 树立客观分析问题的意识。

任务 1 汽车配件需求预测

任务解析

本任务主要学习汽车后市场业务范围，我国汽车配件行业的发展现状及发展趋势，影响售后零部件市场需求的主要因素及如何根据历史的销售数据，采用正确的预测方法，对未来一段时间的销售情况进行预测。

知识链接

一、汽车后市场

（一）汽车后市场定义与业务范围

1. 汽车后市场定义

汽车后市场是汽车产业链的有机组成部分，包括汽车销售领域的金融服务、汽车租赁、保险、广告、装潢、维护与维修；日常运行的油品；驾校、停车场、车友俱乐部、救援系统、交通信息服务、二手车等。

2. 汽车后市场业务范围

无论哪种定义，都是以汽车整车销售的前、后顺序进行分类的。综合来看，汽车后市场主要包括七大行业十九大业务。

七大行业包括汽保行业、汽车金融行业、汽车 IT 行业、汽车养护行业、汽车维修及配件行业、汽车文化及汽车运动行业、二手车及汽车租赁行业。

汽车后市场的十九大业务包括汽车美容、汽车装饰、汽车养护、汽车电子、汽车娱乐影音系统、汽车改装、汽车饰品类、汽车轮胎服务、汽车专业维修、汽车上使用办公用品、汽车租赁、车主俱乐部、二手车业务、汽车文化、汽车融资、汽车广告、汽车资讯、汽车培训、汽车电子商务网站。汽车后市场是产业链中最稳定的利润来源。

（二）我国汽车后市场渠道与规模

1. 我国汽车后市场渠道模式

现阶段，我国汽车后市场主要有汽车 4S 店、传统大中型维修厂、汽车维修路边店、汽车专项服务店、品牌快修美容装饰连锁店五大渠道。这五大渠道在面积大小、设备投资、人员素质、地点便利性、服务质量、服务时间和收费标准等方面各有千秋。

2. 我国汽车后市场规模

随着我国汽车保有量不断增加，汽车后市场得到快速发展，汽车维修和维护是其重要的组成部分。根据数据显示，我国汽车维修行业市场规模 2018 年为 6040 亿元，2019 年为 6770 亿元，同比增长 12.09%。预计 2023 年，我国维修业产值有望超过 1

万亿元。值得关注的是，新能源汽车“风口”强劲，但相应的配套服务、经销商、售后维保体系还处于布局加速阶段，对于站在车企背后的汽车后市场企业来说，无疑是发展的新方向、新机遇。预计2025年我国新能源汽车保有量将达到2000万辆，根据《2020我国汽车后市场维保行业白皮书》，2020年我国新能源汽车的平均维保客单价为1373元，如按每个用户每年维保在1~2次，将催生274.6亿~549.2亿元的售后维保产值规模。截至2021年6月底，我国新能源汽车保有量已达到603万辆，占汽车总量的2.06%，其中纯电动车共493万辆。预计2030年新能源汽车售后维保产值将有望突破1000亿元。

据中国汽车维修行业协会汽车信息工作委员会于2017年的不完全统计，截至2017年底，工商在册全国汽车维修经营企业共计约43万家。其中一类大型综合维修企业占比不足3%，二类中型汽修企业占比不足20%，市场中接近80%的在册企业是三类中小型维修企业，预计在册之外还存在着数十万家小型汽车维修企业，整体比例悬殊，品质良莠不齐，真正高品质有规模的维修企业占比并不高。我国有汽配用品专业市场1000余家，综合的汽配城也在全国各地迅速兴起。

二、我国汽车配件行业发展现状

1. 政策频发，行业要求逐步提高

国家正在促进汽车产业调整升级，鼓励研发制造高质量、高技术水平的自主品牌汽车，对新能源汽车保持着较大的扶持力度。一系列产业政策的发布，无疑对零部件行业提出了更高的要求。汽车零部件作为汽车工业发展的基础，是国家长期重点支持发展的产业，我国政府已出台一系列鼓励基础零部件发展的政策措施。

2. 行业良性发展现状分析

（1）汽车产销量整体提高　我国汽车工业协会发布的统计数据显示，2020年，我国汽车产销分别完成2522.5万辆和2531.1万辆，年产销量连续12年全球第一。其中，新能源汽车全年产销分别完成136.6万辆和136.7万辆。近10年我国汽车产销量情况如图1-1所示。

图1-1　近10年我国汽车产销量情况

本期问题　2021年我国汽车产销量分别是多少？
其中新能源汽车产销量达到多少？

（2）汽车保有量稳步提升　汽车保有量逐年增长，年复合增长率超过12%。根据公安部的统计，2020年全国机动车保有量达3.72亿辆，其中汽车2.81亿辆，私人汽车保有量达到2.44亿辆。近10年我国汽车保有量情况如图1-2所示。

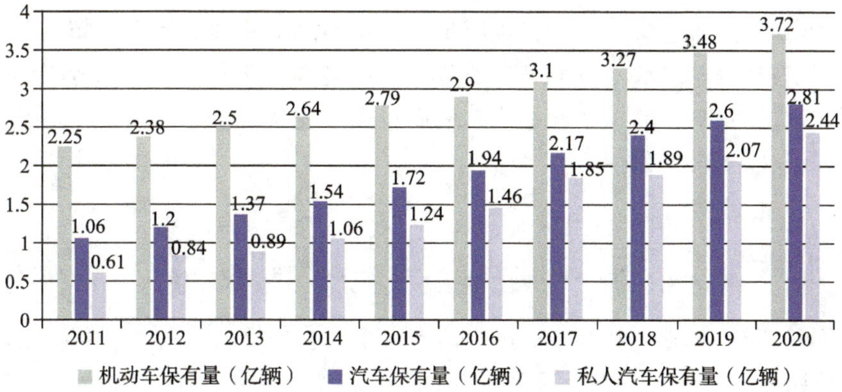

图1-2　近10年我国汽车保有量情况

本期问题　截至2021年年末我国汽车保有量是多少？
截至2021年年末我国新能源汽车保有量是多少？

（3）零部件的需求不断增长　汽车产销量的整体提高，为我国新车零部件配套市场的发展提供了发展空间；不断增长的汽车保有量，使汽车维修与改装对零部件的需求不断增长，促使我国汽车零部件行业不断壮大。2018年我国汽车零部件行业销售收入突破4万亿元。我国汽车零部件行业销售收入情况如图1-3所示。

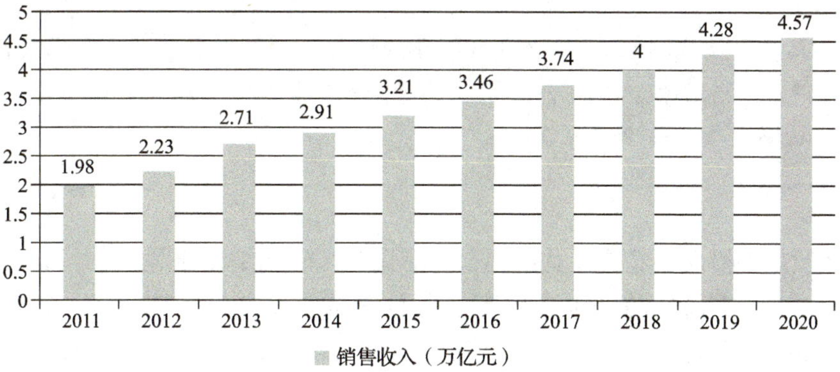

图1-3　我国汽车零部件行业销售收入情况

3. 行业竞争激烈

（1）我国零部件企业实力尚需加强　2018全球汽车零部件配套供应商百强榜显示，

日本有 26 家汽车零部件企业入榜，排名第一；美国有 21 家企业入榜，排名第二；德国以 18 家入榜企业位列第三。我国入榜企业有 8 家，高于第五名的韩国。

（2）私营企业占比高　我国汽车零部件规模以上企业超过一万家，其中外商及港澳台投资企业占比达 22.2%，而股份制企业、国有企业占比相对较少，私营企业占比接近一半。但私营企业绝大多数为小型企业，小型企业占私营企业的数量超过 70%。

（3）汽车发动机巨头众多　我国主要汽车发动机厂商竞争较为激烈，巨头众多。2018 年一汽-大众公司汽车发动机销量突破两百万台，领先于上海大众公司的 52 万台。我国自主品牌浙江吉利、长城汽车、重庆长安公司的汽车发动机年销量超过 70 万台。

（4）汽车玻璃处于寡头垄断状态　汽车玻璃行业集中度很高，市场呈现出寡占市场结构。其中：福耀玻璃和信义玻璃是汽车玻璃行业的龙头，两者业务收入之和占整个汽车玻璃行业 70%以上市场份额。

做一片属于自己的高质量玻璃

福耀集团 1987 年成立于中国福州，是专注于汽车安全玻璃的大型跨国集团。自创立以来，福耀集团矢志为中国人做一片属于自己的高质量玻璃，当好汽车工业的配角，秉承“勤劳、朴实、学习、创新”的核心价值观，坚持走独立自主、应用研发、开放包容的战略路线。经过 30 余年的发展，福耀集团已在中国 16 个省市以及美国、俄罗斯、德国、日本、韩国等 11 个国家和地区建立现代化生产基地和商务机构，并在中、美、德设立 6 个设计中心，全球雇员约 2.7 万人。福耀产品得到全球知名汽车制造企业及主要汽车厂商的认证和选用，包括宾利、奔驰、宝马、奥迪、通用、丰田、大众、福特、克莱斯勒等，为其提供全球 OEM 配套服务和汽车玻璃全套解决方案，并被各大汽车制造企业评为“全球优秀供应商”。

福耀集团是“工业 4.0”的积极探索者和实践者。公司以智识引领发展，以创新为驱动，通过智能制造，为客户提供一片有“灵魂”的玻璃，其信息技术与生产自动化方面位居全球同行业前列。

福耀集团多年蝉联《财富》中国 500 强、中国民营企业 500 强，多次获得“中国最佳企业公民”“中国十佳上市公司”“CCTV 最佳雇主”等殊荣，于 2016 年荣获全球玻璃行业最高奖项——金凤凰奖。

（5）区域竞争格局　经济发达的地区，居民收入和消费水平较高，汽车的销售量和保有量较大，汽车零部件的需求也较高。为达到同步开发、及时供货、节约成本等目的，汽车零部件供应商通常围绕整车制造商所在区域选址布局，形成大规模的产业集群。近年来，吉林长春、湖北十堰、安徽芜湖、广东广州、京津冀环渤海、江苏扬州等汽车零部件产业基地迅速崛起，已逐步形成了六大产业集群，包括：以上海、江苏和浙江为核心的长三角产业集群，以重庆、四川为核心的西南产业集群，以广东为核心的珠三角产业集群，以吉林、辽宁和黑龙江为核心的东北产业集群，以湖北、湖南、安徽为核心的中部产业集群，以北京、天津和河北为核心的环渤海产业集群。

三、我国汽车配件行业发展前景和趋势分析

1. 发展前景分析

（1）汽车售后市场成为主要增长点　随着汽车产销量触及天花板，汽车零部件在新车配套领域发展有限，巨大的售后市场将成为汽车零部件行业的增长点之一。

（2）长期向好势头不变　受益于国内外整车行业发展和消费市场扩大，国内汽车零部件行业呈现出良好的发展趋势，仍面临较大的发展机遇。2024 年我国汽车零部件行业主营业务收入预计将达到 5.7 万亿元。

2. 发展趋势分析

1）产业布局集群化趋势更为明显。为降低运输成本，缩短供货周期、提高协同能力，国内汽车零部件企业一般选择在整车厂附近区域设立生产基地，因而产业布局集群化的趋势越发明显。

2）产业整合重组进程加快，汽车行业竞争日趋激烈，消费者对价格敏感性强烈，从而对零部件企业成本控制提出新要求。汽车零部件产品生产具有较强的规模和品牌经济效应，通过大规模地组织生产、运输能有效降低生产成本，并提升产品供货能力及品牌知名度。因此通过整合内外部资源，提升整体规模并降低生产成本将是汽车零部件企业未来着力提升的核心竞争力之一。

3）模块化与轻量化推动产业变革。汽车行业竞争加剧，制造水平的要求越来越高，“模块化”“轻量化”等新技术逐步完善并应用到生产环节中。随着模块化技术的推广，汽车制造商将大幅减少零部件采购数量，同时推动采购模式由“单品采购”变为“模块采购”。因此，零部件产品单一的厂商未来或将被整合，甚至被市场淘汰。

四、影响售后零部件市场需求的主要因素

1. 汽车保有量

汽车保有量是指一个地区拥有车辆的数量，一般是指在当地登记的车辆。但汽车保有量不同于机动车保有量，机动车保有量包括摩托车、农用车保有量等在内。据公安部统计，2020 年全国机动车保有量达 3.72 亿辆，其中汽车保有量为 2.81 亿辆。汽车保有量是影响售后零部件市场需求的首要因素，即使整车市场增长出现停滞，只要售后市场汽车保有量还在增加，则汽配行业的增长就有保障。

2. 行驶距离

如果一辆汽车每 5000km 维护 1 次，那么假设每年行驶 10000km，就要维护 2 次，一年就需要更换 2 个机油滤清器；如果每年行驶 20000km，就要维护 4 次，一年就需要更换 4 个机油滤清器。可见，行驶距离对售后零部件市场需求有正相关的影响。

3. 平均车龄

车龄是按行驶证上登记的日期计算的，车龄越大维修越频繁，需要的零部件就越多。平均车龄对售后零部件市场需求同样有着正相关的影响。二手车业务的兴起及消费者对二手车的认可，都将提高平均车龄。

4. 事故数量

2018年，我国汽车发生交通事故166906起，导致46161人死亡，169046人受伤，直接财产损失达118671.6万元。每一起交通事故，都是惨痛的教训。安全无小事，要注意交通安全。

5. 汽车耐久性

汽车耐久性，是指汽车的整车和总成在达到极限磨损数值或不堪使用之前的工作期限。简单地说，就是汽车的使用寿命。它对汽车的大修费有直接影响，也就直接影响到售后零部件的市场需求。

6. 法制规定

2004年10月1日起实施的《缺陷汽车产品召回管理规定》，2013年10月1日起施行的《家用汽车产品修理、更换、退货责任规定》等都会涉及零部件的更换，都与售后零部件市场需求密切相关。作为消费者，要正确使用法律武器，维护自己的权益；作为售后服务人员，要正确使用法律武器，保护消费者的权益。

> 人民权益要靠法律保障，法律权威要靠人民维护。要充分调动人民群众投身依法治国实践的积极性和主动性，使全体人民都成为社会主义法治的忠实崇尚者、自觉遵守者、坚定捍卫者，使尊法、信法、守法、用法、护法成为全体人民的共同追求。
>
> ——习近平

五、汽车配件需求预测的方法

汽车配件经营企业经常需要对市场需求情况进行预测。需求预测是根据有关调查资料或已知的统计资料，估计未来一定时间内，整个产品或特定产品的需求量和需求金额。需求预测与企业生产经营活动关系非常紧密。

充足的汽车配件供应能给用户以安全感和亲切感，对开拓和巩固市场起到促进作用。但配件储存量过多会导致配件功能失效，占用企业的流动资金，增加存储费用，不利于节约成本。因而企业应当追求合理的经济储备，做到既满足社会对配件的需要，又节约成本，这就需要科学地预测。因此，配件需求预测的目的是合理储存各种配件的数量，包括车型停产后所需配件的储存。选择合适的预测方法可以对未来某一时间的配件需求进行较准确的预测。

汽车配件需求预测有以下特点：

1）对变化的需求具有灵活的反应。

2）对于不同地点的配件可以有不同的预测模型，并且可以使用稳定性规则来改变预测模型。

3）可以有效地对预测参数进行详细的设置。

4）覆盖配件的整个生命周期。

5）可以考虑配件的互换性。

6）可以对某一地点配件的预测进行自动化处理。

7）可以预测配件的绝对需求，也可以预测配件的订货的次数，甚至每一次订货的平均数量。

需求预测方法大致分为定性预测法和定量预测法。

定性预测法是基于判断、直觉和经验判断的方法，本质上来说是主观的，其准确性有待证实。

定量预测法是根据已掌握的比较完善的历史统计数据，运用一定的数学方法进行预测，可分为时间序列模型和因果关系模型两大类。时间序列是指按时间先后顺序排列而成的各种经济指标统计数据。时间序列预测法，就是将购买力增长、经济发展等变数相同的一组观察值，按时间的顺序加以排列，构成同级的时间序列，并运用一定的数学方法使之向外延伸，由此预计时差带来的发展变化趋势，最终确定市场预测值。

时间序列预测法主要有简单平均法、移动平均法和指数平滑法三种。在汽车配件经营企业中，简单平均法应用较为广泛。

简单平均法是通过一定观察期内时间序列的数据求得平均数，以平均数为基础确定预测值的方法。这是汽车配件需求预测中最简单的时间序列预测法。简单平均法最常用的计算方法有算术平均法和加权算术平均法。

任务实施

根据下述信息，采用不同的预测方法，预测汽车配件需求。

1）某汽车配件经营企业 2019 年 1~6 月的销售金额分别为 26 万元、27 万元、24 万元、28 万元、26 万元和 37 万元。采用算术平均法预测第 7 个月的销售量。

根据对 n 个观察值计算平均值作为预测值，算术平均法的数学模型见式（1-1）

$$y_{n+1}^{t} = \frac{\sum_{i=1}^{n} y_i}{n} = \frac{y_1 + y_2 + \cdots + y_n}{n} \tag{1-1}$$

式中　y_{n+1}^{t}——第 $n+1$ 个时期销售量的预测值；

y_i——第 i 个时期的实际销售量；

n——所选期数。

采用算术平均法预测第 7 个月的销售量为

$$y_7 = \frac{26+27+24+28+26+37}{6}\text{万元} = 28\ \text{万元}$$

从上述计算结果可知：该汽车配件经营企业第 7 个月的汽车配件销售量预计为 28 万元。

算术平均法计算简单，使用方便，但把算术平均值直接作为预测值，其精确度不会很高，而且因为使用的都是过去统计的数据，无法反映市场状况的变化及发展趋势，预测结果往往与实际结果有偏差。

2）某零件 2019 年 1~6 月的销售金额分别为 26 万元、27 万元、24 万元、28 万元、26 万元和 37 万元，这 6 个月的观察值相应的权数依次为 1、2、3、4、5 和 6，采用加权算术平均法预测该零件 7 月份的销售额。

加权算术平均法是在预测中根据每个实际观察值的重要性给予不同的权数。根据愈是近期的数据对预测值影响愈大这一特点，加权算术平均法对近期数据给予较大的权数，对较远期的数据给予较小的权数，这样来弥补算术平均法的不足。加权算术平均法的数学模型见式（1-2）

$$y_w = \frac{\sum_{i=1}^{n} w_i x_i}{\sum_{i=1}^{n} w_i} \tag{1-2}$$

式中　y_w——预测值（观察值的加权算数平均数）；

x_i——第 i 期实际观察值；

w_i——x_i 的对应权数；

n——所选期数。

采用加权算术平均法预测第 7 个月的销售量为

$$y_7 = \frac{26\times1+27\times2+24\times3+28\times4+26\times5+37\times6}{1+2+3+4+5+6}\text{万元} = 29.3\text{ 万元}$$

从上述计算结果可知：该汽车配件经营企业第 7 个月的汽车配件销售量预计为 29.3 万元。

相同条件下，加权算术平均法预测的结果更趋近变化与发展趋势。

3）根据已知数据预测该地区机油滤清器和火花塞的年需求量。该地区某车型汽车保有量 10000 辆；每辆车年均行驶里程 10000km；机油滤清器使用寿命为 5000km；火花塞使用寿命 40000km；每辆车安装 1 个机油滤清器；每辆车安装 4 个火花塞。

产品生命周期就是产品从进入市场到退出市场所经历的市场生命循环过程。不但汽车有其产品生命周期，配件也存在生命周期。因此，配件的预测需要掌握对应车型和配件所处的生命周期的不同阶段，以便采用相应的预测方法。由于新的车型和配件大部分都是以相同的功能代替旧产品，因此对于新一代的产品再次使用原来的需求曲线上的某些信息是合理的。

基于配件寿命的预测方法是根据配件寿命来预测配件的需求量，一般可以根据下面四个参数来预测：

①该配件适用的车型在本地区的保有量或者适用车型的入厂台数。

②该配件适用车型的年平均行驶里程。

③该配件的使用寿命。

④该配件在适用车型上的使用数量。

基于配件寿命的预测方法的数学模型见式（1-3）

$$\text{需求量} = \text{保有量} \times \frac{\text{年平均行驶里程}}{\text{配件使用寿命}} \times \text{单车使用量} \tag{1-3}$$

根据基于配件寿命的预测方法预测机油滤清器的年需求量为 20000 个。

$$10000 \times \frac{10000}{5000} \times 1 = 20000(\text{个})$$

根据基于配件寿命的预测方法预测火花塞的年需求量为 10000 个。

$$10000\times\frac{10000}{40000}\times4=10000(\text{个})$$

这种方法只适用于规律性的磨损、规律性的维护的需求，带有一定的局限性，但是仍然具有十分重要的参考价值。

4）新配件的需求预测。对于新的配件的需求进行预测，由于没有任何历史数据，因此预测的依据来自类似配件的历史数据，预测的方法可参考类似配件的预测方法。

5）停产车型的配件需求预测。虽然车型已经停产，但是法律上仍然要求在一定的时间段里保留一部分配件，以确保售后服务能够正常开展。我国《汽车品牌销售管理办法》中规定，汽车供应商应当及时向社会公布停产或停止销售车型，并保证至少 10 年的配件供应以及相应售后服务。

有时车型和配件都可能停产，但距离厂家承诺的服务期还有一段相对较长的时间，这时配件部门就面临着末次订货的问题。末次订货的复杂性和停产车型的预测遇到的困难一样，其复杂性在于从停产之后到承诺服务期结束的这段时间，配件的总需求不能确定。因此，通常需要借鉴其他停产车型的配件的消耗情况、车辆保有量情况等进行综合分析。

任务 2　汽车配件编号查询、采购及库存管理

任务解析

本任务主要学习国产汽车配件编制规则，一汽-大众配件编号的构成，丰田配件编号的构成，使用汽车配件编号查询系统查询正确的零件编号，根据汽车配件的需求确定库存宽度和标准库存量，根据汽车配件的需求和库存状态确定订货量。

知识链接

汽车零部件编号是汽车配件在汽车生产、流通、维修、消费等环节全程应用的重要标识，可实现对每个汽车零部件采购、出库、配发、使用、维护过程的记录，同时应用于零部件和整车企业对产品全生命周期的管理及缺陷产品召回。

一、国产汽车配件编号

每个汽车厂家都有各自的配件编号标准，国内的汽车配件厂家基本上是按照以下介绍的规则进行编号的。

（一）国产汽车零部件编号规则

在我国，汽车零部件编号按 QC/T 265—2004《汽车零部件编号规则》统一编制。

1. 汽车零部件编号

汽车零部件编号由企业名称代号、组号、分组号、零部件顺序号、源码和变更代号组成，其表达式如图 1-4 所示。

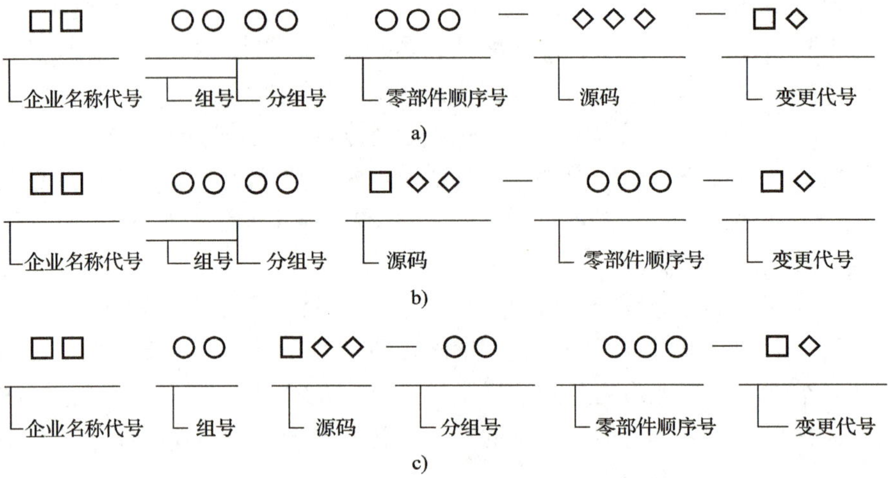

图 1-4　汽车零部件编号表达式

a）表达式一　b）表达式二　c）表达式三

□—字母　○—数字　◇—字母或数字

2. 汽车组合模块编号

汽车组合模块组合功能码由组号合成，前两位组号描述模块的主要功能特征，后两位组号描述模块的辅助功能特征，其表达式如图 1-5 所示。例如，10 * 16 表示发动机带离合器组合模块；10 * 17 表示发动机带变速器组合模块；17 * 35 表示变速器带驻车制动器组合模块。组合功能码见表 1-1。

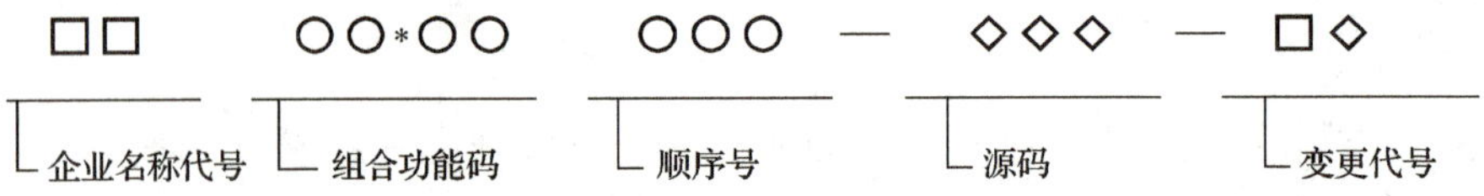

图 1-5　汽车组合模块编号表达式

□—字母　○—数字　◇—字母或数字

表 1-1　汽车组合模块组合功能码

组合模块号	组合模块名称
10 * 17	发动机带变速器组合模块
10 * 16	发动机带离合器组合模块
17 * 35	变速器带驻车制动器组合模块
18 * 35	分动器带驻车制动器组合模块
50 * 38	驾驶室带仪表盘组合模块

（二）国产汽车零部件编号规则说明

1. 标准的主题内容及适用范围

1）标准规定了各类汽车、半挂车的总成和装置及零件号编制的基本规则和方法。

2）适用于各类汽车和半挂车的零件、总成和装置的编号，不适用于专用汽车和专用半挂车的专用装置部分的零件、总成和装置的编号及汽车标准件和轴承的编号。

2. 标准用术语

（1）企业名称代号　当汽车零部件图样使用涉及知识产权或产品研发过程中需要标注企业名称代号时，可在最前面标注经有关部门批准的企业名称代号。一般企业内部使用时，允许省略。企业名称代号由2位或3位汉语拼音字母表示。

（2）组号　用2位数字表示汽车各功能系统分类代号，按顺序排列，共64个，详见QC/T 265—2004《汽车零部件编号规则》。

（3）分组号　用4位数字表示各功能系统内分系统的分类顺序代号，按顺序排列。前2位数字代表所隶属的组号，后2位数字代表其在该组内的顺序号。分组号共1026个，详见QC/T 265—2004《汽车零部件编号规则》。

（4）源码　源码用3位字母、数字或字母与数字混合表示，企业自定。

1）描述设计来源。指设计管理部门或设计系列代码，由3位数字组成。

2）描述车型中的构成。指车型代号或车型系列代号，由3位字母与数字混合组成。

3）描述产品系列。指大总成系列代号，由3位字母组成。

（5）零部件顺序号　用3位数字表示功能系统内总成、分总成、子总成、单元体、零件等顺序代号，零部件顺序号表述应符合下列规则：

1）总成的第3位应为0。

2）零件第3位不得为0。

3）3位数字为001~009，表示功能图、供应商图、装置图、原理图、布置图、系统图等为了技术、制造和管理的需要而编制的产品号和管理号。

4）对称零件其上、前、左件应先编号为奇数，下、后、右件后编号且为偶数。

5）共用图（包括表格图）的零部件顺序号一般应连续。

（6）变更代号　变更代号为2位，可由字母、数字或字母与数字混合组成，由企业自定。

（7）代替图零部件编号　对零件变化差别不大，或总成通过增加或减少某些零部件构成新的零件和总成后，在不影响其分类和功能的情况下，其编号一般在原编号的基础上仅改变其源码。

（三）国产汽车标准件编号规则

国产汽车标准件编号按照QC/T 326—2013《汽车标准件产品编号规则》进行编制。汽车标准件的完整编号由7个部分组成，如图1-6所示。

1. 编号各部分的表示方法及含义

汽车标准件产品编号由一组连续的、位数不固定的阿拉伯数字和大写英文字母组成，不使用字母“I”和“O”。在确保编号指代产品品种、规格、技术条件和形式唯一性的前提下，允许省略部分组成代号。

（1）汽车标准件特征代号　该代号以汽车的“汽”字的汉语拼音首位大写字母“Q”表示。

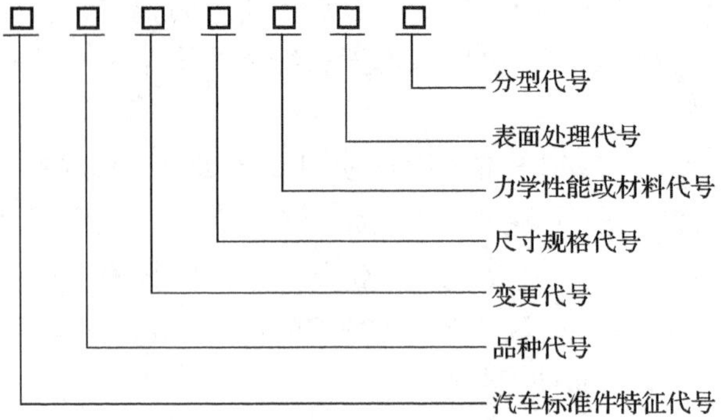

图 1-6　汽车标准件编号组成

（2）品种代号　品种代号由 3 位数字表示，或由数字和字母组合表示。代号的首位为汽车标准件产品类别，由数字表示；第 2 位为该产品类别的品种分组号，由数字或字母表示，仅当该类别的品种组数大于 10 时，才可使用字母，并从“A”（不使用字母“Q”）开始顺序使用；末位为品种的组内序号，由数字或字母表示，仅当组内产品序号数大于 10 时，才可使用字母，并从“A”（不使用字母“Q”）开始顺序使用。结构或功能相近的品种尽可能同组。以螺纹为主要功能特征的同一产品的粗牙和细牙螺纹系列视为不同品种，通常情况下粗牙螺纹产品序号为偶数，细牙为奇数。

淘汰产品的品种代号 10 年内不允许分配给其他产品。

汽车行业已采用的汽车标准件产品类别代号和分组代号详见 QC/T 326—2013《汽车标准件产品编号规则》。

（3）变更代号　变更代号由 1 位字母表示。由于产品标准修订，产品尺寸、精度、性能或材料等内容发生变更，以致影响产品的互换性时，应给出变更代号。变更代号由字母“B”（不使用字母“Q”）开始顺序使用。产品首次纳入或从未发生影响互换的变更时，变更代号默认省略。

当标准内容不影响产品的互换性，但涉及制造和/或验收的依据存在差异时，在标准实施的过渡期内，由制造商同用户协商过渡性编号区分方式。

（4）尺寸规格代号　尺寸规格代号由位数不固定的数字表示。代号应以产品的主要尺寸参数表示，不适宜直接表示的以主要尺寸参数折算的相应整数表示，仍不宜表示的以该品种内规格系列的顺序号表示。应以最少的尺寸参数表示产品规格，且应能与规格一一对应。当产品主要参数含有带小数规格时，以该小数规格 10 倍的整数表示，若与其余整数规格混淆时，则以该参数全部规格 10 倍的整数表示。

1）由一个主要尺寸参数表示的尺寸规格代号。由一个主要尺寸参数即可表示产品规格代号时，直接以该参数值的两位或三位数字表示。当参数仅一位数时，应以两位数字表示，于参数左边加“0”以补足两位；当参数以英寸为单位时，以两位数字表示，其首位为整英寸数，末尾为 1/8 英寸的整倍数，若参数小于 1 英寸，于整倍数的左边加“0”以补足两位。

2）由两个或两个以上主要尺寸参数表示的尺寸规格代号。需由两个或两个以上主要尺寸（一般为公称直径和杆部公称长度）参数表示产品规格代号时，应按主次及习惯顺序直接以参数表示。其中第一参数值仅一位数的，于参数左边加“0”以补足两位，其余参数直接表示，不补位。

（5）力学性能或材料代号　力学性能或材料代号由字母或字母与数字的组合进行表示。一个品种仅有一种代号时，默认省略该代号；若有两个或两个以上的代号，则省略推荐采用的基本代号，其他代号应在编号中注明。汽车行业已采用的力学性能代号、材料代号、采用标准及适用品种详见 QC/T 326—2013《汽车标准件产品编号规则》。

（6）表面处理代号　表面处理代号由字母或字母与数字的组合进行表示。一个品种仅有一种代号时，默认省略该代号；若有两个或两个以上的代号，则省略推荐采用的基本代号，其他代号应在编号中表明。汽车行业已采用的表面处理代号、表面处理种类、适用产品类型及参考标准详见 QC/T 326—2013《汽车标准件产品编号规则》。

（7）分型代号　分型代号由字母表示，根据具体产品需要可由一个或多个分型代号组成。以一种产品结构型式为基础，通过改变局部结构型式、尺寸或增加新的技术内容所派生出的具有新增或不同功能的产品，包括基本型在内的所有分型均应给出型式代号，而品种代号应与基本品种一致。型式代号由字母“A”（不使用字母“F”和“T”）开始，在该品种范围内顺序使用，也可采用产品标准中已规定的型式代号或采用具有指定含义的代号。同类产品的同类分型尽可能采用同一字母作为型式代号，不同类产品的分型在不致混淆的条件下，允许采用相同的字母作为型式代号。产品基本形式的分型代号应默认省略。

允许制成全螺纹的品种，视为一种分型，分型代号为“Q”。

采用预涂胶的产品，其涂胶分类代号可作为分型代号。如：S 级锁固胶分型代号为“S”，M 级密封胶分型代号为“M”。

左旋螺纹产品，视为一种分型，分型代号为“Z”。

需要控制螺纹摩擦系数的产品，视为一种分型，分型代号为“K”。

若一个编号中同时出现两种或两种以上分型代号，则按分型与产品的相关程度依次注明。例如：若同时出现型式代号、全螺纹代号、预涂胶代号（螺纹摩擦系数代号）和左旋螺纹代号，则分型代号组成的顺序依次为：型式代号、全螺纹代号、预涂胶代号（螺纹摩擦系数代号）和左旋螺纹代号。

2. 编号示例

（1）仅有一个主要尺寸参数的产品

例 1：六角法兰面螺母、主要尺寸参数（螺纹规格）为 M6、性能等级为 8 级、表面处理为镀锌彩虹色钝化的产品编号为 Q32006。

Q 为汽车标准件特征代号。320 为分配给该品种的品种代号。06 为螺纹规格代号，产品规格参数仅一位，于左边加“0”补足两位。8 级和镀锌彩虹色钝化为推荐该品种的基本要求，已省略。

例 2：品种、性能等级、表面处理同例 1，螺纹规格为 M12 的产品编号为：Q32012。

例 3：方头锥形螺塞、主要尺寸参数（螺纹规格）为 NPT1/4、表面处理为镀锌彩虹色钝化的产品编号为 Q614B02。

02 为螺纹规格代号，规格代号按 1/4 英寸折合为 1/8 英寸的 2 倍，于左边加“0”

补足两位。

（2）有两个主要尺寸参数的产品

例 1：六角头螺栓、螺纹规格为 M6、杆长为 50mm、性能等级为 8.8 级、表面处理为镀锌彩虹色钝化的产品编号为 Q150B0650。

150 为分配给该品种的品种代号。B 为该品种有一次影响互换性的变更。8.8 级和镀锌彩虹色钝化为该品种的基本要求，已省略。

例 2：内六角花形盘头自攻螺钉、螺纹规格为 ST3.5、杆长为 10mm、C 型末端的产品编号为 Q27A3510。

27A 为分配给该品种的品种代号，A 为汽车标准件产品螺钉大类的自攻螺钉分组中该品种的序号。

（3）有三个主要尺寸参数和不宜以主要尺寸参数直接表示产品规格的产品

例 1：A 型簧片螺母、适用于自攻螺钉螺纹规格为 ST4.8、螺母卡入宽度规格为 20mm、适用板厚为 0.8~1.5mm 的产品编号为 Q39748201。

48、20 分别表示螺纹规格及其卡入宽度。适用板厚不便直接表示，给定序号为“1”。

例 2：销轴、公称直径为 8mm、杆长为 30mm、孔距为 26mm 的产品编号为 Q510083026。

直径和杆长确定后，可在一定范围内根据使用要求自由选择孔距。

（4）多个主要尺寸参数在规格代号中的排序

例：轴肩式双头螺柱、旋入螺母端螺纹规格为 M6、杆长为 20mm，旋入机体端螺纹规格为 M8、杆长为 50mm，机械性能等级为 8.8 级、镀锌彩虹色钝化的产品编号为 Q1300620850。

螺母端尺寸是产品选用时主要考虑的参数，其次是机体端。

二、进口汽车配件编号

我国进口（或引进车型）汽车品牌繁多，在工业发达的国家，各汽车制造厂的零件编号并无统一规定，而是由各厂自行编制，其配件编号规则各不相同。

（一）丰田汽车配件编号规则

丰田汽车配件编号由 10~12 位数字或字母构成，如图 1-7 所示。这 12 位数字或字母分为以下三个部分，各部分之间用用“—”连接：

○○○○○—□□○○○—□○

基本号　设计号　辅助号

图 1-7　丰田汽车配件编号规则

○—数字　□—字母或者数字

第一部分为基本号，表示零件种类，即品名编码，一个品名编码代表一个零件名称。通常品名编码就是零件号的前 5 位，例如：发动机大修包的前 5 位是 04111，进气门的前 5 位是 13711。

第二部分为设计号，表示该配件的适配车型或发动机型号，也就是说什么车或什么发动机能用的。通常，前 2 位代表车系，后 3 位代表更详细的车型，例如：国产皇冠的配件这部分的前 2 位一般是 0N。

第三部分为辅助号，当该零件需要做颜色或尺寸区别时，在此用字母或数字表示，可以根据车辆的配置选择颜色。例如：A0—白色，B0—灰色，C0—黑色等。没有颜色或尺寸等区分时，此部分省略。

丰田汽车配件的编号规则按普通件、组件、套件（修理包）、专用工具、标准件和半标准件、精品和矿物油分类进行编制。

1. 普通件编号规则

普通件包括单一件和两个以上的零件所组成的零件。它的编号第 1 位编制规则见表 1-2。

表 1-2　丰田汽车普通件编号第 1 位编制规则

数字	内容
1	发动机和燃油系统的相关零件
2	
3	传动系统和底盘部分的零件
4	
5	车身零件（车外板、车内饰件）
6	
7	
8	电气零件

普通单一件是指以最小单位供应的单个零件。单一件的零件基本号（品名编码）各个位上都没有“0”，如图 1-8 所示。例如：16271-50010 表示水泵垫片、88471-30370 表示空调系统的干燥瓶、13568-49035 表示发动机的正时带等。

图 1-8　丰田汽车普通单一件的零件基本号规则

○—数字　□—字母或者数字

普通半总成件是指通过焊接、铆接、热压配合等方法把两个以上的单个零件组合在一起的零件。半总成件的零件基本号中的第三位数或第四位数为“0”，或者第三、第四位数都为“0”，但是第五位数不为“0”，如图 1-9 所示。例如：13405-46040 表示飞轮、35013-30300 表示自动变速器的油尺套管、67002-30730 表示右前门的嵌（饰）板等。

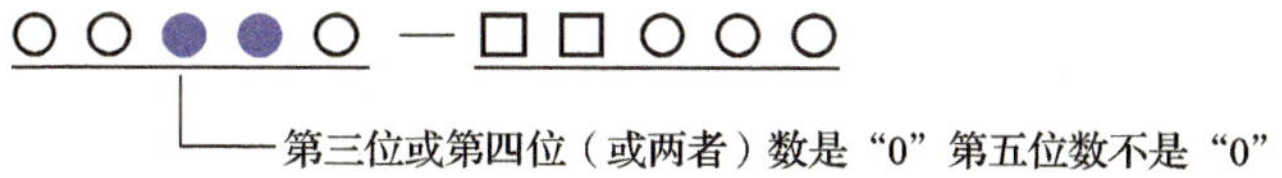

图 1-9　丰田汽车普通半总成件的零件基本号规则

○—数字　□—字母或者数字

普通总成件是指两个以上零件或分总成件装配而成的组合件。总成件的零件基本号中的第五位数是“0”，组成件数越多，则第四位、第三位也变成“0”，如图 1-10 所示。例如：16110-49146 表示水泵总成（不带偶合器）、16100-49835 表示水泵总成（带偶合器）、19000-46100 表示发动机总成等。

图 1-10　丰田汽车普通总成件的零件基本号规则

○—数字　□—字母或者数字

2. 组件编号规则

为了便于修理，由一个主要的零件与几个小零件组成一个组件，其零件编号的规则是第七位为“9”，第十位为“5～9”，如图 1-11 所示。

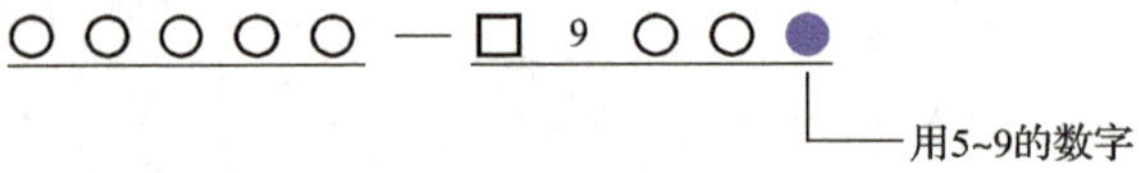

图 1-11　丰田汽车组件的零件编号编制规则

○—数字　□—字母或者数字

3. 套件（修理包）编号规则

套件是指在修理中应同时全部更换的一组零件，其编号的编制规则如图 1-12 所示。修理包的零件基本号中的前两位总是用“04”表示。例如：04111-46030 表示发动机的大修包、04351-30150 表示变速器的大修包、04993-33090 表示制动主泵套件/修理包等。

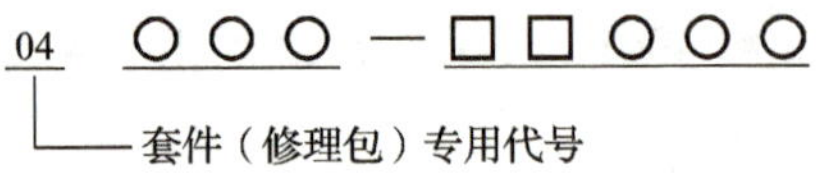

图 1-12　丰田汽车套件的零件编号编制规则

○—数字　□—字母或者数字

4. 专用工具编号规则

专用工具是指在修理中使用的各种特制工具，其编号的编制规则如图 1-13 所示。专用工具的零件基本号中的前两位总是用“09”表示。

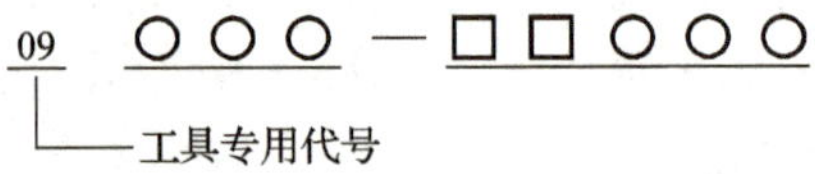

图 1-13　丰田汽车专用工具的零件编号编制规则

○—数字　□—字母或者数字

5. 标准件和半标准件编号规则

标准件是指材料质量、形状、尺寸等按照丰田汽车公司的标准，标准化后的零件，如六角头螺栓、螺母、垫圈、螺钉等。丰田汽车标准件的零件基本号中的第一位是“9”，第二位用非“0”数字表示，其编号的编制规则如图 1-14 所示。

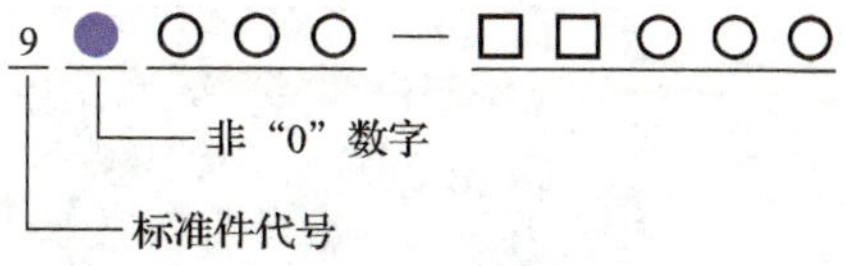

图 1-14　丰田汽车标准件的零件编号编制规则
○—数字　□—字母或者数字

半标准件是指那些类似于标准件的非标准件，如特殊螺钉、轴承、油封等。丰田汽车半标准件的零件基本号中的前两位用“90”表示，其编号的编制规则如图 1-15 所示。

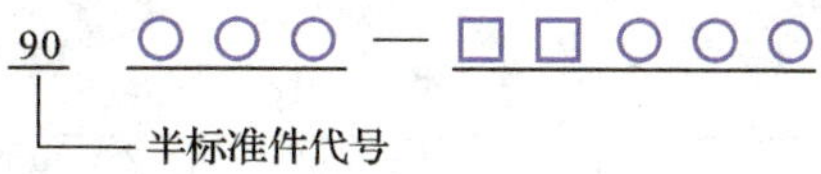

图 1-15　丰田汽车半标准件的零件编号编制规则
○—数字　□—字母或者数字

6. 精品和矿物油编号规则

丰田汽车专用精品和矿物油的零件基本号中的前两位用“08”表示，其编号的编制规则如图 1-16 所示。

图 1-16　丰田汽车专用精品和矿物油的零件编号编制规则
○—数字　□—字母或者数字

（二）大众汽车配件编号规则

大众汽车配件号码一般由 14 位字符组成，主要由车型及机组型号、主组（大类）、子组（小类）、备件号、变更代码和颜色代码等组成，如图 1-17 所示。

113	857	501	AB	01C	后视镜
（1）	（2）	（3）	（4）	（5）	

图 1-17　大众汽车配件编号组成

（1）车型及机组型号　前三位表示车型或机组型号，它们说明这些件最初是为哪种车型、发动机或变速器设计使用的。车型及机组号的前两位一般为车型代码的情况居多，如：1J 为宝来或高尔夫，1K 为速腾，2K 为开迪，3C 为迈腾；可以通过它们判断此件是应用于哪个车型上的；但这不是绝对的，由于平台战略的影响，有些以 1K 开头的零件也可能应用到 3C（迈腾）车型上。例如：1K0 804 182 B 为前纵梁端板，既用于速腾也用于迈腾。

（2）主组及子组　根据零件在汽车结构中的差异及性能的不同，大众汽车配件编号系统将配件号分成十个主组（大类），如图 1-18 所示。每个主组（大类）又分为若干个子组（小类）；子组（小类）的数目和大小，因所属大类部件结构的不同而不同，子组（小类）只有跟主组（大类）组合在一起才有意义。例如：在备件号 3C5 839 431 H 5AP 中“8”为“主组”，“39”为“子组”。

		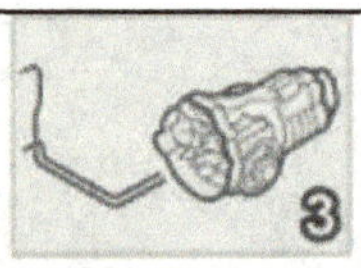		
1大类：发动机，燃油喷射系统	2大类：燃油箱，排气系统，空调制冷循环部件	3大类：变速器	4大类：前轴，前轮驱动差速器，转向系，前减振器	5大类：后轴，后轮驱动差速器，后减振器
				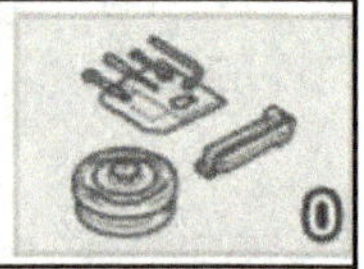
6大类：车轮，制动系统	7大类：手动、脚动杠杆操作机构	8大类：车身及装饰件，空调壳体，前后保险杠	9大类：电器	0大类：附件（千斤顶、天线、收音机）

图 1-18　大众汽车配件编号系统十个主组

（3）备件号　备件号由三位数（001~999）组成并按照其结构顺序排列。如果备件不分左右（既可在左边使用，又可在右边使用）最后一位数字为单数；如果备件分左右件，一般单数为左边件，双数为右边件。例如：L1GD 821 021 B 为左翼子板，L1GD 821 022 B 为右翼子板。

（4）变更代码　变更代码由一个或两个字母组成，表示该件曾进行过技术更改。更改包括以下内容：零件材料的改变；零件结构的改变；对零件技术要求的改变，如：公差、硬度等；零件来源的变化，如供应商的改变等。例如：制动阻力器 L09G 927 750 EP 变更为 L09G 927 750 GD。

（5）颜色代码　颜色代码用三位数字或三位字母的组合来表示，它说明该件具有某种颜色特征。例如：01C—黑色带有光泽，3U6—艺术灰，GRU—涂底漆的，备件 L3CD 867 233 6K8 中的颜色代码为 6K8。

三、采购的含义和目的

1. 采购的含义

采购是流通企业的第一个工作环节，是物流活动的起点，它包含了选择和购买两层基本含义。即从许多对象中选择若干个，通过商品交易的手段把所选对象从对方手中转移到自己手中。

对于采购活动而言，选择这层含义又包含了在哪买，还要包含买什么，买多少。

2. 采购的目的

（1）正确的质量　为了保证企业所生产产品的质量，首先应保证所采购材料的质量能够满足企业生产的质量标准要求。为了生产所需的产品或服务，采购的材料要达到一定的质量要求，否则最终的产品或服务将达不到期望的要求。试想，一个质量较差的零件被安装到某个机械系统上，零件成本可能仅仅几元钱，但是，如果这部机械在使用过程中因此出了问题，拆卸重置等成本就会变成上千元，甚至会危及人民生命财产安全，如假冒伪劣的制动分泵安装到汽车上将直接危及生命安全。

（2）正确的价格　采购时，要保证采购的产品在市场中有一定的价格优势。如果采购的价格过高，将使库存成本增加，销售利润降低，产品也将失去市场竞争力；如果价格过低，则产品的质量没有保障。

（3）正确的地点　选择进货厂家时，还要考虑厂家的地点问题。在价格等条件相同时，从距离较远的厂家进货，物流线路长，物流费用就会增加，到货时间也会延长，标准库存量就需要提高。因此，控制库存成本，降低采购费用，采购的地点要适当。

（4）正确的时间　要在合适的时间进货，这样才能保证在有需求时可以提供产品给客户。例如，对于有季节性特征的零件，要在该季节到来之前提前进行订货，才能保证旺季来临时有充足的库存可以提供。如果没有提前订货，而是等到旺季来临时才进行订货，则很容易造成库存积压。

（5）正确的数量　在采购中要防止超量采购和采购量过小。如果采购量过大，易出现积压现象；如果采购量过小，可能出现供应中断，采购次数增加，使采购成本增加。因此，为了降低存货费用，采购数量要适当。

四、汽车配件进货渠道的选择

汽车配件经营企业大都从汽车配件生产厂家进货，进货渠道应以优质名牌配件生产厂家为主。但为了适应不同层次消费者的需求，也可进一些非名牌厂家的产品。进货时可按 A 类厂、B 类厂、C 类厂的顺序选择进货渠道。

A 类厂是主机配套厂。这些厂知名度高，产品质量好，大多是名牌产品，是汽车配件经营企业重点的进货渠道。

B 类厂生产规模和知名度较 A 类厂小，但配件质量也是合格的，配件价格也比较适中，这类厂的产品可以根据客户的需要短期进货。

C 类厂是一般生产厂，配件质量尚可，价格较 A 类厂和 B 类厂的价格都低。这类厂的配件只作为进货中的补充，进行临时订货。

但是这种需求不是一成不变的，尤其近年来许多公用的车辆，实行了承包经营或进行了车辆使用改革，打破了原来采购配件的一些规律，因此要根据实际发展情况，不断搜索新的规律性。

五、进货管理的原则

1. 勤进快销原则

所谓勤进快销，即在进货时要少量多次进行订货，这样既可以加速资金周转，又可以避免积压，提高经济效益。

例如：某 4S 店每天机油滤芯出库量为 10 个，而且可以每天向零件中心订货，每个机油滤芯单价为 30 元。如果零件部一次向零件中心订 50 个，5 天订 1 次，就要一次付给零件中心 1500 元货款，而且这 50 个机油滤芯最长的要在仓库中存放 5 天。而如果零件部一次向零件中心订 10 个，每天都订，则一次只需向零件中心付款 300 元，同样是 1500 元的货款可以分 5 次付，或者同样是 1500 元，除了购进 10 个机油滤芯外，还购进了其他客户需要的零件，为企业增加了营业收入。这样，通过“勤进”减轻了企业的付款压力，加速了资金周转，加强了资金利用率，提高了经济效益。

勤进快销还要随时掌握市场行情、密切注意销售去向，“勤进、少进、进全、进对”，不断调整库存结构，以适应市场需求。

2. 以销定进原则

以销定进是指哪些配件要进货由销售情况来决定。因为，对零售企业来说，买与卖的关系绝不是买进什么商品就可以卖出什么商品；而是市场需求什么商品，什么商品容易卖出去，才买进什么商品。

坚持以销定进原则时，还要对不同销售特性的配件采取不同策略。

1）对销售量一直比较稳定，受外界环境因素干扰较小的配件，可以销多少买多少，销什么买什么。

2）对季节性商品要先进行预测，再决定采购数量，而且要在销售旺季到来之前提前订货，以防止过了销售旺季没有销售完而造成积压滞销。

3）对新上市车型的配件需要进行市场需求调查，然后决定进货量。

3. 以进促销原则

以进促销是指零售企业采购商品时，广开进货门路，扩大进货渠道，购进新商品、新品种，以新商品来促进、拉动客户消费。

以进促销原则要求零售企业必须事先做好市场需求调查工作，在此基础上决定进货品种和数量。但是，对那些处于新开发的，还只是处于试销阶段的商品，要少进试销，只有在证明被客户认可和接受以后，才批量进货。

4. 储存保销原则

储存保销是指汽车配件经营企业要保持一定的配件库存量，以保证配件的及时供给，防止脱销而影响正常经营。

储存保销要求汽车配件经营企业随时调查配件销售和库存比例，通过销售量来决定相应合理的库存量，充分发挥储存保销的作用。

5. 信守合同

即采购商品时，要以经济合同的形式与供货商之间确定买卖关系，保证买卖双方的利益不受损害，并使汽车配件经营企业的经营能够正常进行。

因此，在制订采购合同时，必须保证其有效性和合法性，使采购合同真正成为企业正常运转的保护伞。

六、汽车配件库存

1. 汽车配件库存的概念

库存是仓库中实际储存的货物，是为了满足未来需要而暂时闲置的资源。汽车配件库存是指为了及时满足客户需求，在各流通环节之间储存的汽车配件。

库存的作用：防止生产中断的稳定作用，节省订货费用，改善服务质量，防止短缺。库存的弊端：占用大量资金，产生一定的库存成本，可能掩盖企业生产经营中存在的问题。

库存要占用企业的流动资金，如果库存量过大，流动资金占用量过多，就会影响企业的经济效益；库存量过小，又难以保证生产持续正常进行。因此，配件管理者的使命就是通过最大限度地及时满足客户需求和优化库存带来的低库存金额，以获得良好的营业收益。

2. 汽车配件库存的种类

从经营过程的角度看，根据库存生成的原因，可将汽车配件库存分为以下七种类型：

（1）经常库存　指企业在正常的经营环境下为了满足日常的需要而建立的库存。其生成的前提是企业能够正确地预测需求和补货时间。

（2）安全库存　指为了防止由于不确定因素（如大量突发性订货、交货期突然改变等）而准备的缓冲库存。

（3）在途库存　从一个地方到另一个地方处于运输路线中的物品。在没有到达目的地之前，可以将在途库存看作是周期库存的一部分。需要注意的是，在进行库存持有成本的计算时，应将在途库存看作是运输出发地的库存。因为在途的物品还不能使用、销售或随时发货。

（4）促销库存　指为了对应企业的促销活动产生的预期销售增加而建立的库存。

（5）投机库存　指为了避免货物价格上涨、物料短缺等造成损失或为了从商品上涨中获利而建立的库存。

（6）季节性库存　指为了迎接季节性的销售高峰而在销售季节开始之前提前准备的库存。季节性库存是投资库存的一种形式，目的在于保证稳定的生产运转。

（7）积压库存　指因配件品质变坏而失效的库存或滞销的库存。

3. 汽车配件库存成本构成

无论是汽车整车厂、4S 店还是汽车配件经销商，库存一定数量的汽车配件有许多益处，但是库存也带来了成本。库存成本指仓储在仓库里的货物所需的成本，通常情况下，库存成本主要包括：采购成本、订货成本、库存持有成本和缺货成本。

（1）采购成本　采购成本一般专指购买商品的价款，一般为采购商品的单价与数量的乘积。

（2）订货成本　订货成本是指从发出订单到收到存货整个过程中所付出的成本。包括与供应商之间的通信联系费用、货物的运输费用、保险费、装卸费等，它一般与订货次数有关，而与一次订多少无关。订购或运输次数越多，订货成本就越高。

（3）库存持有成本　库存持有成本即为保有和管理库存而需承担的费用开支。具体可分为运行成本、机会成本和风险成本三个方面。

1）运行成本主要包括仓储成本，自营型的仓库体现为建造仓库的固定投资的摊销费用，外包型的仓库则体现为仓库的租金，库存越高，仓储面积越大，仓储成本也越高。此外，运行成本还包括仓库中的设备投资成本和日常运作费用（水、电、人工等）。

2）机会成本主要是库存所占用的资金所能带来的机会成本。库存作为企业的资产是通过占用企业的流动资金而获得的，而任何企业都有其一定的资金投资回报率，即库存占用的资金如果不用于库存而去经营其他投资所能获得的平均收益，这一比例因行业的不同和企业的不同而有所不同，一般为10%~16%。企业因为要持有一定的库存而丧失了流动资金所能带来的投资收益，即为库存的机会成本。有时企业通过借款来获得库存，这时的机会成本还应包括借款的利息支出。

3）风险成本顾名思义则是从风险的角度出发来考虑的。首先是保险费用，为了减少库存的损失，大多数的企业会为其库存的安全购买保险，其费用就成为库存成本。同时企业可能会因为库存的不合理存放而造成损耗或报废，如存放过程中的破损、产品滞销、失窃等，这些损失同样是库存的风险成本。

（4）缺货成本　缺货成本简而言之就是由于库存供应中断而造成的损失，包括库存缺货造成的延迟发货损失和销售机会丧失带来的损失、企业采用紧急采购来解决库存的中断而承担的紧急额外采购成本等。

七、汽车配件库存管理

1. 汽车配件库存管理的概念

对于一个企业而言，无论是汽车整车厂、汽车4S店还是汽车配件经销商，如何设置和维持一个合理的库存水平，以平衡存货不足带来的短缺风险和损失以及库存过多所增加的仓储成本和资金成本，则成为一个企业必须解决的问题。这个问题的解决就是通过科学、合理的库存管理手段来实现的。

汽车配件库存管理是指汽车整车厂、汽车4S店或者汽车配件经销商在生产经营过程中对所需的汽车配件进行管理和控制，使其库存量保持在经济合理的水平。

2. 汽车配件库存管理的核心任务

汽车配件库存管理是研究以最佳的方法控制配件库存的种类和数量，一方面满足客户的需求，另一方面降低库存成本。

由于汽车配件销售的随机性很大，客户何时需要什么样的配件很难预测，而汽车配件经销商一方面要尽量减少库存，用最少的资金占用获得最大的经济效益；另一方面要提高及时供应率，不丧失任何一个销售机会。降低库存量与提高及时供应率是一对矛盾，一般而言，要提高及时供应率，势必要增加库存量，从而会引起库存成本的增加。因此，进行科学、合理的库存管理的核心任务就是要明确两个基本问题：库存什么配件，库存多少配件。

（1）库存什么配件　一辆汽车由上万个配件组成，这些配件中有的需要定期进行更换，有的使用很长时间才需要更换，有的只有在车辆发生事故时才需要更换。对于汽车4S店或汽车配件经销商来说，按照每个店所经营的车型计算，各店要管理的零件品种总数就要达十几万个。而这十几万个零件，企业不可能全部进行库存，因此要合理地确定库存品种，在保证客户需求的前提下控制好库存成本。为满足客户需求，企业需要库存的配件品种即为库存宽度。

（2）库存多少配件　每个配件品种所库存的件数即为库存深度，库存多少配件的问题即为合理确定库存深度的问题。库存数量过大，会导致库存成本和资金占用的增加；库存数量过小，会出现缺货，不能满足客户的需求，丧失销售机会，从而影响企业的利润和商誉。因此，作为汽车配件库存管理人员要在满足客户需求的基础上，实现库存深度最小化。

其实，汽车配件的库存管理就如同日常生活中人们对冰箱中食物的库存管理一样，如图 1-19 所示。

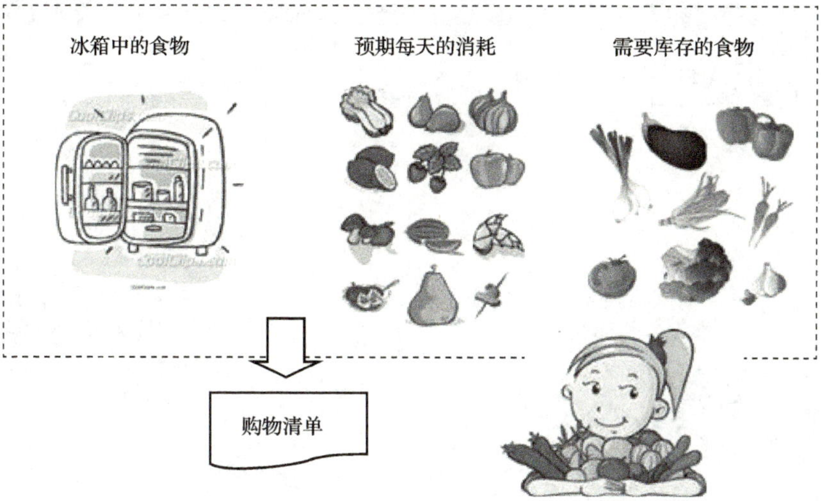

图 1-19　冰箱中食物的库存管理

3. 汽车配件库存管理目标

由于库存的种种矛盾，需要管理者进行科学的分析、合理的规划。因此汽车配件库存管理的目标是：通过对企业的库存水平进行控制，力求尽可能降低库存，在库存成本的合理范围内，最大限度地满足客户需求，达到客户满意。

只有通过对市场和日常销售数据的详细统计与分析，才可以实现稳定、合理、高效的库存，进而提高供应率，最终提高客户满意度。

任务实施

根据采购计划确定准确的配件编号，并计算标准库存量及建议订货量。

一、查询汽车配件编号

各种车型的配件目录都是根据本厂的配件技术文件编写的。一般来说，在目录的前面都附有使用说明，在查阅之前，一定要仔细阅读。

汽车配件目录中所列出的零配件首先按汽车的构成分为几个主组，每个主组又分为若干个子组。在主组和子组中，大部分的零配件都按它们设计结构上的相互从属关系列序和编号，结构图也是从这个意图出发安排的。

在汽车配件目录中，一般每个总成都有拆解图示，并标明该总成各组成零件的序号（标号）、配件名称、编号和单车用量等。

如果只知道零件名称而不知其零件号，无法订货，就应该从配件目录中查找零件编号。其查找方法是：首先查阅零件主组索引及目录，然后再查阅子组列表目录，即可查阅到已知零件列表目录，从而可查阅到该零件号码和零件图。

1. 查阅丰田电子零件目录，确定待修车辆需要更换的机油滤清器的准确零件编号

1）启动丰田电子零件目录，如图 1-20 所示。

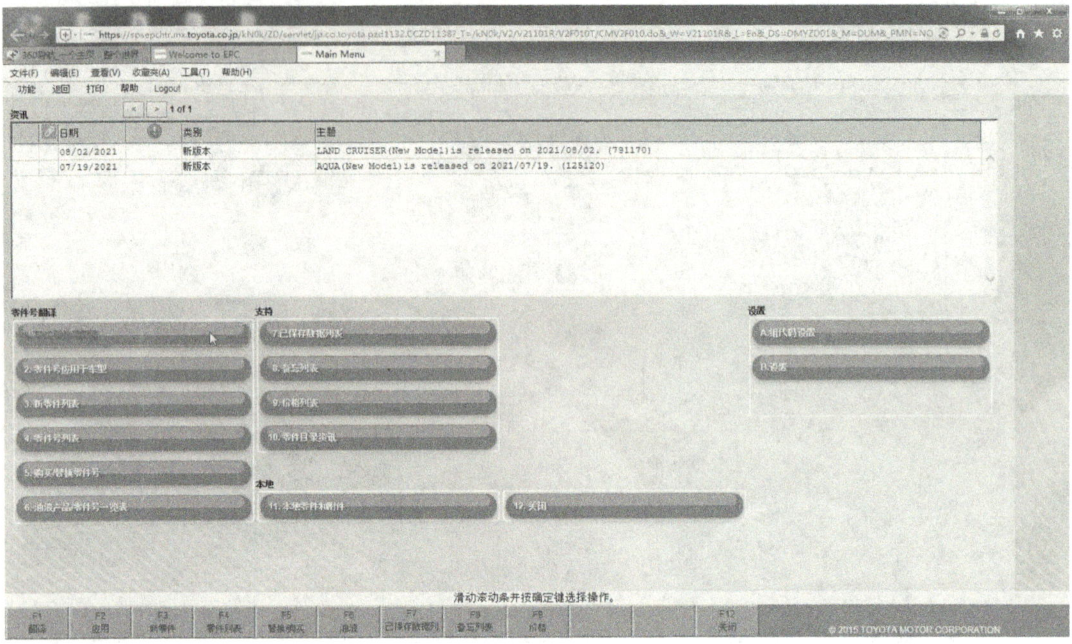

图 1-20　启动丰田电子零件目录

2）单击“TMC 零件号查询”，如图 1-21 所示。

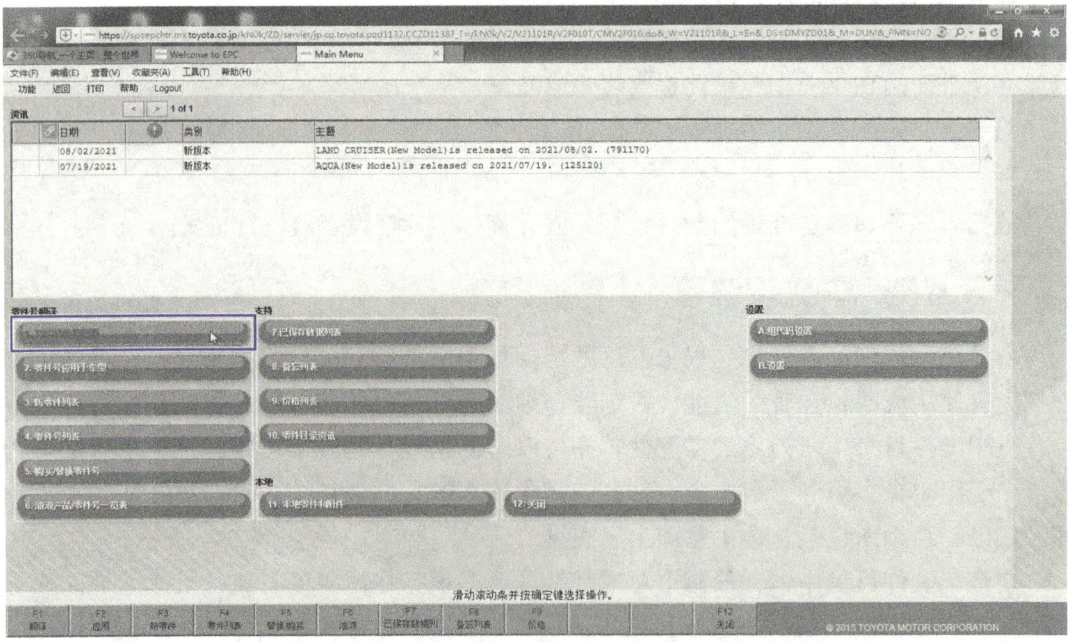

图 1-21　单击“TMC 零件号查询”

3）进入“输入车型信息”界面，如图 1-22 所示。

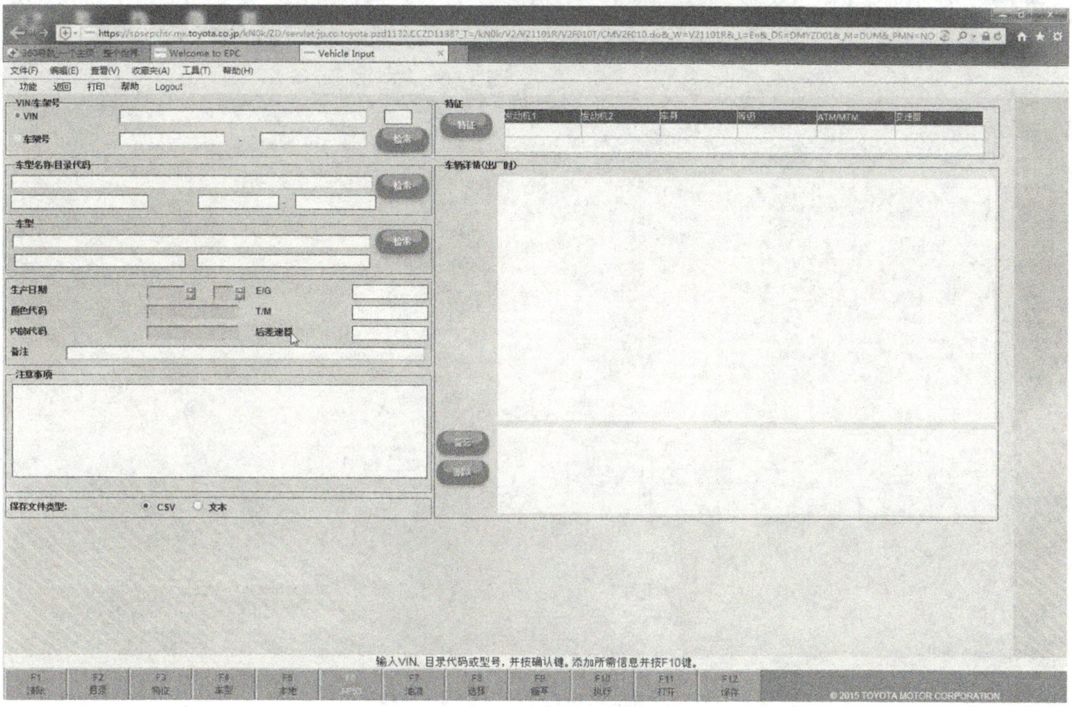

图 1-22　进入“输入车型信息”界面

4）在“VIN”输入框内输入 VIN，如图 1-23 所示。

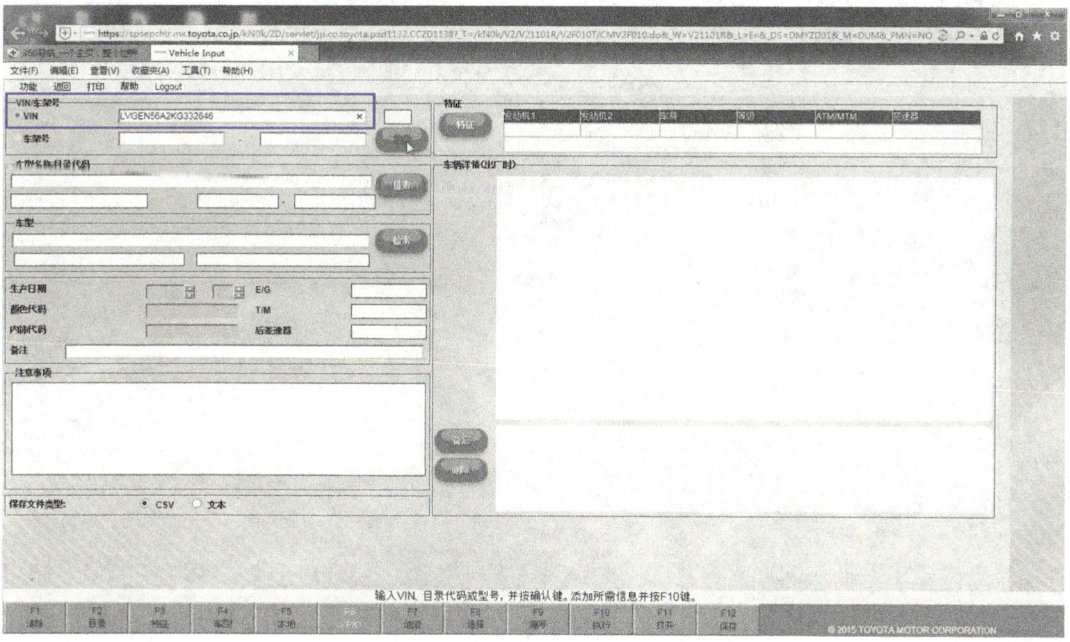

图 1-23　在“VIN”输入框内输入 VIN

5）单击右侧“检索”按钮，如图 1-24 所示。

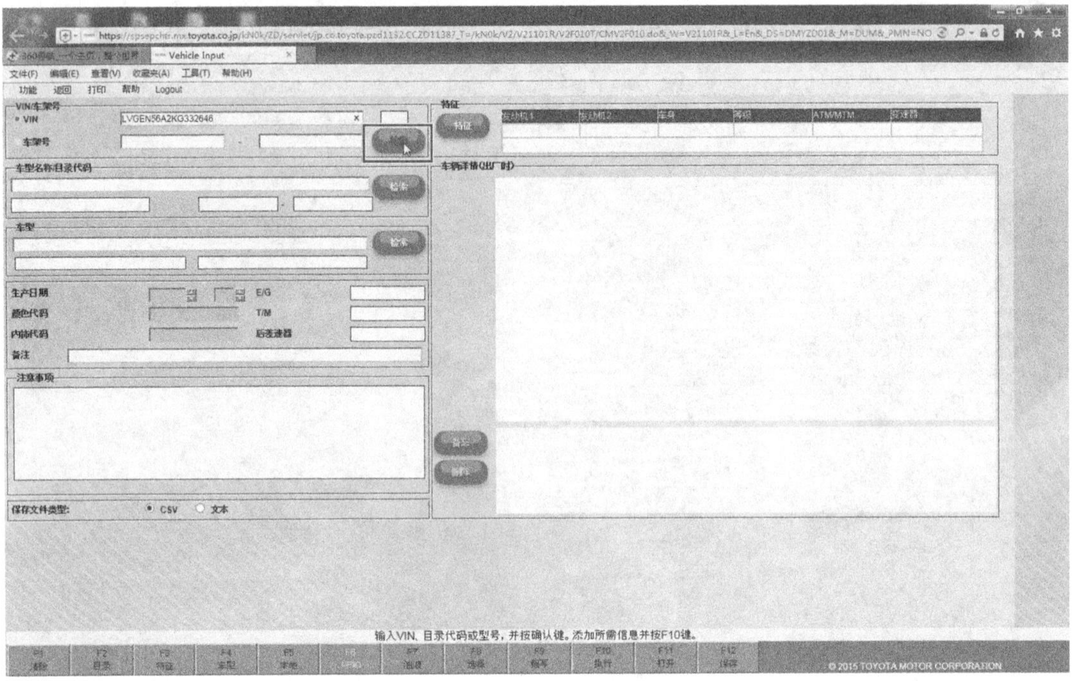

图 1-24　单击右侧“检索”按钮

6）显示查询车辆的详细信息，如图 1-25 所示。

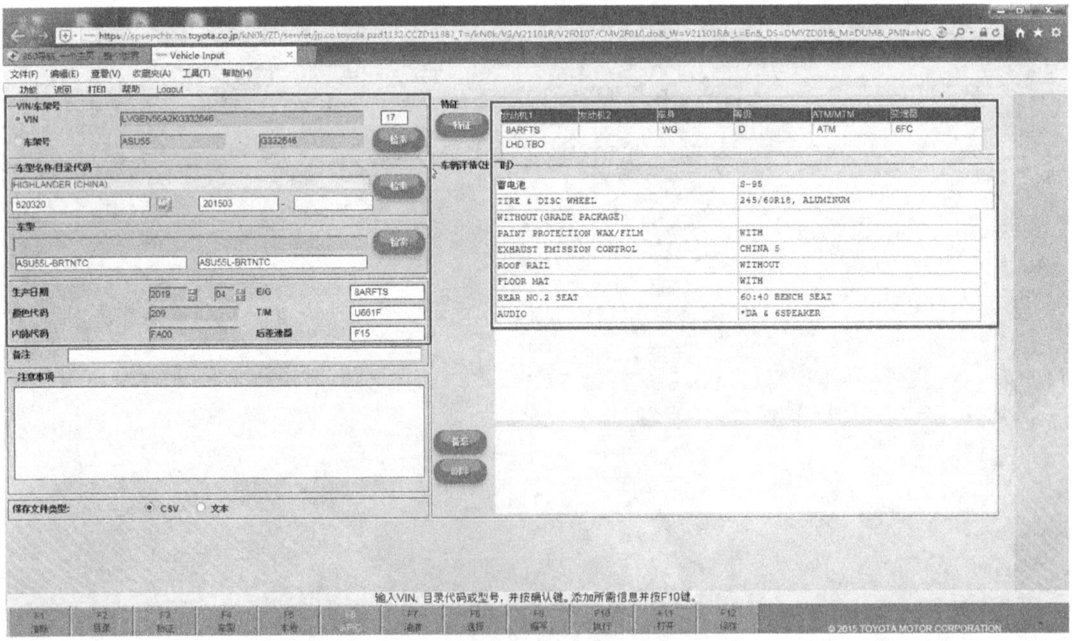

图 1-25　显示查询车辆的详细信息

7）单击“F10”执行，如图 1-26 所示。

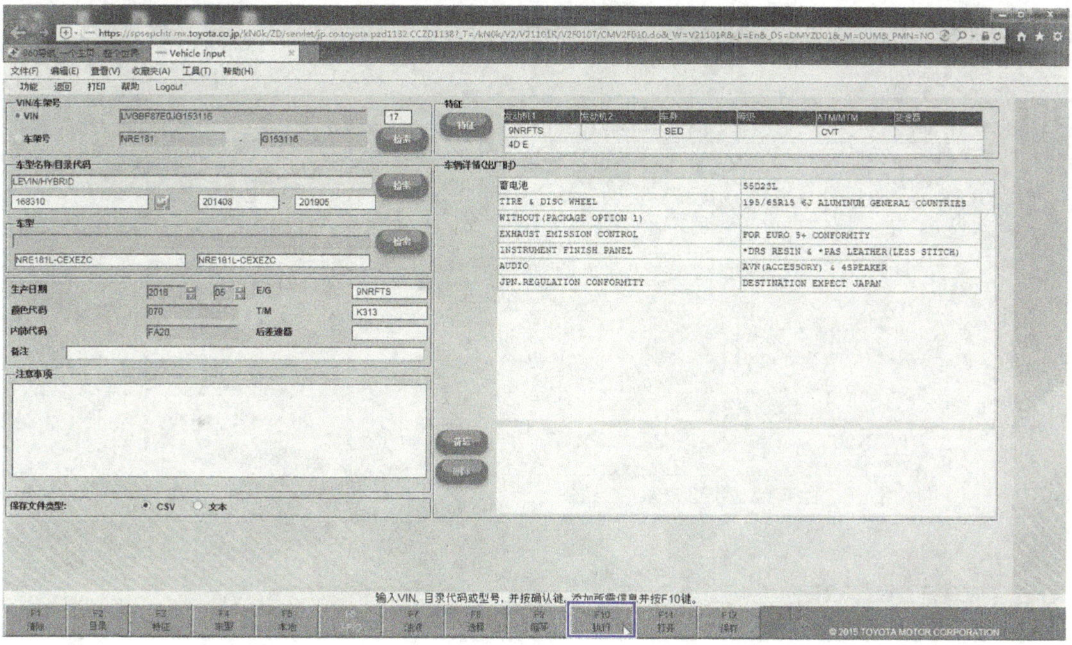

图 1-26　单击“F10”执行

8）进入选择“搜索路径”（图示索引等）界面，如图 1-27 所示。

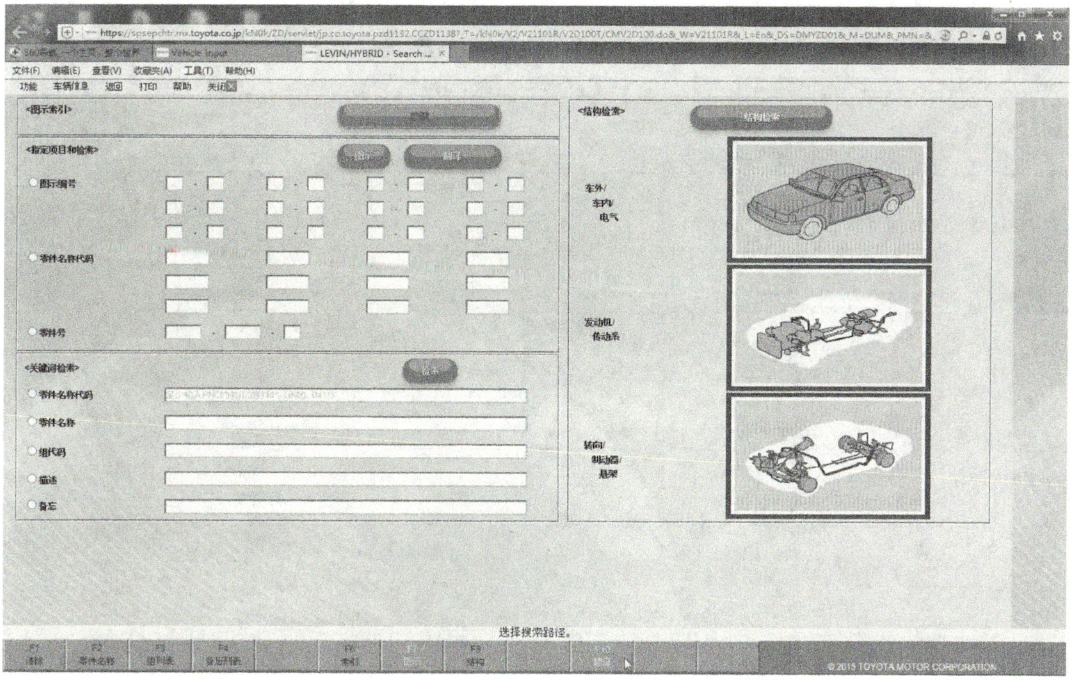

图 1-27　进入选择“搜索路径”（图示索引等）界面

9）选择“图示索引”，单击“索引”按钮，如图 1-28 所示。

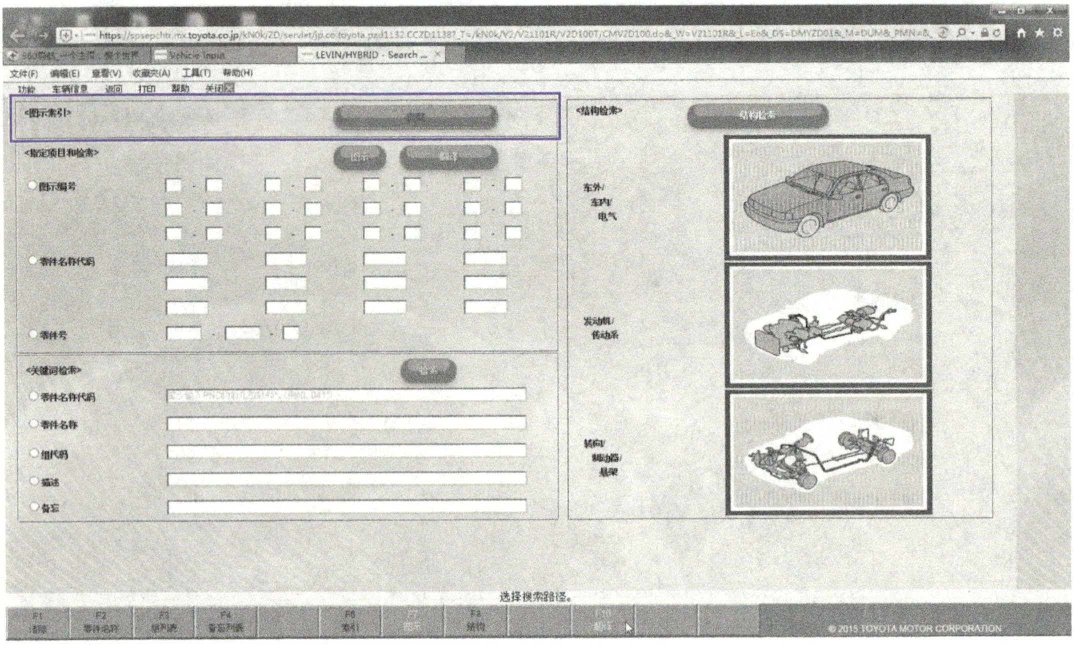

图 1-28　选择“图示索引”，单击“索引”按钮

10）机油滤清器属于发动机系统配件，单击“工具/发动机/燃料”菜单，如图 1-29 所示。

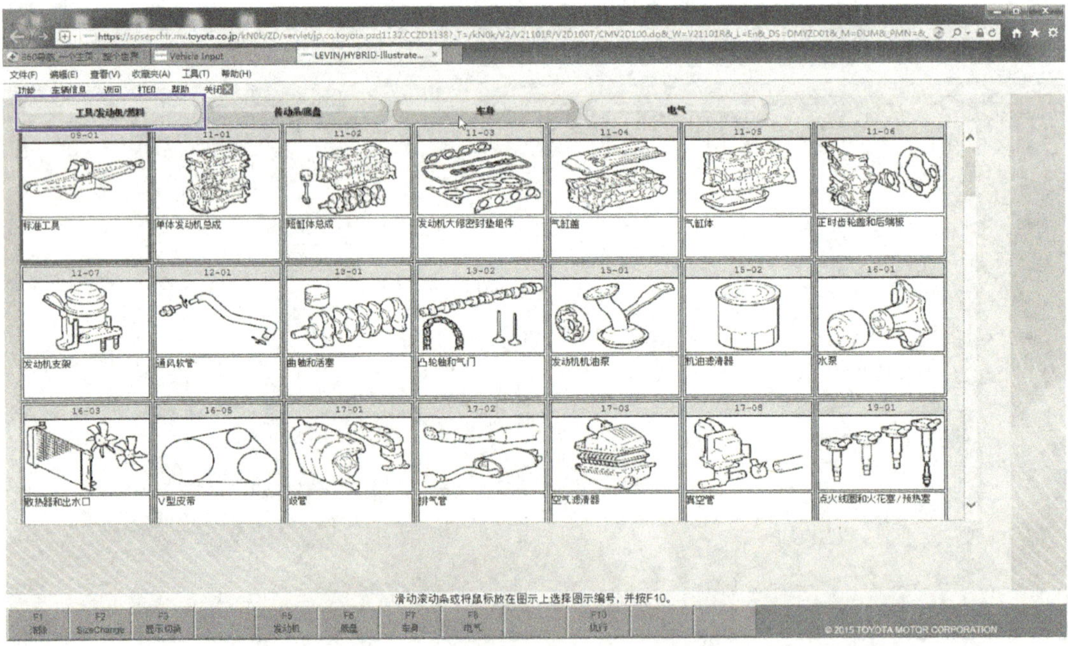

图 1-29　单击“工具/发动机/燃料”菜单

11）单击“15-02 机油滤清器”图标，如图 1-30 所示。

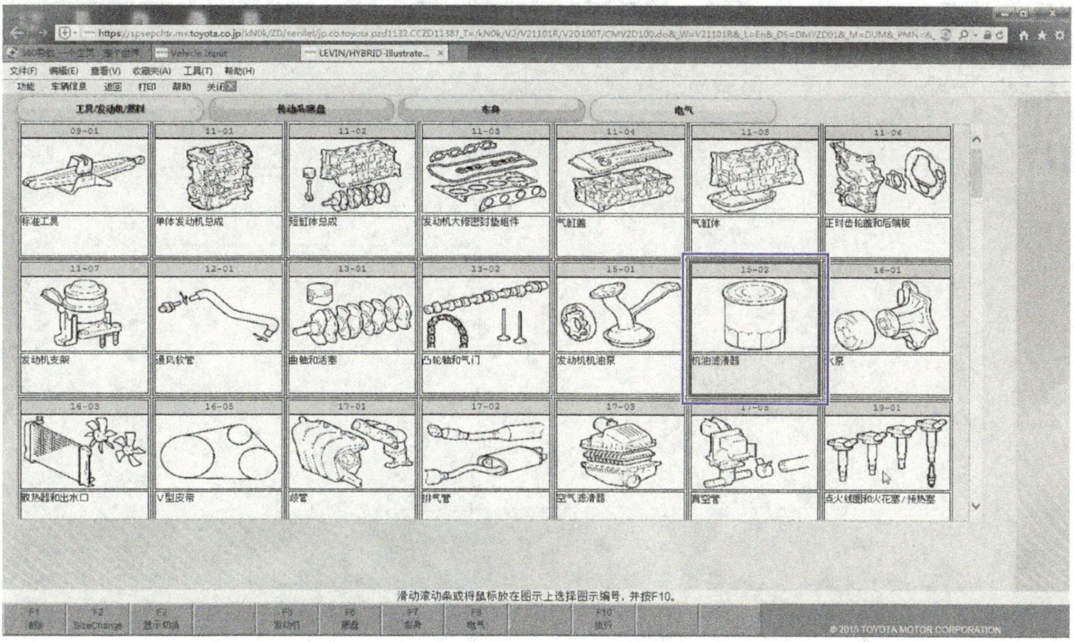

图 1-30　单击“15-02 机油滤清器”图标

12）单击“F10”执行，如图 1-31 所示。

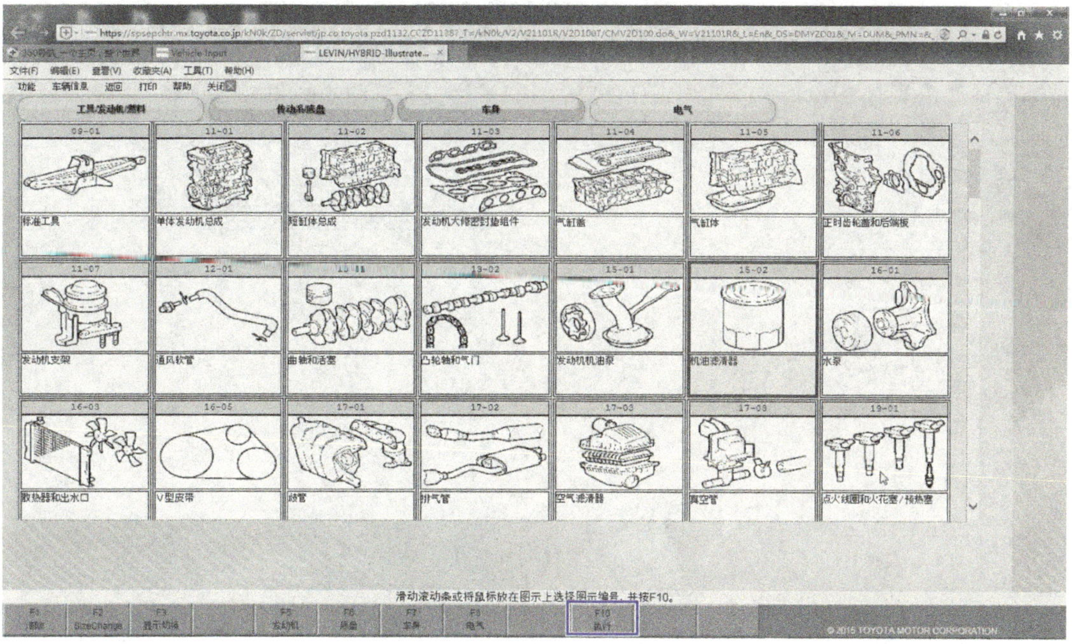

图 1-31　单击“F10”执行

13）界面左侧显示所选择的图例，中间为选择图例包含零件的轴侧爆炸图，右侧为该图例中包含的“品名编码”列表，如图 1-32 所示。

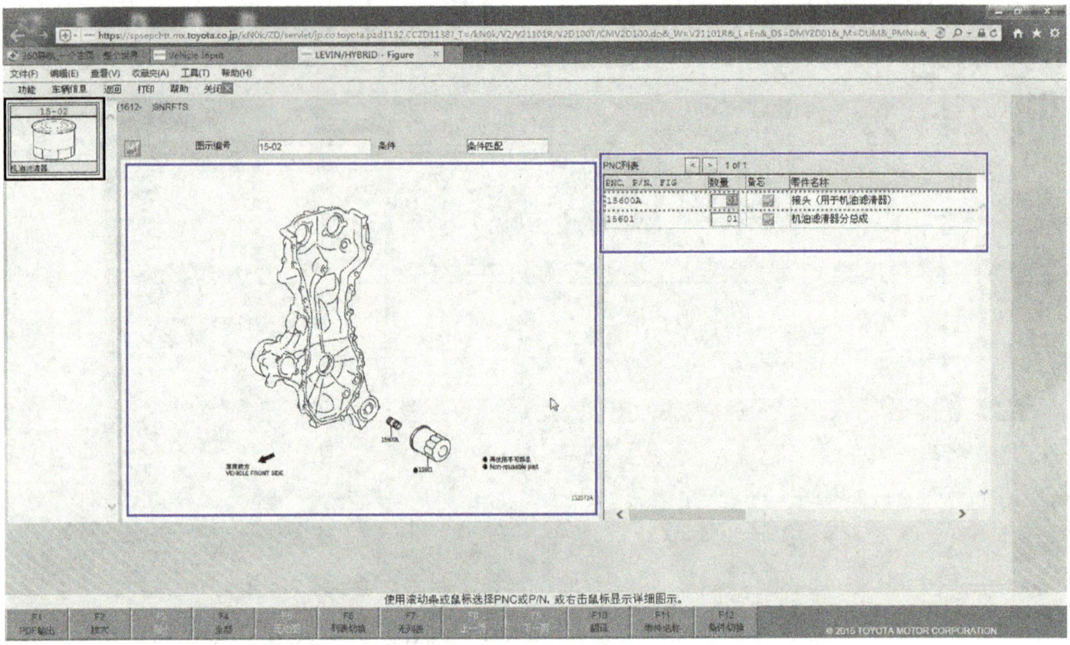

图 1-32　选择的图例、轴侧爆炸图和“品名编码”列表

14）单击要查询零件的“品名编码”，如“15601”，如图 1-33 所示。

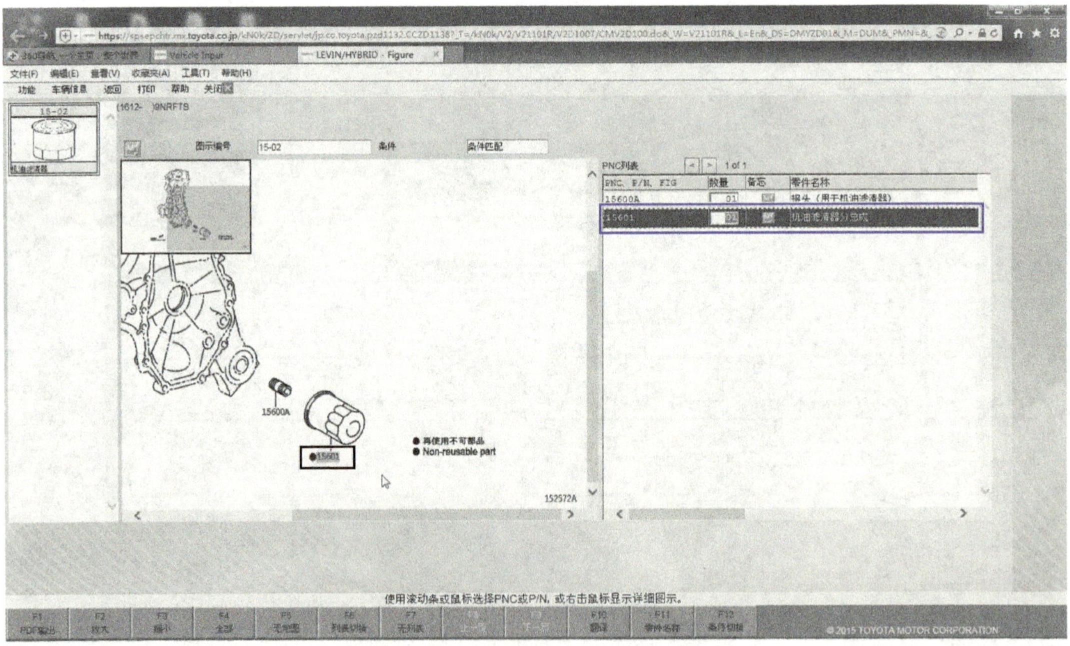

图 1-33　单击查询零件的“品名编码”

15）单击“F10”执行，如图 1-34 所示。

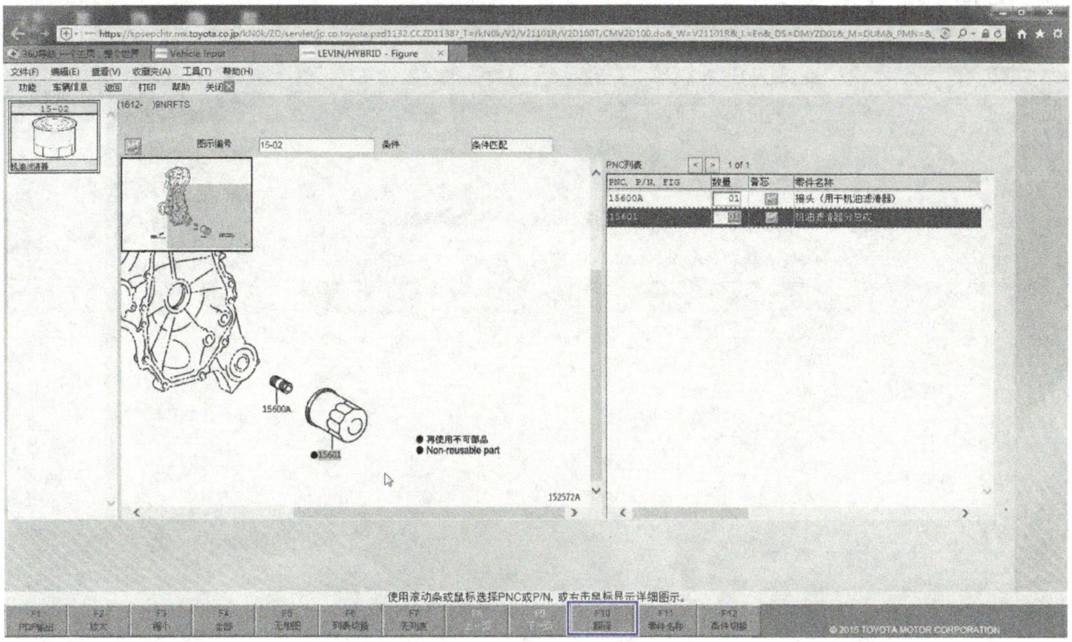

图 1-34　单击“F10”执行

16）显示查询零件的品名编码、零件编号、数量、车辆生产日期、零件名称、车型描述等具体信息，如查询的机油滤清器的零件编号为 90915—CA003，数量为 1 个，如图 1-35 所示。

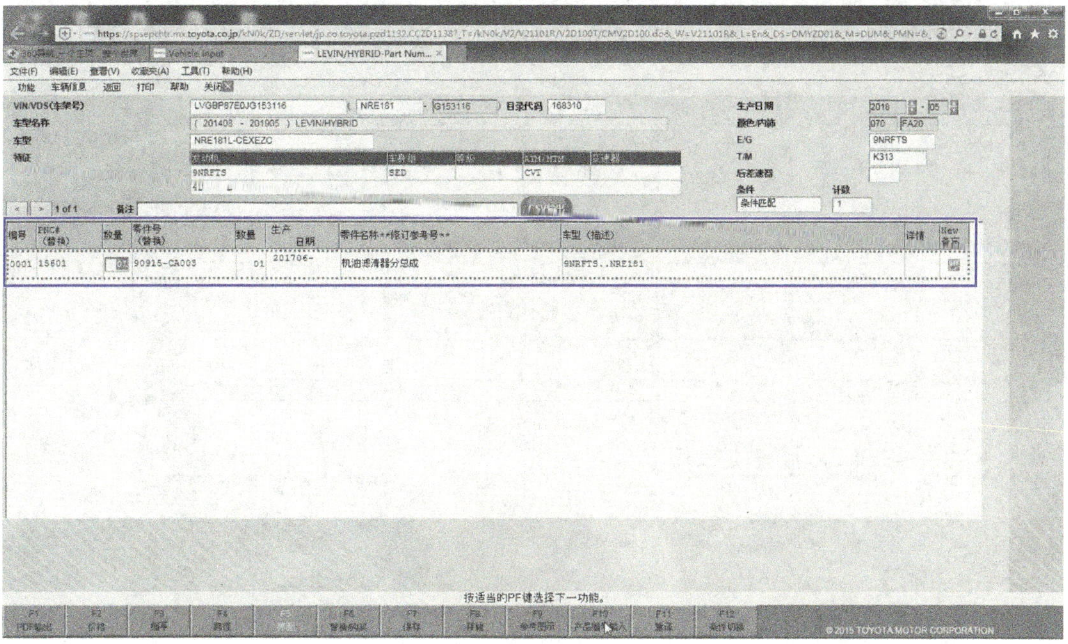

图 1-35　查询零件的具体信息

17）如果需要继续查询其他零件，单击系统上方的“返回”菜单，并选择“上一画面”，如图 1-36 所示。

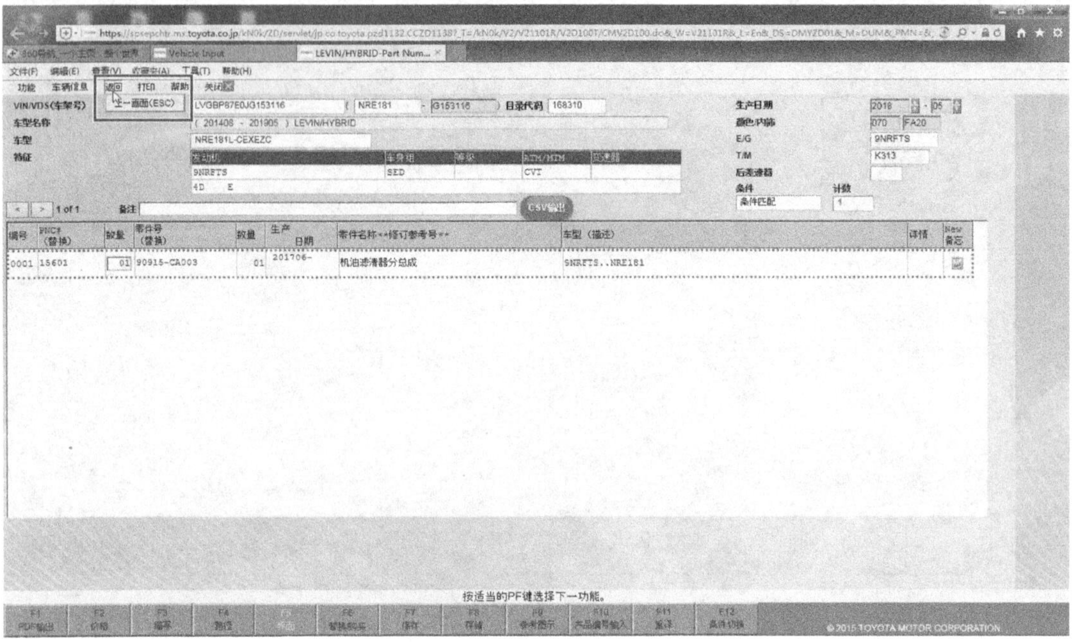

图 1-36　单击“返回”菜单，选择“上一画面”

18）返回“选择图例”界面，继续查询其他零件，如图 1-37 所示。

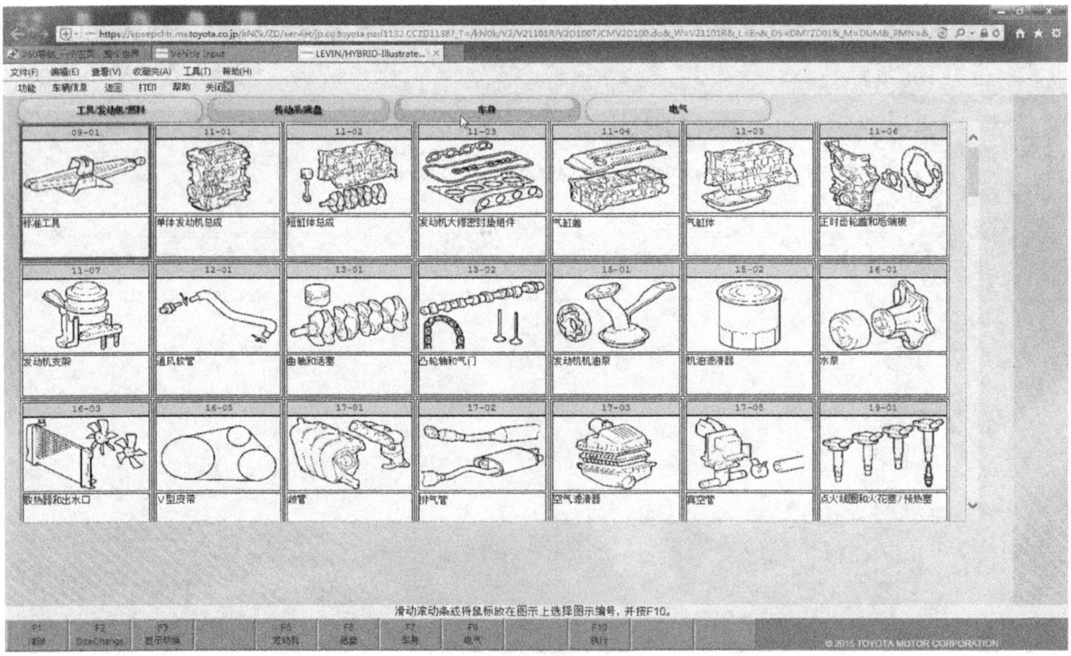

图 1-37　返回“选择图例”界面，继续查询其他零件

19）查询完毕后，返回主界面，单击“关闭”菜单，退出系统，如图 1-38 所示。

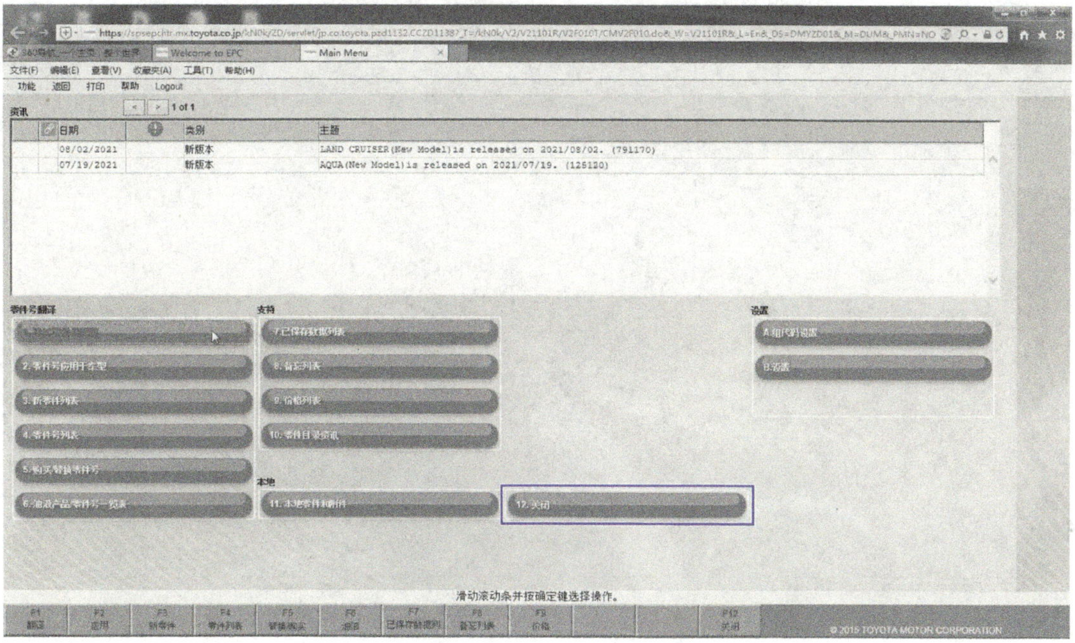

图 1-38　返回主界面，单击“关闭”菜单，退出系统

2. 查阅大众电子零件目录，确定待修车辆（迈腾）需要更换的制动摩擦片的准确零件编号

1）启动大众电子零件目录，进入电子零件目录主界面，如图 1-39 所示。

图 1-39　进入电子零件目录主界面

2）单击“选择品牌”菜单栏或快捷图标，如图 1-40 所示。

图 1-40　单击“选择品牌”菜单栏或快捷图标

3）单击“选择车型”菜单栏或快捷图标，如选择“迈腾”车型图标，如图 1-41 所示。

图 1-41　单击“选择车型”菜单栏或快捷图标

4）进入“选择主组”界面，如图 1-42 所示。

5）根据待修车辆需要更换零件的属性选择相应的主组，如前制动摩擦片属于车轮及制动系统，选择“主组 6”，单击“主组 6”图标，右侧出现主组 6 包含的全部“子组列表”，如图 1-43 所示。

图 1-42　进入“选择主组”界面

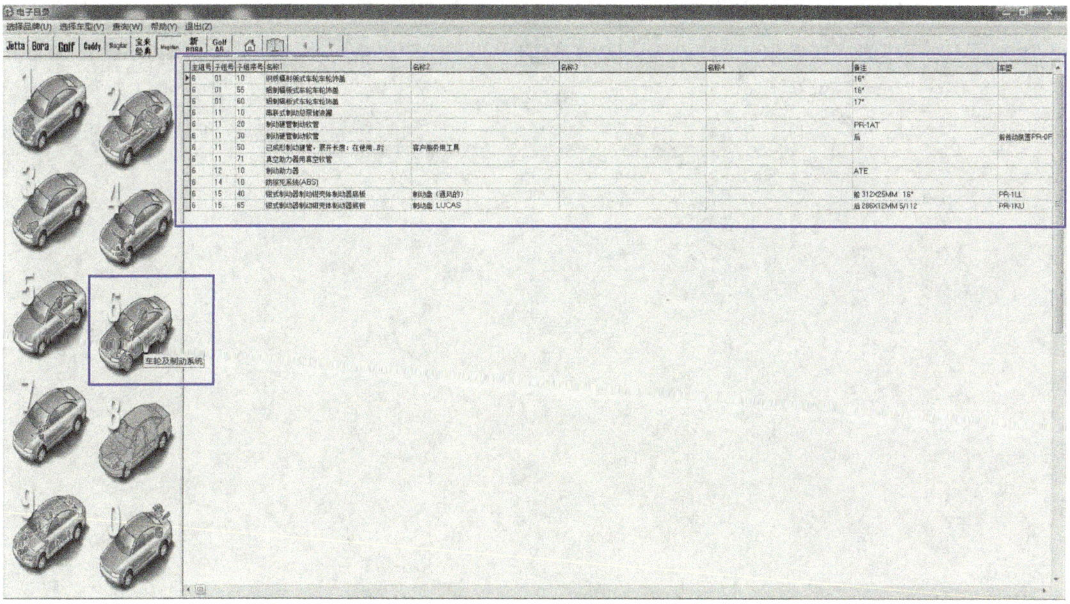

图 1-43　单击“主组 6”图标

6）单击“615 子组”，列表前端出现“黑色箭头”时，表示该子组已被选中，如图 1-44 所示。

7）双击选中的子组行，如双击“615 子组”，出现 615 子组包含的零件信息，如图 1-45 所示。左侧是相关零件的轴侧爆炸图，并且有各零件的图号，右侧为相关零件的列表，表中给出左侧爆炸图中各零件的“图号、零件号、零件名称、备注、件数、车型”等具体信息。

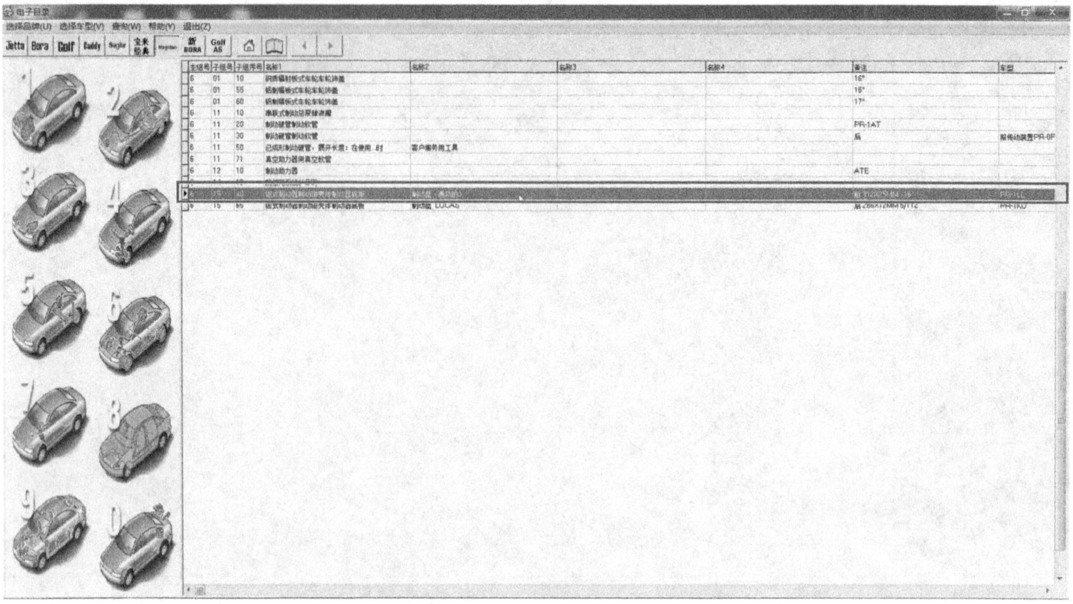

图 1-44　单击“615 子组”

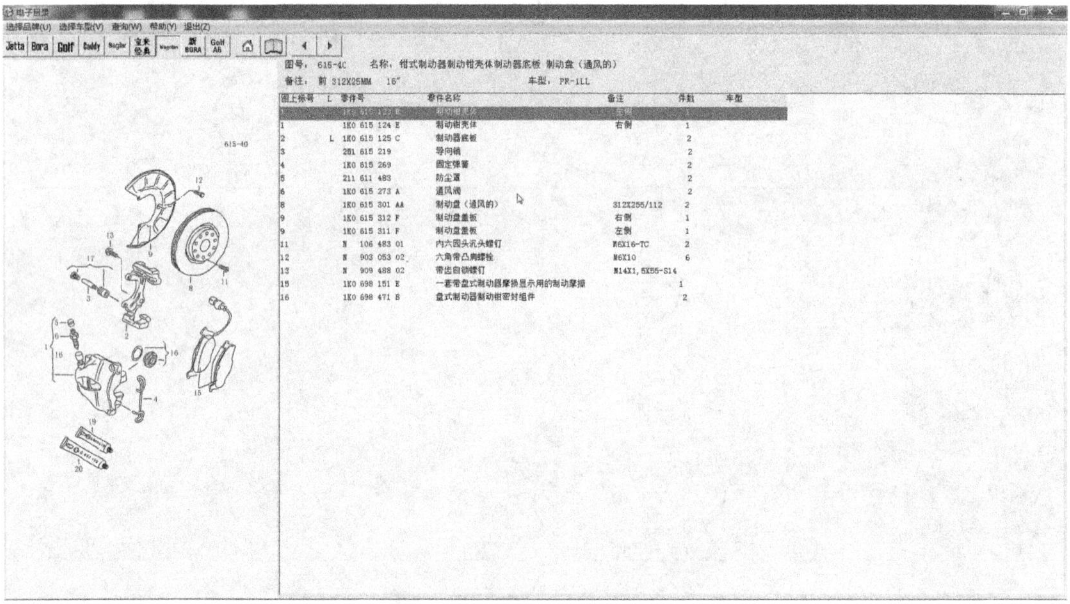

图 1-45　双击“615 子组”显示包含的零件信息

8）选择“图号 15”，在右侧列表中查找图号 15 的具体信息。如零件编号：1KD 698 151 E；零件名称：一套带盘式制动磨损显示用的制动摩擦片；件数为 1 件，如图 1-46 所示。

9）需要继续查询其他零件，单击“选择主组”的图标，返回选择主组界面，如图 1-47 所示。

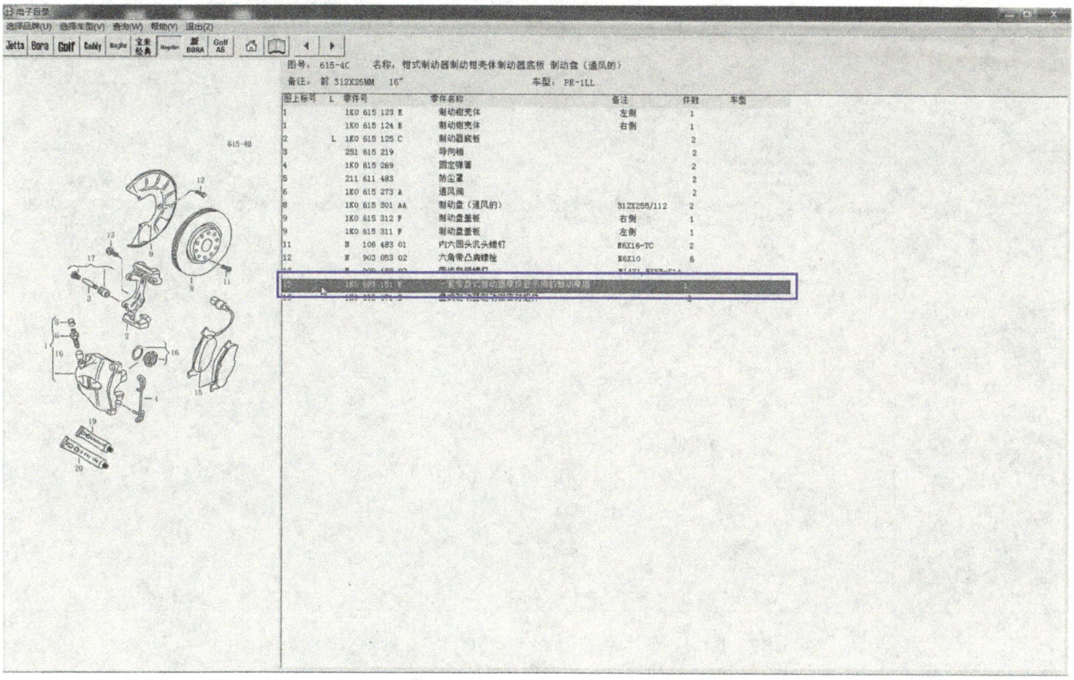

图 1-46　选择“图号 15”查找具体零件信息

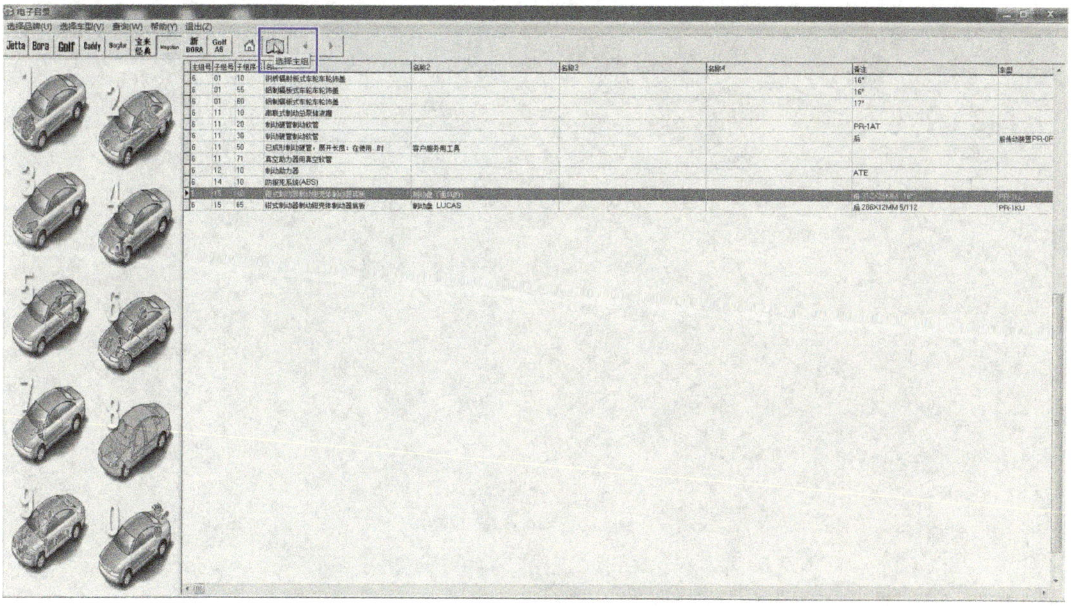

图 1-47　单击“选择主组”的图标，返回选择主组界面

10）需要查询其他车型的零件，可以单击“主界面”的快捷图标，重新选择品牌，如图 1-48 所示。

11）查询完毕，单击“退出”菜单，退出系统，如图 1-49 所示。

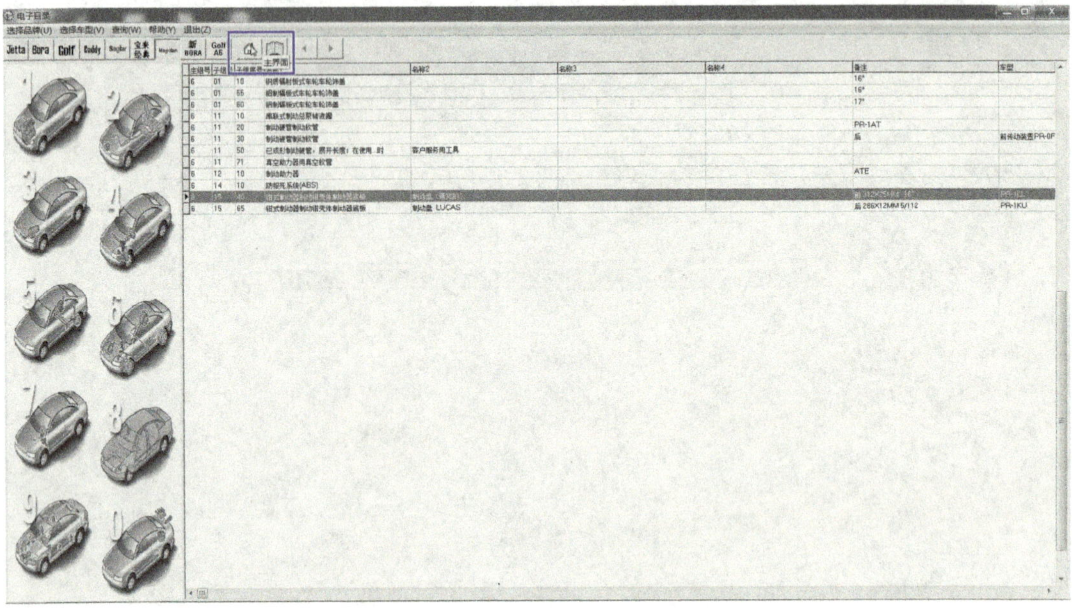

图 1-48　单击“主界面”的快捷图标，重新选择品牌

图 1-49　单击“退出”菜单，退出系统

二、确定库存宽度

1. 掌握零件流通的偏向性

通过零件需求的统计发现，零件的流通具有偏向性，即最大的销量往往只集中在较少的品种当中，如图 1-50 所示。

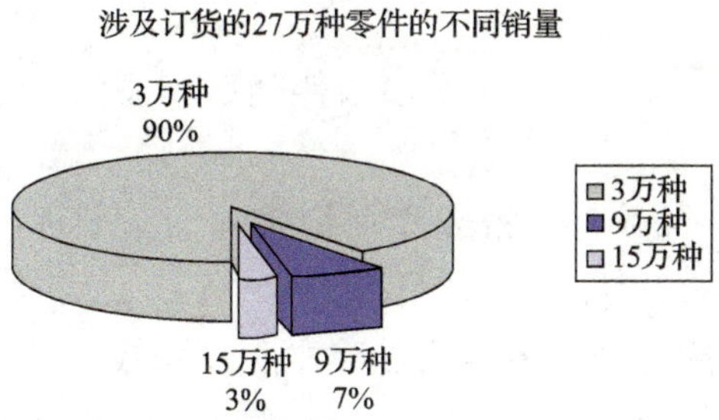

图 1-50　零件流通的偏向性

这个饼形图表示的是在某个时期内有订货的 27 万种零件的销量，其中占订货总量 90%的只有 3 万种。可见，零件的需求不是平均分配的，它具有偏向性，很大的销量只集中在很少的品种当中。

2. 划分零件的流通级别

汽车配件的流通级别反映了汽车配件在流通过程中周转速度的快慢程度，将汽车配件划分为快流件、中流件、慢流件和不流动零件。在一定的时间范围内，销售数量多、销售频次高的零件即为快流件，图 1-50 中的 3 万种零件即为快流件；销售数量少、销售频次低的零件为慢流件，图 1-50 中的 15 万种零件均为慢流件；其余的 9 万种便为中流件。

零件的流通级别不是一成不变的。快流件可能会变成中流件，甚至变成慢流件；而中流件和慢流件在一定时期内可能变成快流件。因此，零件的流通级别划分后是在一定时间内有效的，进入不同时期要重新进行划分。

3. 确定零件的生命周期

任何产品都要经历从进入市场到退出市场的生命循环过程，如图 1-51 所示。

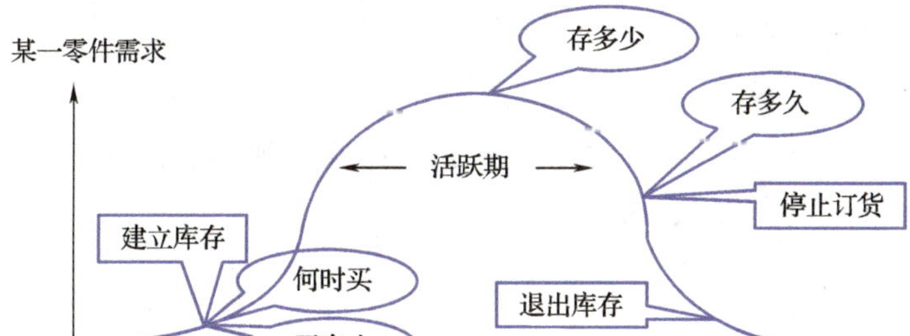

图 1-51　零件生命周期图

图 1-51 表示的是一个车型从上市到淘汰所对应的零件需求，分三个阶段：新车型上市、存活期和老车型淘汰。在新车型上市阶段这个零件的需求是比较少的，随着时间的推移零件需求逐渐增加，然后衰退直到完全退出市场。

针对零件在其生命周期不同阶段的特点，有的放矢地进行库存管理是控制好库存宽度的重要课题。

基于产品生命周期的库存管理策略

4. 建立库存和报废库存

（1）建立库存（Phase In） 建立库存指伴随新车型的上市，原非库存零件开始进入库存管理的时点。

（2）报废库存（Phase Out） 报废库存指伴随老车型逐渐从市场中淘汰掉，原库存零件不再进行库存管理的时点。

（3）建立库存和报废库存时点的确定 建立库存和报废库存两个时点之间的零件项目就是需要进行库存管理的项目。这两点之外的项目就是不需要进行库存管理的项目。为此，要制订相应的 Phase In 和 Phase Out 管理。销售店可以从零件需求的历史记录中统计出来月均需求和需求频度，发现零件需求的规律，从而确定需要库存的零件范围，见表 1-3。

表 1-3 零件需求规律与库存状态

项目	增长期			平稳期	衰退期	
月均需求	极少	少	较多	多	少（短期）	少（长期）
需求频度	极低	低	较高	高	低（短期）	低（长期）
库存状态	不库存	不一定	建立库存	库存管理	停止库存试验	报废库存

在增长期内的零件，对于那些有一定需求量，但需求频度很低的零件项目而言，应该视情况谨慎建立库存。如某些突发性的特殊需求，即使达到了一定的需求量，也不一定要立即建立库存管理。

停止库存试验是指某个零件如果短期内（如 6 个月）没有需求记录，不能马上退出库存，而应该继续监控这个零件是否会再次发生需求，从而再次进入库存管理。特别是季节性零件要区别对待，如刮水器可能在冬春季节需求很少，但是夏秋季节又会产生大量需求。因此，销售店应特别管理“停止库存试验”范畴内的零件项目，以便再次发生需求时，能够及时进行库存管理。

5. 选择库存对应方法

不同库存状态的零件项目应采取不同的零件管理原则，这样才能在保证最大零件供应率的同时，降低库存金额，如图 1-52 所示。

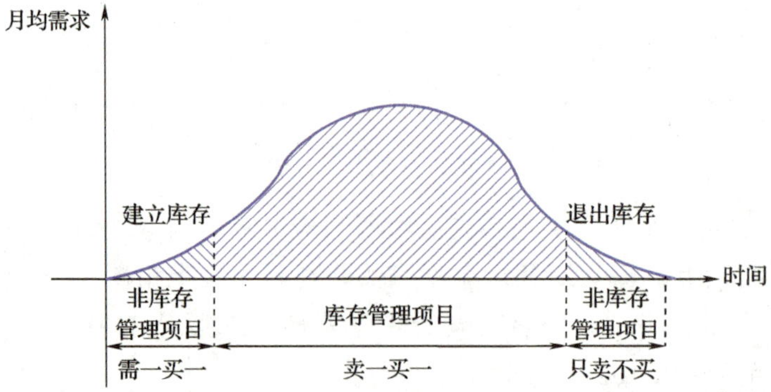

图 1-52 不同库存状态的对应方法

零件在增长期的项目属非库存管理项目，应采取需一买一的原则；零件在平稳期的项目属库存管理项目，应采取卖一买一的原则；零件在衰退期属非库存管理项目，应采取只卖不买的原则。

三、确定库存深度

1. 标准库存量确定

库存深度的确定是决定库存多少的问题。

根据历史需求，在保证及时供应的前提下，每个零件项目需要库存的最适数量，即零件的标准库存量（Standard Stock Qty，SSQ）。

在应用中，标准库存量还有几个其他名字：

1）OIL：最佳库存水平（Optimum Inventory Level）

2）MIP：最大库存点（Maximum Inventory Point）

标准库存量（SSQ）的计算见式（1-4）

$$SSQ = MAD \times (O/C + L/T + S/S) \tag{1-4}$$

式中　SSQ——标准库存量（Standard Stock Qty）；

MAD——月均需求（Monthly Average Demand）；

O/C——订货周期（Order Cycle）；

L/T——到货周期（Lead Time）；

S/S——安全库存周期（Safety Stock）。

2. 标准库存量的参数确定

（1）月均需求（MAD）　需求就是客户在零件消耗之后，需要的零件，描述的是市场真正的需要，是实际销售、客户预定和流失销售的客观反映。

通常建议取前六个月的每月需求量来计算月均需求，单位为个/月。

某零件前六个月的需求如图 1-53 所示，则 MAD 为 11 个/月。

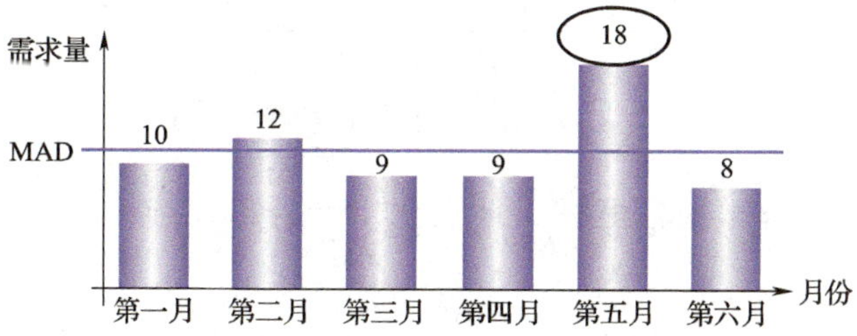

图 1-53　某零件前六个月的需求

$$MAD = \frac{10+12+9+9+9+18+8}{6} = 11(个/月)$$

需要注意的是，月均需求不是月均销售，那么都有什么样的销售要反映到 MAD 当中呢？首先，是实际需求，要计算进去；其次，B/O（Back Order）是没有完成的销售，但是也是实际需求，也需要反映到 MAD 中去；再次，L/S（Loss of Sales）流失销售也是没有完成的销售（如客人取消订货了），这也是实际的需求，计算 MAD 的时候也要加进去。但是，如果经销店在服务周做促销所产生的额外那部分销售不要加进去，因为这不是常规的需求。

（2）订货周期 O/C　订货周期指相邻两次订货所间隔的时间，单位为月，如图 1-54 所示。通常要根据汽车零部件经营企业与零部件供应商或零部件生产厂家间的协议所约定。

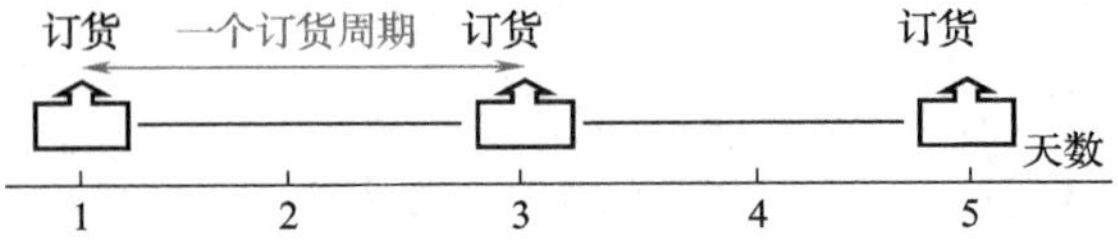

图 1-54　订货周期

订货周期作为参数通常根据一个月的期间来计算。订货周期 O/C 为

$$O/C=\frac{2}{30}=\frac{1}{15}(月)$$

1）如果每月一次订货，则订货周期 O/C＝1 个月。

2）如果每周一次订货，则订货周期 O/C＝1/4＝0.25 个月。

3）如果每天一次订货，则订货周期 O/C＝1/30＝0.04 个月。

（3）到货周期 L/T　到货周期就是从生成订单到系统录入可以销售的平均时间，单位为月，如图 1-55 所示。

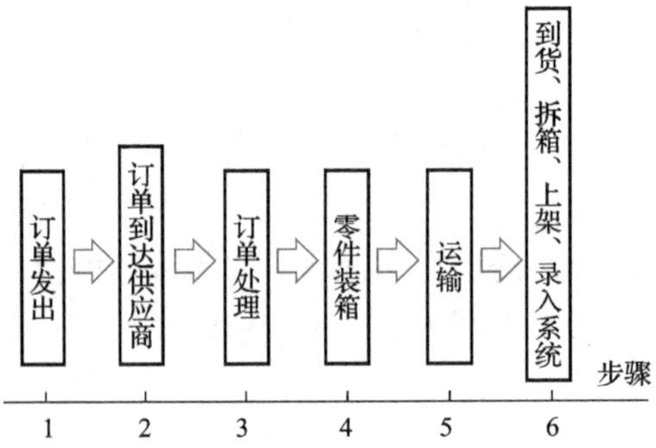

图 1-55　到货周期

到货周期作为一个参数通常根据一个月的期间来计算。到货周期 L/T 为

$$L/T=\frac{6}{30}=0.2(月)$$

需要注意的是，决定到货周期时，应该取得足够多的数据样板，这样才能得到精确的数字。标准到货周期应该定期修正并根据实际情况修改计算参数。

（4）安全库存周期 S/S　安全库存周期是考虑到货期延迟和特殊需求的因素，而必须在仓库中保有一定量的安全库存而定的。它包含到货期安全库存（S/S for L/T）和需求安全库存（S/S for Demand）。

到货期安全库存（S/S for L/T）是用于消除平均到货期的波动的安全库存，如图 1-56 所示。

到货期安全库存的计算见式（1-5）。在决定到货期安全库存时，重要的是从计算中剔除特别长的到货期。

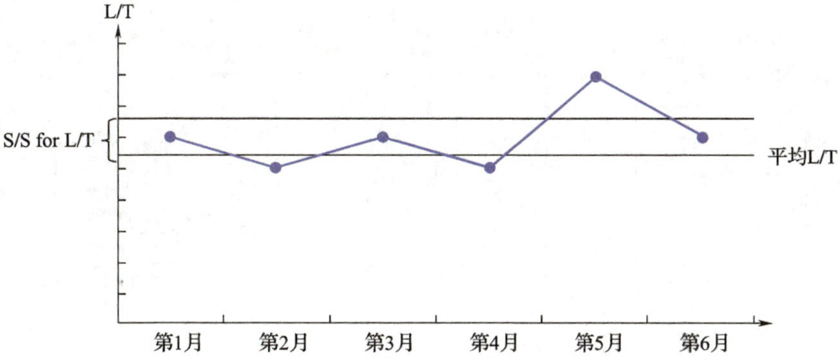

图 1-56　到货期安全库存

$$S/S\ for\ L/T=\frac{L/T(max)\times 目标供应率-L/T(平均)}{30} \tag{1-5}$$

需求安全库存（S/S for Demand）是用于消除客户订购的波动的安全库存，如图 1-57 所示。

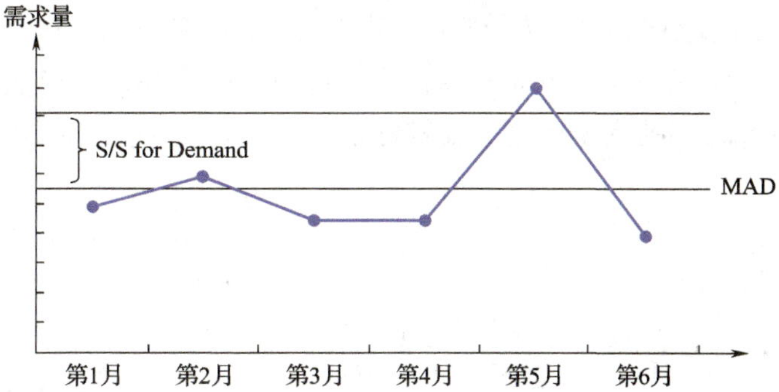

图 1-57　需求安全库存

需求安全库存的计算见式（1-6）。在决定需求安全库存时，要从计算中剔除特别的需求。

$$S/S\ for\ Demand=\frac{需求(max)\times 目标供应率-MAD}{MAD} \tag{1-6}$$

除了上述计算安全库存周期的方法外，还可以取经验值为 $S/S=(O/C+L/T)\times 0.7$。

四、确定订货原则

1. 大-大订货原则特点分析

大-大订货原则是丰田供应体制下推行的一种订货方式，是以最大库存量或标准库存量为库存上限，通过按时订货，不断补充库存到最大库存量，如图 1-58 所示。也就是说，只要有销售就订货，订多少呢？订购的数量以将库存补充到标准库存量为准。

使用大-大订货原则进行零件库存补充，需要在每次订货的时点发出订单，这就可以减少零件的库存深度。

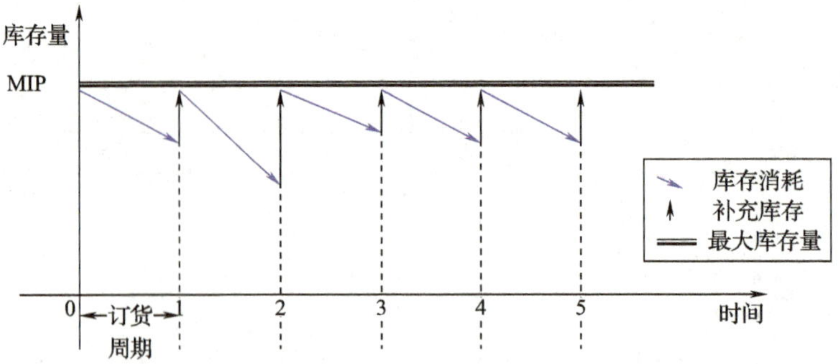

图 1-58　大-大订货原则

大-大订货原则的好处：

1）减少安全库存天数。

2）均匀的订货和发货频度。

3）每次订单较小的订货数量，易于操作管理。

2. 大-小订货原则特点分析

大-小订货原则的原理如图 1-59 所示。使用大-小订货原则进行零件库存补充，需要在每次订货时点，实际库存量不大于库存最小值时发出订货单，这就造成单次订货的数量较大，而且需要较深的安全库存。在实际工作中，订货是大-大订货和大-小订货两种方式混合运用的。

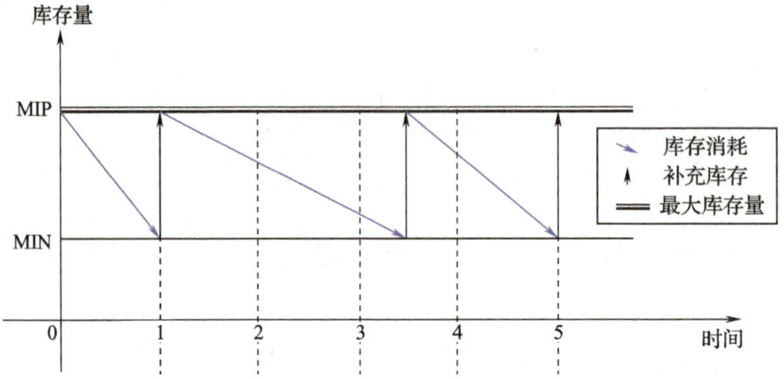

图 1-59　大-小订货原则的原理

根据历史需求
确定订货量

五、计算建议订货数量

根据大-大订货原则，在设定了每个零件的标准库存量后，便可根据销售情况计算订货量了。订购的数量以将库存补充到标准库存量为准。但是，建议订货量不仅要考虑计算订货数量这一时刻的库存数量，还要考虑之前已订货但尚未到货的数量以及客户的预订数量。建议订货量的计算见式（1-7）。

$$SOQ = SSQ - O/H - O/O + B/O \tag{1-7}$$

式中　SOQ——建议订货数量；

O/H——在库数量；

O/O——在途数量；

B/O——追加订货量。

（1）在库数量（O/H）　在库零件数量就是仓库系统信息中可以利用的零件数量，即计算订货量这个时点的库存数量。

（2）在途数量（O/O）　在途零件数量就是已经向供应商或生产厂家订购的但仍未收到的和虽然已到货但尚未在系统中录入的零件数量。

（3）追加订货量（B/O）　对客户所需的零件，由于销售店的库存数量不足或该零件属非库存项目时，销售店不能及时供货，而需要向供应商或生产厂家订货。发生此类订货时，所订货的项目即为B/O需求项目，所订货的数量即为B/O数量，即追加订货量。追加订货量客观地反映了库存的不足。

通过计算建议订货量，能够准确把握每个零件项目的订货数量，控制好库存深度。经销店可以将各项参数设定后，由计算机来根据上述公式计算出建议订货数量，配件计划员再根据实际情况进行适当调整。

任务 3 汽车配件质量鉴别

任务解析

本任务主要学习用目测法鉴别汽车配件质量，用简单技术手段鉴别汽车配件质量及常见假冒伪劣零件的鉴别方法。

知识链接

汽车配件经营企业经营的车型较多，品种较复杂，对采购的汽车配件质量做出正确的、科学的鉴别非常困难。但是，汽车配件质量的优劣又关系到销售企业的信誉和消费者的利益，因此汽车配件经营企业对购进的汽车配件的质量进行检验是十分必要的。

一、质量鉴别的常用工具

企业可根据实际情况，添置必备的技术资料和通用检测工具，如所经营的主要车型的主机厂的图样或汽车配件目录，各类汽车技术标准等技术资料，游标卡尺、千分尺、百分表、千分表、量块、平板、表面粗糙度比较块、硬度计等检测工具（图1-60），以具有一定的检测能力。

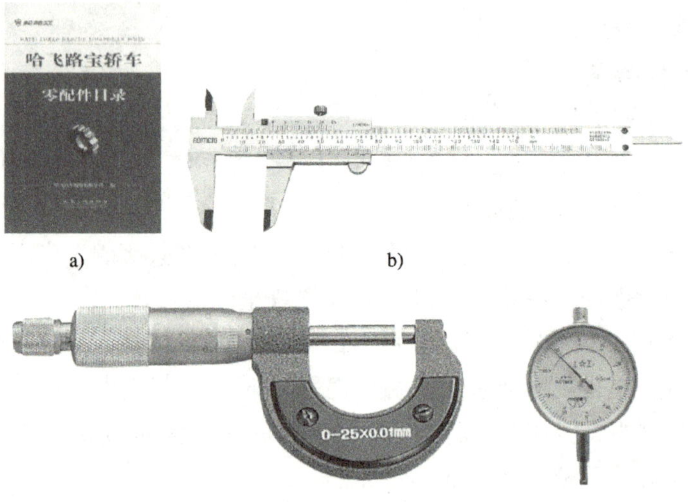

图 1-60 常用的质量鉴别工具

a）配件目录 b）游标卡尺 c）千分尺 d）百分表

二、根据进货渠道不同采取差别化的检测策略

对全国名牌和质量信得过产品基本免检，但应该注意观察这些产品质量的稳定性，以及仿冒产品的渗入，所以要定期进行抽检。

对长期批量采购后，经使用未发现质量问题的产品，可抽检几项关键项目，检查其质量的稳定性。

对以前未采购过的配件，采用按标准规定的抽检数，在技术项目上尽可能做到全检，以求对其产品质量得出一个全面结论，作为今后采购的参考。

对以前因为质量原因用户批量退货或少量、个别换货的产品，应采取尽可能全检，并对不合格项目实行重点检验的办法。对再次发现问题的，进行退货处理，还要注销合同，不再购买。

对一些小企业的产品，往往由于其合格率低，而且一旦付款后很难索赔，因此尽量不进这类产品，如确需采购，在检验时要严格把关。

任务实施

对采购配件进行质量鉴别，把好质量关，为客户提供优质的配件。

一、采用目测法鉴别汽车配件质量

一般的汽车配件经营企业没有完备的检测手段，大都根据经验用目测的方法识别汽车配件的优劣。

1. 看产品表面质量

产品表面质量是评定产品优劣的第一印象。质量低劣的产品，其表面质量往往比较差。用目测的方法主要是看商品的后道工艺的表面处理。所谓表面处理，即电镀工艺、油漆工艺、高频热处理、包装工艺等。

（1）检查汽车配件油漆工艺　采用先进工艺生产的配件表面与采用陈旧落后工艺生产的配件表面有很大差异，目测可以看出前者表面细腻、有光泽、色质鲜明，而后者则色泽暗淡、无光亮、表面有气泡和“拖鼻涕”现象，用手摸有砂粒感。

（2）检查镀锌技术和电镀工艺　镀锌工艺在汽车配件的表面处理中占的比重较大，汽车配件的铸铁件、可锻铸件、铸钢件、冷热板材冲压件等多在表面进行镀锌处理。镀锌工艺技术过关的，配件表面金光闪闪，表面一致性好。批量之间表面一致性也没有变化，有持续稳定性。高质量的镀锌常被称为“镀银”，其色泽光亮、美观。大企业对电镀前的除锈酸洗过程要求严格，清酸比较彻底。对于镀锌件，目测时主要看其是否有泛底现象。对于镀铝、镀铬、镀镍产品，看其镀层、镀量是否均匀，以此来分辨真伪优劣。

（3）检查电焊工艺　在汽车配件中，减振器、钢圈、前后桥、大梁、车身等均有电焊焊接工序。专业化程度高的企业，电焊工艺技术大都采用定量、定温、定速的自动化焊接，有的还使用低温焊接法等先进工艺。产品焊缝整齐、厚度均匀，表面无波形纹，直线性好，即使是点焊，其焊点、焊距都很规则。这些工艺是手工操作无法实现的。

（4）检查表面热处理工艺　汽车配件产品经过精加工以后，要进行高频感应加热淬火处理，因此淬火后各种颜色都原封不动地留在产品上，如汽车万向节内、外球笼经过淬火后，表面就有明显的黑色、青色、黄色和白色，白色面是摩擦面，所以也是硬度最高的面。在目测时，凡是全黑色和无色的，肯定没有经过高频感应加热淬火。

（5）检查橡胶制品质量　对汽车上使用的橡胶件均有特殊的要求，应耐高温、耐油、耐压、复原性好等。由于橡胶件所使用的原料是一种氨酸的配方，它的原料成本比一般橡胶原料成本高出很多，而且这种氨酸在制造橡胶配件时对模具具有强烈的腐蚀作用，模具损耗很大。在鉴别橡胶件的质量好坏时，橡胶件表面乌黑光亮的不一定是好产品。因此，要了解生产厂家的生产过程，并在实际应用中观察辨别。

（6）检查配件非使用面的表面伤痕　从对汽车配件非使用面的伤痕分析，可以分辨正规生产企业产品和非正规生产企业产品。表面伤痕若是在非接触面上，则是由于产品生产过程中相互碰撞留下的。优质的产品是靠先进的工艺技术制造出来的。在一个管理规范的企业，不可能出现产品在中间工艺过程中相互碰撞。以此推断，凡是在产品非接触面留下伤痕的产品，很大可能是非正规生产企业生产的劣质产品，需谨慎采购。

2. 看商标

在商标制作上，正规厂商在零配件表面有硬印和化学印记，注明零件的编号、型号、出厂日期，一般采用自动打印，字母排列整齐，字迹清晰，这些非正规企业一般是做不到的。还需查看商标上的厂名、厂址、等级和防伪标记是否真实。

3. 看包装

汽车配件是互换性较强、精度很高的产品，为了能较长时间存放、不变质、不锈蚀，需在产品出厂前用低度酸性油脂涂抹。正规企业对包装纸盒的要求非常严格，要求其无酸性物质，不产生化学反应。有的采用硬型透明塑料抽真空包装。考究的包装能提高产品的附加价值。箱、盒大都采用防伪标记，常用的有激光、条码、暗印等。在采购配件时，要认真检查包装，同时还要查看其商标、厂名、厂址、等级和防伪标记是否真实。

4. 看文件资料

首先要查看汽车配件的产品说明书，产品说明书是生产厂进一步向用户宣传产品、为用户做某些提示、帮助用户正确使用产品的资料，通过产品说明书可增强用户对产品的信任感。一般来讲，每个配件都应配一份产品说明书。如果交易量相当大，还必须查询技术鉴定资料。

5. 看规格型号

大多数汽车配件都有规定的型号和技术参数。凡主机厂的配套产品，为了满足主机厂的设计要求，零部件为适用不同机型多进行改进，既保留了基本车型的优点，又适应了不同车辆的动力性和经济性。因此在订购配件时，一定要熟悉整车与配件的型号，根据车辆的具体型号准确地订购零部件。

二、用简单技术手段鉴别汽车配件质量

1. 检查配件表面硬度是否达标

各配合件表面硬度都有规定的要求，在征得厂家同意后，可用钢锯条的断茬去试划，划时打滑无划痕的，说明硬度高；划后稍有浅痕的，说明硬度较高；划后有明显痕迹的，说明硬度低。

2. 检查配件结合部位是否平整

零部件在搬运、存放过程中，由于振动、磕碰，常会在结合部位产生毛刺压痕、破损等，影响零件使用，选购和检验时要特别注意。

3. 检查配件的几何尺寸有无变形

有些零件因制造、运输、存放不当，易产生变形。检查时，可将轴类零件沿玻璃板滚动一圈，看零件与玻璃板贴合处有无漏光来判断其是否变形；可将离合器从动盘钢片或摩擦片举在眼前观察其是否翘曲；衬垫类零件要注意检查其几何尺寸及形状。

4. 检查总成部件有无缺件

正规的总成部件必须齐全完好，才能保证顺利装配和正常运行。一些总成件上的个别小零件若缺失，将使总成部件无法工作，甚至报废。

5. 检查转动部件是否灵活

在检验机油泵等转动部件时，用手转动泵轴，应感到灵活无卡滞。检验滚动轴承时，一手支撑轴承内环，另一手打转外环，外环应能快速自如转动，然后逐渐停转。若转动部件转动不灵，说明内部锈蚀或产生变形。

6. 检查装配记号是否清晰

为保证配合件的装配关系符合技术要求，在一些零件（如正时齿轮）表面刻有装配记号。若无记号或记号模糊无法辨认，将给装配带来很大困难，甚至装错，如图 1-61 所示。

7. 检查胶接零件有无松动

由两个或两个以上零件组合成的配件，零件之间是通过压装、胶接或焊接来连接的，他们之间不允许有松动现象。如油泵柱塞与调节阀是通过压装组合的；离合器从动摩擦片与钢片是铆接或胶接的；纸质滤清器滤芯骨架与滤纸是胶接而成的；电器设备的接头是焊接而成的，检验时，若发现松动，应予以调换。

a)　　　　　　　　b)

图 1-61　检查装配记号

a）正时齿轮表面刻有装配记号　b）活塞装配记号

8. 检查配合表面有无磨损

若配合零件表面有磨损痕迹；若涂漆配件剥落表面油漆后发现旧漆，则多为翻新件。当表面磨损、烧蚀、橡胶零件材料变质时，在目测看不清的情况下，可借助放大镜观察。

9. 检查壳体及盘形零件有无裂纹

判定壳体及盘形零件是否有不明显的裂纹，可用小锤轻轻敲击并听其响声，如发出的金属声音清脆，说明零件的状况良好；如果发出的声音沙哑，可以判定零件有裂纹。

浸油锤击是一种探测零件隐蔽裂纹最简单的方法。检验时，先将零件浸入煤油或柴油中片刻，取出后将表面擦干，撒上一层滑石粉或石灰，然后用小锤轻轻敲击零件的非工作面。如果零件有裂纹，通过振动会使浸入裂纹的油渍溅出，裂纹处的白粉呈现黄色浅迹，便可看出裂纹所在。

三、常见的假冒伪劣汽车配件的鉴别

如何分辨真假机油滤清器

目前汽车配件市场混乱，假冒伪劣产品充斥市场，让人真假难分、良莠难辨，严重影响了汽车维修质量，给用户造成严重损失，甚至危及行车安全。了解一些常见的假冒伪劣汽车配件的危害与鉴别方法，对配件采购人员而言是非常必要的，如图 1-62~图 1-67 所示。

优质燃油滤清器

特征：材料及工艺考究，滤纸质感好，粗细均匀，有橡胶密封条。能有效过滤汽油中可能存在的杂质颗粒，与燃油管匹配精确。

VS

劣质燃油滤清器

特征：构造粗糙，滤纸低劣，疏密不匀，无橡胶密封条。过滤效果差，与燃油管的匹配精度低。

使用劣质零件的危害：劣质燃油滤清器过滤效果差，可能会引起汽油泵及喷油器等部件的过早损坏，导致发动机出现工况不良、动力不足及油耗增加等情况。

图 1-62　优劣燃油滤清器的对比

优质
空气滤清器

特征：制造材料优质，密封效果好，除尘效率高，为发动机发挥最佳工作性能提供保障。

VS

劣质
空气滤清器

特征：材料粗糙，过滤效果差；匹配精度低，不能有效地滤除空气中的悬浮颗粒物。

使用劣质零件的危害

劣质空气滤清器密封效果差，杂质颗粒容易被吸进发动机，轻则加速发动机气缸和活塞的磨损，重则造成气缸拉伤，缩短发动机的使用寿命。

图 1-63　优劣空气滤清器的对比

优质
机油滤清器

特征：采用专业的滤纸材料，过滤性能良好；有可靠的回流阻止机构。

VS

劣质
机油滤清器

特征：内部材料和工艺粗糙，过滤性能差，易造成早期过滤失效，需频繁更换；无回流阻止机构或机构不可靠。

使用劣质零件的危害

劣质机油滤清器由于过滤效果差，容易引起曲轴及轴瓦等主要部件的过早磨损，大大缩短发动机的使用寿命。

图 1-64　优劣机油滤清器的对比

优质
制动片

特征：采用先进材料制作，可最大限度地降低制动盘的磨损和热损；制动性能稳定可靠，保证车辆能安全、精准地停车。

VS

劣质
制动片

特征：厚度及形状通常与真品不一致，噪声和振动大，质量和制动性能不稳定。

使用劣质零件的危害

劣质制动片，可能引起制动力不足或制动失灵等情况，导致车辆不能正常制动，对安全行车造成严重危害。

图 1-65　优劣制动片的对比

优质
正时带

特征：采用优质复合材料制作，无明显气味，制造工艺精良，匹配精度高，抗疲劳性能强。

VS

劣质
正时带

特征：制造材料及工艺粗糙，有一股臭胶味，匹配精度差，易磨损和断裂。

使用劣质零件的危害　劣质正时皮带使用寿命短，影响发动机工况，高速行驶时安全隐患较大。

图 1-66　优劣正时带的对比

优质
火花塞

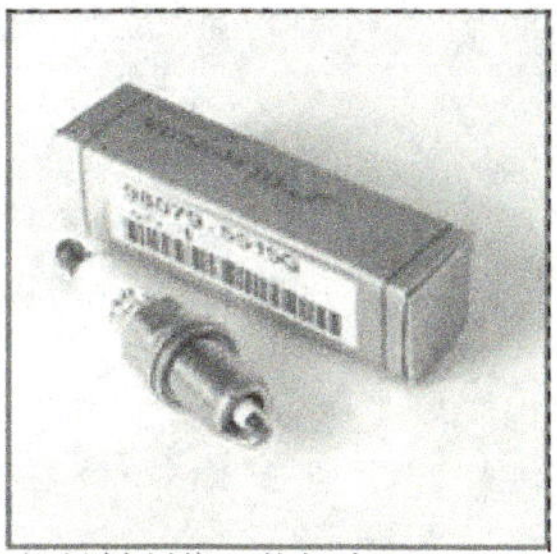

特征：使用特殊电极材料制作，能够实现最佳的导热性能，具有很强的抗热冲击性能，经久耐用。

VS

劣质
火花塞

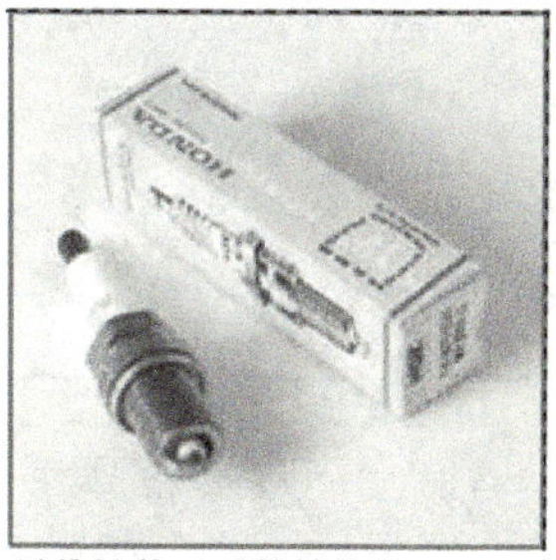

特征：做工粗糙，导热性能及耐热性能差。

使用劣质零件的危害　由于火花塞的工作环境是高温高压，所以劣质产品的电极非常容易烧蚀，造成电极间隙过大，火花塞放电能量不足，结果就是汽车冷起动困难，发动机内部积炭增多，起步、加速性能下降，油耗增加。

图 1-67　优劣火花塞的对比

项目总结

本项目主要介绍了汽车后市场业务范围，我国汽车配件行业的发展现状及发展趋势，影响售后零部件市场需求的主要因素，国产汽车配件编制规则，一汽-大众汽车和丰田汽车配件编号编制规则，一汽-大众汽车和丰田汽车配件电子零件目录使用方法；配件需求预测的方法，根据历史需求确定库存宽度和标准库存量的方法，根据销售情况计算订货量的方法；采用目测法和简单技术手段鉴别汽车配件质量的方法。通过本项目任务的操作完成了汽车配件编号的查询，采用算术平均法、加权算术平均法和基于配件寿命的预测法预测汽车配件需求；确定库存宽度和标准库存量，计算建议订货量；鉴别汽车配件质量。

实训项目

实训一　查询待修车辆（卡罗拉）需要更换的配件，VIN 为 LFMA1ACC6M0108686。需要更换的配件清单见表 1-4。

表 1-4　需要更换的配件清单

序号	零件名称	数量
1	机油滤清器	1
2	空调滤清器	1
3	空气滤清器	1
4	前减振器	2
5	前减振弹簧	2
6	前制动摩擦片	1
7	左前照灯	1
8	右倒车镜	1
9	前保险杠	1
10	右前翼子板	1

实训二　查询待修车辆（迈腾）需要更换的配件，需要更换的配件清单见表 1-5。

表 1-5　需要更换的配件清单

序号	零件名称	数量
1	机油滤清器	1
2	空调滤清器	1
3	空气滤清器	1
4	前减振器	2
5	前减振弹簧	2
6	前制动摩擦片	1
7	左前照灯	1
8	右倒车镜	1
9	前保险杠	1
10	右前翼子板	1

实训三　经过调查，A 经销店某零件前 6 个月的需求量记录如下：28、32、30、28、36、26。根据汽车配件需求调查结果，采用算术平均法预测本月该零件的需求量。

实训四　经过调查，经销店 A 某零件前 6 个月的需求量记录如下：28、32、30、28、36、26，各月需求量权重依次为 1、2、3、4、5、6。根据汽车配件需求调查结果，采用加权算术平均法预测本月该零件的需求量。

实训五　某地区某车型汽车保有量 30000 辆，每辆车月均行驶里程 3000km，机油滤清器使用寿命为 10000km，火花塞使用寿命 50000km。每辆车安装 1 个机油滤清器，6

个火花塞。根据汽车配件需求调查结果，利用基于配件寿命的预测法，预测该车型机油滤清器和火花塞的需求量。

实训六　某经销店在某款新车上市的第3个月内，在售后服务过程中有表1-6中所列出的零件发生过需求，根据零件需求规律及库存状态对应方法判断哪些应该建立库存，哪些不需要库存。

表1-6　零件需求情况

	机油滤清器	行李舱盖	进气门	火花塞	机油
月均需求数量	20	1	4	20	70
需求频度	20	1	1	5	30
是否库存					

实训七　A经销店对于某零件前6个月的需求量记录如下：28、32、30、28、36、26，该店订货周期是1天，到货周期通常是1天，S/S是0.5个月，在途数量是1个，现有库存是1个，B/O是1个，试求该零件本次订货的建议订货数量。

项目二 ▶ 汽车配件仓储管理

学习目标

1. 能够准确、快速地完成汽车配件入库验收。
2. 能够对配件仓库的货位进行编制。
3. 能够根据配件的不同性质进行分区、分类存放。
4. 能够根据不同的配件选择合理的存储方式。
5. 能够根据仓库环境变化规律进行汽车配件养护措施的选择和控制。
6. 能够科学地存放特殊配件。
7. 能够根据出库要求进行出库作业。
8. 能够完成汽车配件仓库盘点作业。
9. 能够对盘点结果进行处理。
10. 树立安全管理意识。
11. 树立遵守管理制度的意识。

任务 1 汽车配件入库

任务解析

本任务主要学习入库验收的依据、要求，根据入库验收凭证，及时、准确地做好入库验收工作。

知识链接

一、汽车配件仓库管理

（一）仓库管理的含义

仓库管理是对货物存储的经营管理。从广义上看，仓库管理是对物流过程中货物的入库、保管、养护、出库以及由此带来的商品装卸、分拣、整理等一系列活动的经营管理。

汽车配件仓库管理包含两方面内容：配件的保管和配件的养护，而配件的保管又包括配件的入库验收、在库管理和出库验收三个方面。配件养护则包含配件本身的养护和外在环境的维护。

（二）仓库管理的作用

1. 仓库管理是保证汽车配件使用价值的重要手段

汽车配件经营企业的仓库是服务于用户的，是为企业创造经济效益的物资基地。仓库管理的好坏，是汽车配件能否保持使用价值的关键之一。如果严格按照规定加强对配件的科学管理，就能保持其原有的使用价值，否则，就会造成配件的锈蚀、破损，使其部分、甚至全部失去使用价值。所以，加强仓库的科学管理，提高保管质量，是保证所储存的汽车配件价值的重要手段。

2. 仓库管理是汽车配件经营企业为用户服务的一项工作

汽车配件经营企业在为用户提供服务的过程中，经过大量的工作，最后一道工序就是通过仓库管理员，将用户所需的配件交给用户，满足用户的需求，实现企业服务用户的宗旨。

二、汽车配件仓库管理的任务

仓库管理的基本任务，就是做好汽车配件的入库、保管和出库工作。在具体工作中，要求做到保质、保量、及时、低耗、安全地完成保管工作和各项任务，并节省保管费用。

1. 保质

保质就是要保持库存配件的原有使用价值。为此，必须加强仓库科学管理，在配件入库和出库过程中，要严格把关，凡是质量或包装不合格的配件，一律不准入库和出库；对库存配件要定期或不定期检查或抽查，凡是需要进行养护的零件，一定要及时进行养护，以保证库存配件的质量随时都处于良好的状态。

2. 保量

保量是指仓库保管按照科学的储存原则，实现最大的库存量。在汽车配件保管活动中，变动因素较多，比如配件的型号、规格、品种繁多，批次不同，数量不一，长短不齐，包装有好有坏，进出频繁且不均衡，性能不同的配件保管要求不一致等，要按不同的方法分类存放。同时既要保证便于进出库，又要保证储量，这就要求仓库保管员进行科学合理的规划，充分利用有限的空间，提高仓库容量利用率。

同时要加强对配件的动态管理，配件在入库和出库过程中，要严格执行交接点验制度，不但要保证其质量好，而且要保证数量准确无误，对库存配件一定要坚持“有动必点、日清月结”，定期盘点，认真核查，保证库存配件随时做到账、卡、物相符。

3. 及时

配件在入库和出库的各个环节中，在保证工作质量的前提下，都要体现一个“快”字。在入库验收过程中，要加快接货、验收、入库速度；在保管、养护过程中，要安排便于配件进出库的场地和空间，规划货位和垛型，为快进、快出提供有利条件；在配件出库过程中，组织足够的力量，安排好装卸设备，为出库创造有利条件。对一切烦琐的、可有可无的手续，要尽量简化，压缩配件和单据在库停留时间，加快资金周转，提高经济效益。

4. 低耗

低耗是指配件在库保管期间的损耗降到最低限度。配件在入库前，由于制造商或运输商的原因，配件可能会发生损耗和短缺，所以应严格进行入库验收把关，剔除残次品，清点短缺数量，并做好验收记录，明确损耗或短缺责任，以便为降低保管期间的配件损耗、短缺创造条件。配件入库后，要采取有效措施，如装卸搬运作业时，要防止野蛮装卸，爱护包装，包装破损了要尽量更换；正确堆码苫垫、合理选择垛型及堆码高度，防止压力不均倒垛或挤压产品及包装。对上架产品，要正确选择货架及货位。同时要制订各种产品保管损耗定额，限制超定额损耗，将保管期间的损耗降到最低。

5. 保安全

保安全指做好防火灾、防盗窃、防破坏、防工伤事故、防自然灾害等工作，确保配件、设备和人身安全。

6. 节省费用

节省费用是指节省配件的进库费、保管费、出库费等成本。为达到此目的，必须加强仓库科学管理，挖掘现有仓库和设备的能力，提高劳动生产率，把仓库的一切费用成本降到最低水平。

三、汽车配件仓库管理人员的职责

1. 仓库管理人员是实现仓库管理任务的主要力量，其基本职责是：

1）认真检查汽车配件的包装和品名、规格、型号、产地、数量及质量，检查是否合乎规定要求，如发现问题，及时与有关部门联系，以便进行处理。

2）按各项要求进行管理，做好保管、养护和出库发运工作，严格各项手续制度，做到收有依据，发有凭证，及时准确地登账和销账，手续完备。

3）汽车配件出库做到先进先出，品名、规格、型号、产地、数量无误、包装完好，收货地点清晰，发货及时。对发货后的库存量，做到有动必点、卡物相符。

4）加强业务学习，不断提高仓库保管业务水平，了解汽车的基本结构；能正确使用常用计算工具、量具和测量仪器；熟悉分管配件的质量标准，能够识别配件质量的优劣；懂得主要易损、易耗零件的性能和使用寿命。

5）不断提高配件储存规划的科学程度，合理地保管配件。熟悉分管库房的储存定额；正确运用配件合理分区、分类管理办法；熟悉堆码、苫垫技术；在库容使用上做到货位安排合理、利用率高、安全可靠、进出畅通、方便收发，便于清点对账和检查。

6）根据分管配件的保管要求，不断提高保管、养护技术水平。针对配件的特性和库房温度、湿度的变化，采取相应的密封、通风、降温、防潮、防腐、防锈、防冻、防高温、防鼠咬虫蛀、防水涝等措施，创造良好的保管环境，确保配件不受损失。

7）定期和经常盘点检查库存配件，做到数量准确，质量完好。熟练准确地记账、对账、盘点，保证账、卡、物相符。对于长期积压滞销的零件，及时向有关部门和人员提出，以便尽快处理。

8）负责保管好苫垫和包装用物品以及各种工具和设备。做到合理使用、妥善保管，尽量延长其使用寿命，节约费用开支，降低成本。

9）加强经济核算，改善经营管理。经常分析库房的利用率、各项储存定额和出入库动态；分析造成配件损耗和盈余的原因，采取积极有效的办法，把损耗降到最低限度。

10）时刻保持高度警惕，做好防火、防盗、防破坏的工作，防止各种灾害和人身事故的发生，确保工作人员的人身安全、汽车配件及各种设备的安全。

11）树立为用户服务的思想，实事求是地处理好收、管、发中的问题，给用户提供及时、准确、保质保量的优质服务。

2. 仓库管理人员应具备的素质和技能

1）熟悉仓储管理业务，具有较强的业务知识水平。

2）熟悉商品知识，具有正确维护和养护商品的能力。

3）熟悉仓储设备知识，具有正确操作与养护设备的能力。

4）具备计算机操作能力。

四、汽车配件入库验收

入库验收指配件进入仓库保管前的准备阶段。配件一经验收入库，仓库保管工作就正式开始，同时也就划清了入库和未入库之间的责任界限。否则，配件入库之后再发现质量、数量问题，就分不清责任，会给企业造成不必要的经济损失。因此，做好入库验收工作，把好“收货关”，可为提高仓库保管质量打下良好的基础。

1. 入库验收的依据

1）根据入库凭证（含入库单、收料单、调拨单、退货通知单）规定的型号、品名、规格、产地、数量等各项内容进行验收。

2）参照技术检验开箱比例，结合实际情况，确定开箱验收的数量。

3）根据国家对产品质量要求的标准，进行验收。

2. 入库验收的基本要求

（1）及时　验收要及时，以便尽快建卡、立账、销售，这样就可以减少配件在库停留的时间，缩短流转周期，加速资金周转，提高企业经济效益。

（2）准确　配件入库应根据入库单所列内容与实物逐项核对，同时对配件外观和包装认真检查，以保证入库配件数量准确。如发现配件有霉变、渗漏、虫蛀、鼠咬、脏污和包装潮湿等现象，要查清原因、做好记录、及时处理，以免损失扩大。要严格实行一货一单制，按单收货，单货同行。

3. 入库验收流程

入库验收包括数量和质量两个方面的验收。数量验收是整个入库验收工作中的重要组成部分，是做好保管工作的前提。库存配件的数量是否正确，在一定程度上是与入库验收的准确程度分不开的。配件在流转的各个环节，都存在质量验收问题。入库的质量验收就是保管员利用自己掌握的技术和在实践中总结出来的经验，对入库配件的质量进行检查验收。入库验收流程如图 2-1 所示。

验收准备 → 核对资料 → 检验实物 → 填写验收记录

图 2-1　入库验收流程

任务实施

临近冬季，又到了车身部件销售的旺季。为了做好客户服务，在客户有需要时能及时为客户提供所需要的配件，零件中心提前采购了一批常用的车身件。这批部件预计本周五到货，由小王负责这批货的入库验收工作。

一、认识车身及附件系统常用配件

汽车车身是载运乘客或货物的部分，既是乘客的遮蔽外壳，又是货物的承载装置。汽车车身的作用主要是保护驾驶人以及构成良好的空气力学环境。车身结构按承载方式可分为非承载式车身、承载式车身和半承载式车身三种类型。

（一）非承载式车身的认识

非承载式车身通过橡胶软垫或弹簧与车架作柔性连接。车身只承受所装载的人员和货物的重力及惯性力。车架是支撑全车的基础，承受着在其上所安装的各个总成的各种载荷，发动机和底盘件都安装在车架上，如图 2-2、图 2-3 所示。

非承载式车身结构历史悠久，在早期几乎所有汽车都采用这种结构。现在接触的非承载式车身车型比较少，多数是载货汽车、专业越野车之类。非承载式车身的汽车有刚性车架，又称底盘大梁架。这种车架一般都是矩形或者梯形的，布置在车身的最底部，

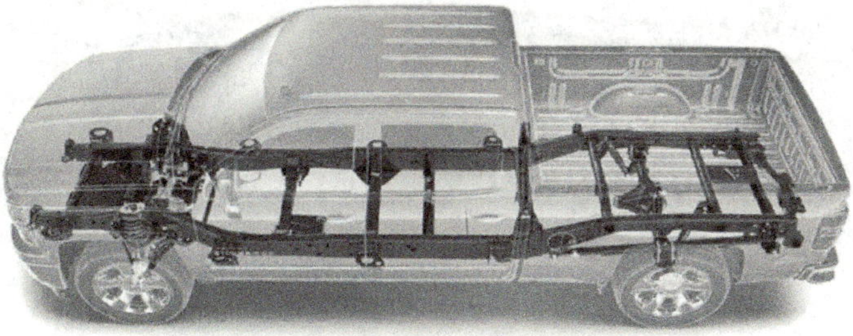

图 2-2 非承载式车身

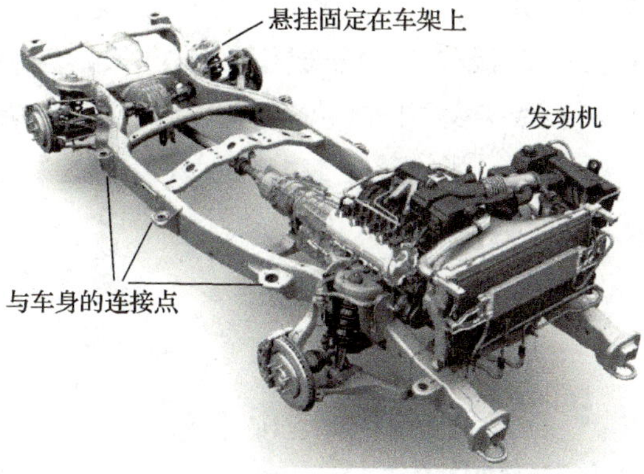

图 2-3 非承载式车身结构示意图

平时是看不到的。图 2-4 所示就是一个非承载式车身的车架，由很多的横纵梁构成一个矩形结构。

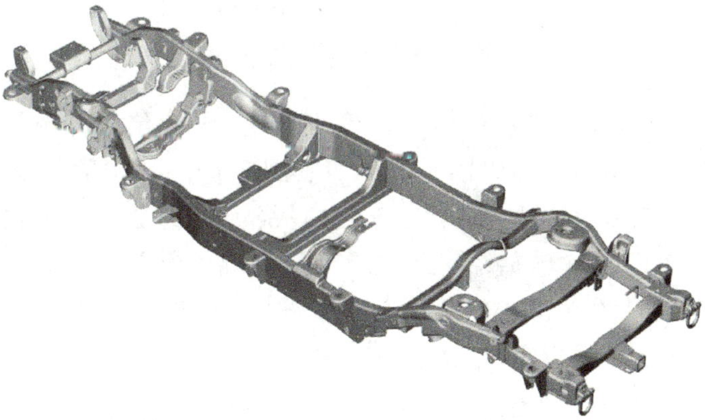

图 2-4 非承载式车身的车架

（二）承载式车身的认识

1. 承载式车身

承载式车身没有车架，车身就作为发动机和底盘各总成的安装基体，车身兼有车架的作用并承受全部载荷，如图 2-5 所示。将发动机和底盘部件直接安装在车身上的结构，以薄板构成为主。

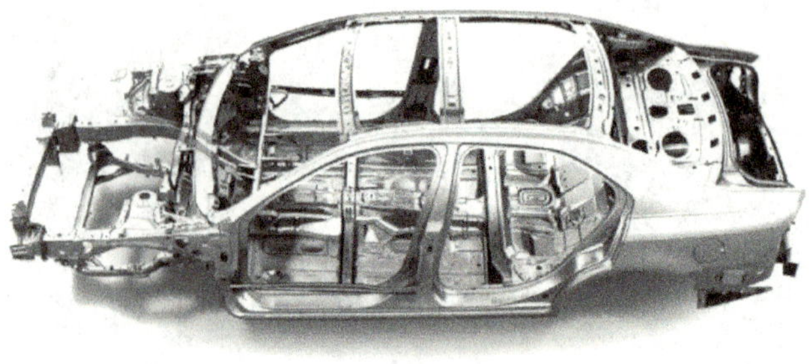

图 2-5　承载式车身结构示意图

2. 承载式车身常用配件的认识

承载式车身在冲压阶段，钢板先被冲压成不同的形状，然后焊接成一个完整的车身。这些部件按照功能可以大致分为两种：车身覆盖件和车身结构件，如图 2-6 所示。所谓覆盖件就是覆盖在车身表面的部件，基本上从车外看到的部分都属于覆盖件，如车门、车顶、翼子板等，它们通常起到美观和遮风挡雨的作用。

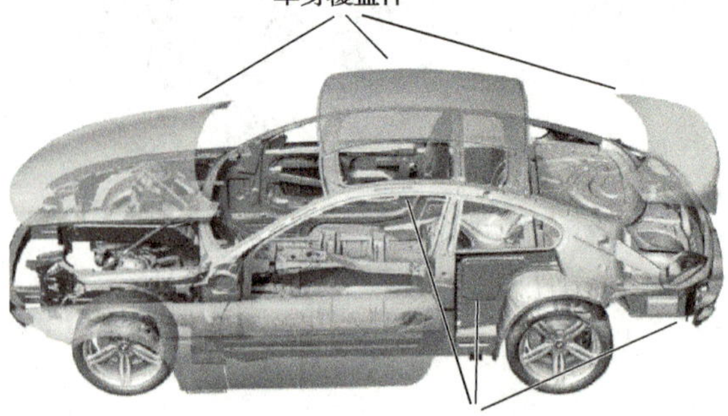

图 2-6　车身覆盖件和车身结构件

1）车门是为驾驶人和乘客提供出入车辆的通道，并隔绝车外干扰，可在一定程度上减轻侧面撞击，保护乘员。轿车的车门一般由图 2-7 中的车门体、车门附件和图 2-8 中的车门内饰盖板三部分组成。门体包括车门内板、车门外板、车门窗框、车门加强横梁和车门加强板。车门附件包括图 2-9 中的车门铰链、图 2-10 中的车门开度限位器、图 2-11 中的门锁机构及图 2-12 中的车门内外拉手、车门玻璃、图 2-13 中的玻璃升降器。内饰盖板包括固定板、芯板、内饰蒙皮、内扶手。

图 2-7　车门体

图 2-8　车门内饰盖板

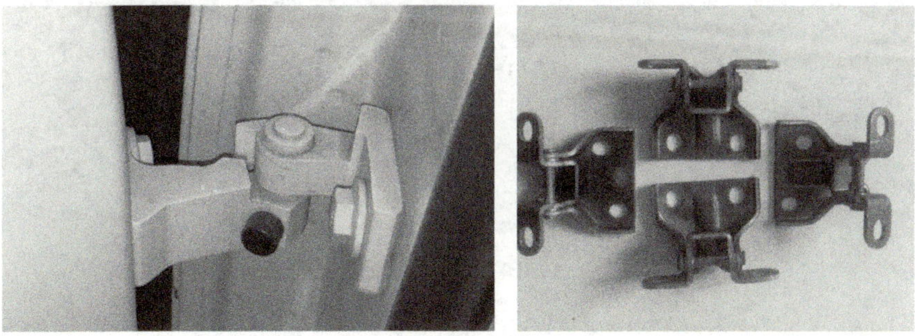

图 2-9　车门铰链

图 2-10　车门开度限位器

a)　　b)　　c)

图 2-11　门锁机构

a）大众速腾门锁机构　b）雪佛兰科鲁兹门锁机构　c）江铃驭胜域虎门锁机构

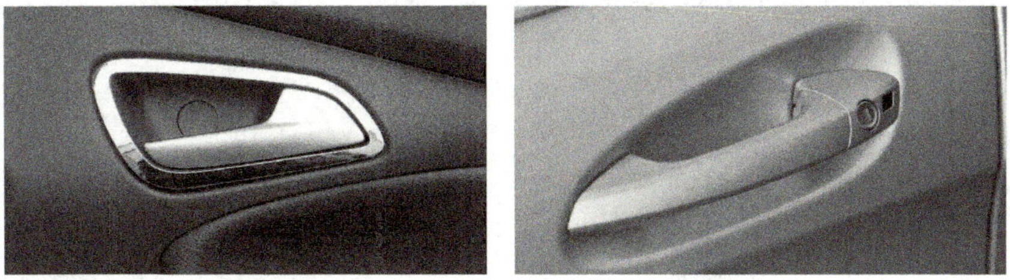

a)　　b)

图 2-12　车门内外拉手

a）车门内拉手　b）车门外拉手

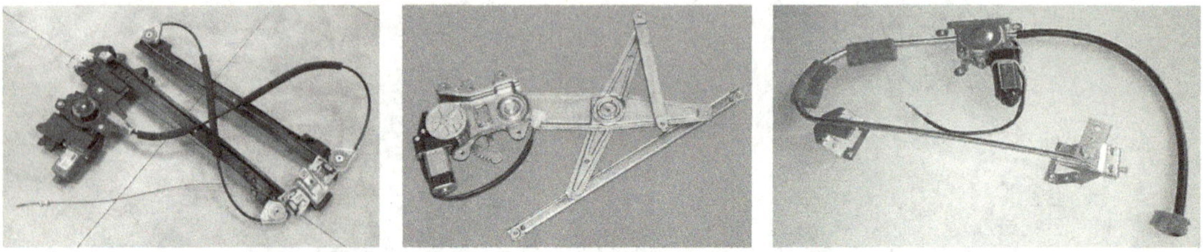

图 2-13　玻璃升降器

本期问题　我国汽车玻璃行业迄今为止唯一的“中国驰名商标”是什么商标？

2）车顶盖是汽车构造中非常重要的一部分，是车厢顶部的盖板。车顶盖通常分为固定式顶盖和敞篷式顶盖两种，固定式顶盖是常见的轿车顶盖形式，属于轮廓尺寸较大的大型覆盖件，是车身整体结构的一部分，如图 2-14 所示。它具有刚性强、安全性好的特点，汽车侧翻时起到保护乘员的作用。

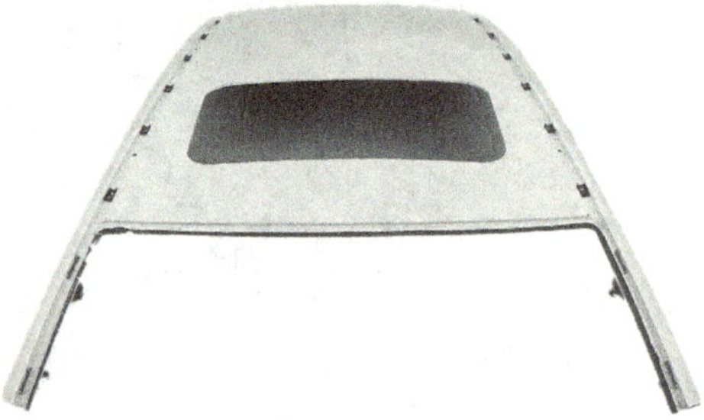

图 2-14　轿车固定式顶盖

3）发动机舱盖是最醒目的车身覆盖件之一，如图 2-15 所示，对发动机舱盖的主要要求是隔热隔音、自身质量小、刚性强。

4）翼子板是遮盖车轮的车身外板，因旧式车身上该部件形状及位置似鸟翼而得名。按照安装位置分为前翼子板和后翼子板，前翼子板安装在前轮处，如图 2-16 所示；后翼子板安装在后轮处，如图 2-17 所示。翼子板的作用是在汽车行驶过程中，防止被车轮卷起的砂石、泥浆溅到车厢的底部。

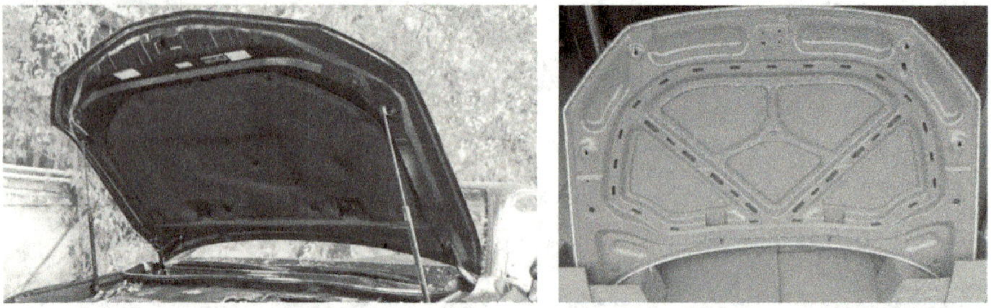

图 2-15　发动机舱盖

图 2-16　前翼子板

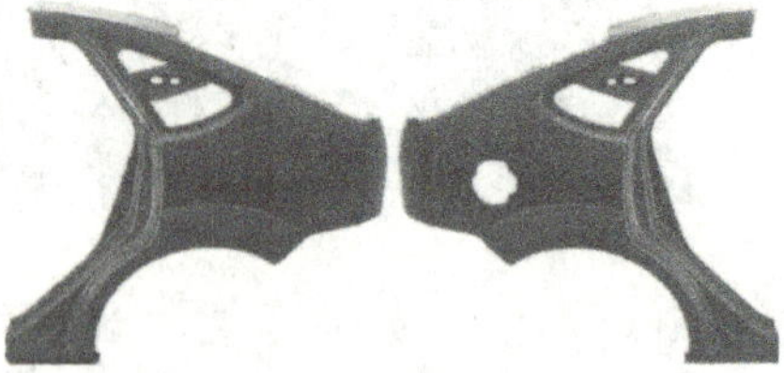

图 2-17　后翼子板

5）行李舱盖有良好的刚性，结构上基本与发动机舱盖相同，也有外板和内板，内板有加强筋，如图 2-18 所示。一般的两厢车或 SUV 等，包括后风窗玻璃在内，与行李舱盖形成一个门，因此又称为背门或后尾门，如图 2-19 所示。

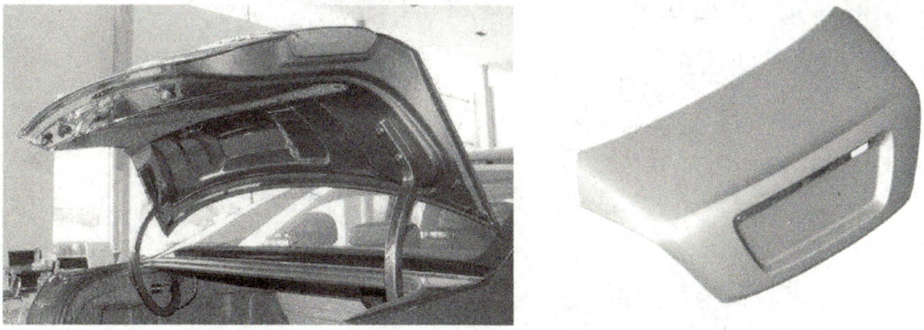

图 2-18　行李舱盖

图 2-19　后尾门

6）汽车保险杠是吸收和减缓外界冲击力、防护车身前后部的安全装置，前保险杠如图 2-20 所示，后保险杠如图 2-21 所示。20 年前，轿车前后保险杠是以金属材料为主，现在轿车多采用塑料保险杠。塑料保险杠是由外板、缓冲材料和横梁三部分组成。

图 2-20　前保险杠

（三）半承载式车身的认识

半承载式车身是一种介于非承载式车身与承载式车身之间的结构形式，拥有独立完整的车架，并且车架与车身刚性连接，因此车身壳体可以承受部分载荷。半承载式车身一般用于大客车。

图 2-21　后保险杠

（四）车身内部装置的认识

1. 汽车座椅

汽车座椅按照位置可分为前排座椅和后排座椅。汽车座椅为司乘人员提供便于操作、舒适安全的驾驶、乘坐位置，如图 2-22 和图 2-23 所示。

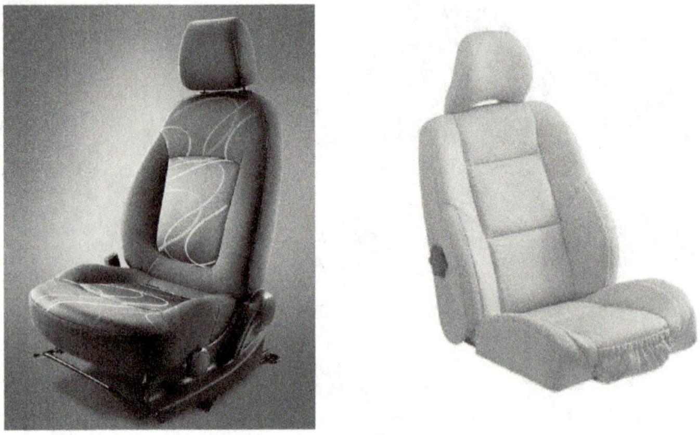

图 2-22　汽车前排座椅

图 2-23　汽车后排座椅

汽车座椅头枕是一种驾驶舒适性配置用品和安全防护用品。在车辆发生追尾时，人体由于惯性会向后倒，此时车辆加速或减速的压力都集中在人体脆弱的颈部和头部，而头枕则对此起缓冲作用，保护人体头部。大部分头枕都是由两根细柱与座椅进行连接的，如图 2-24 所示。

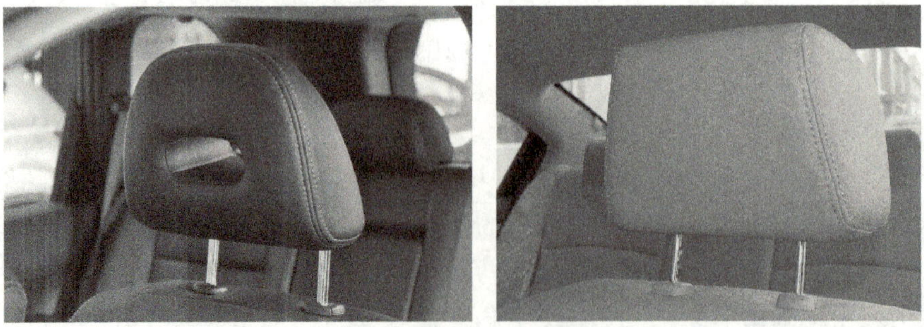

图 2-24　汽车座椅头枕

2. 汽车安全防护装置

汽车安全带是为了在碰撞时对乘员进行约束以及避免碰撞时乘员与转向盘及仪表板等发生二次碰撞或避免碰撞时冲出车外导致死伤的安全装置。汽车安全带又可以称之为座椅安全带，是乘员约束装置的一种，如图 2-25 所示。汽车安全带是公认的最有效的安全装置。

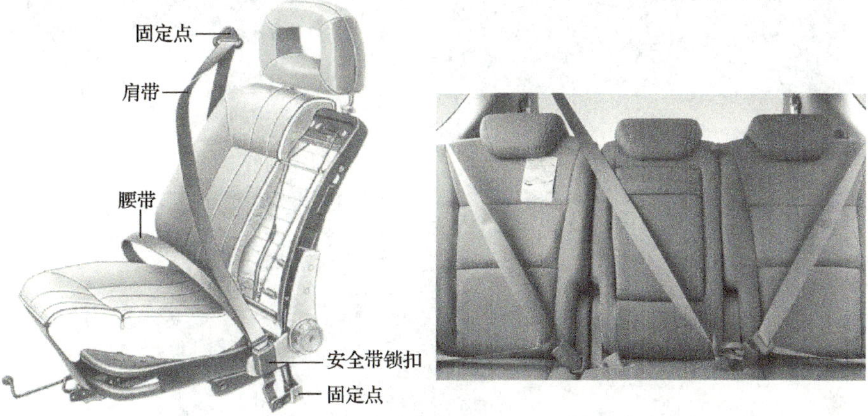

图 2-25　汽车安全带

安全气囊系统是一种被动安全性的保护系统，它与座椅安全带配合使用，可以为乘员提供有效的防撞保护。随着车辆安全标准的制定，安全气囊的装备率越来越高，如图 2-26 所示。按保护对象不同，安全气囊分为驾驶人气囊、副驾驶位气囊、前座侧边气囊、后座侧边气囊、侧边气帘、膝部气囊等。驾驶人气囊装置在转向盘中，如图 2-27 所示；副驾驶位气囊装置一般装在仪表板上，如图 2-28 所示；前座侧边气囊和后座侧边气囊一般安装在座椅靠背的外侧，如图 2-29 所示；侧边气帘贯通在车辆 A 柱至 C 柱之间，如图 2-30 所示；膝部气囊可以隔离膝部与面板直接撞击，如图 2-31 所示。

图 2-26　汽车安全气囊的装备

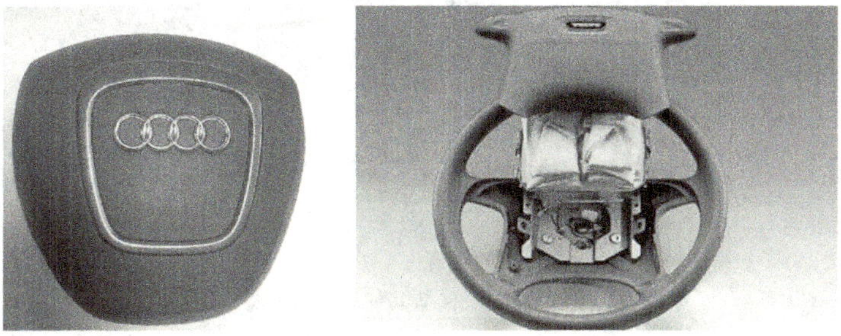

图 2-27　驾驶人气囊

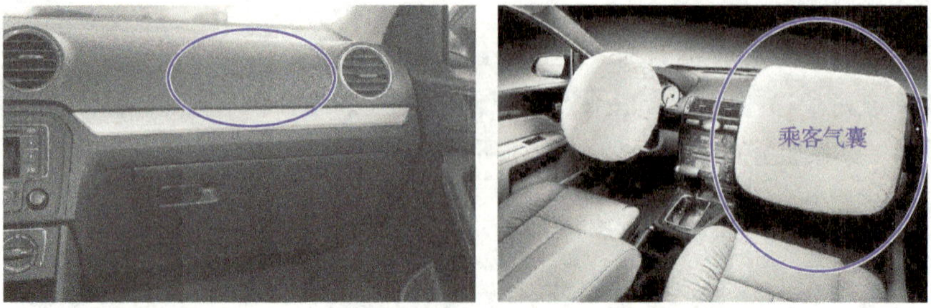

图 2-28　副驾驶位气囊

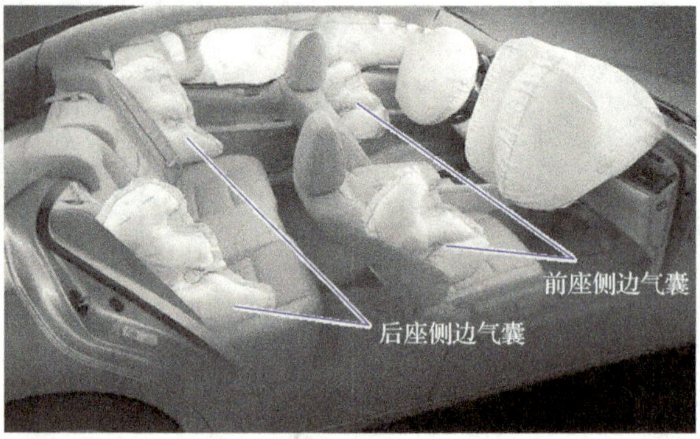

图 2-29　前座侧边气囊和后座侧边气囊

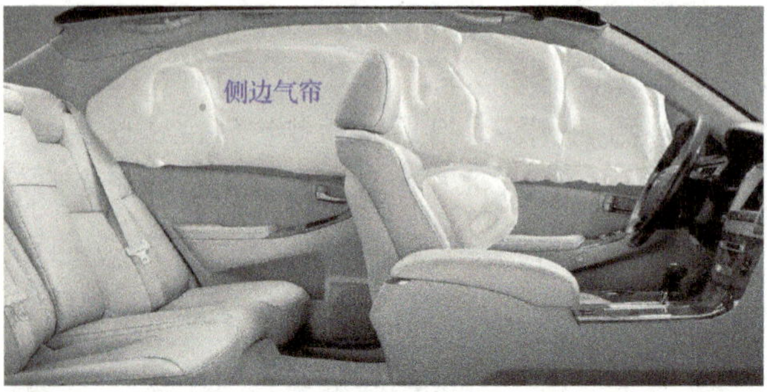

图 2-30　侧边气帘

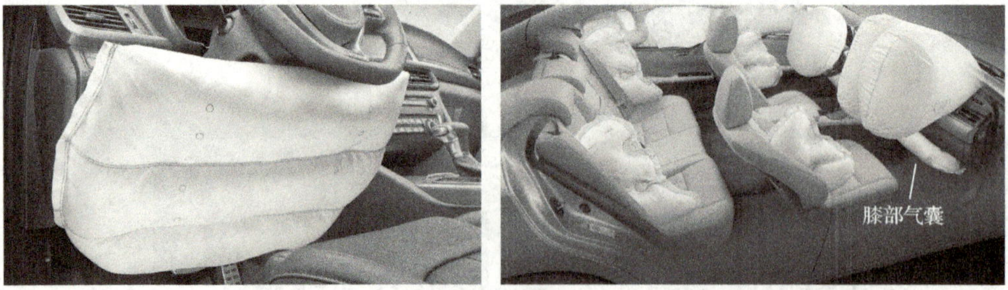

图 2-31　膝部气囊

仪表板别称仪表台，是驾驶室中安装各种指示仪表和点火开关等的一个总成，随时反映汽车内部机器的运行状态。同时它又是部分设备的控制中心和被装饰的对象，是驾驶室内最引人注目的部件，是整车风格的代表之一。如图 2-32 所示，仪表板介于前排座椅及前风窗玻璃之间，是对安全气囊、仪表、音响、开关、风口等各类机能件起安装搭载、遮饰作用的内饰件总成。

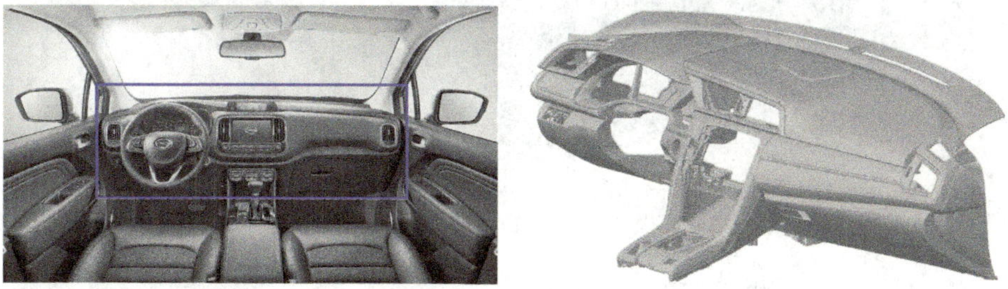

a)　　　b)

图 2-32　仪表板

a）传祺 GS3 仪表板　b）仪表板壳体

3. 其他附件

倒车镜是汽车车身重要的安全部件之一，用于汽车在倒车过程中观察后方路况以及驾驶人在驾驶车辆过程中观察车身周围的情况，分为室内倒车镜和室外倒车镜，如图 2-33 和图 2-34 所示。

图 2-33　室内倒车镜

图 2-34　室外倒车镜

遮阳板是为避免阳光刺眼而设计的，有的可以来回搬动，从而调整太阳光对眼睛的照射度，可以避免事故的发生，还有较好的降温作用，如图 2-35 所示。

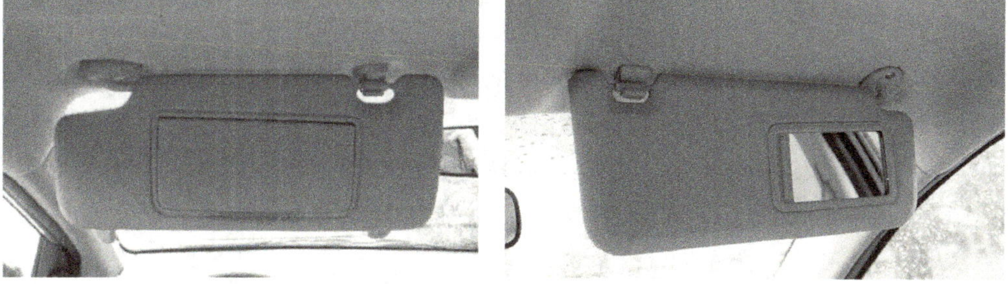

图 2-35　遮阳板

刮水器是指安装在风窗玻璃前的片式结构，主要作用是扫除风窗玻璃上妨碍视线的雨雪和尘土，如图 2-36 所示。刮水刷片如图 2-37 所示，刮水刷臂如图 2-38 所示。

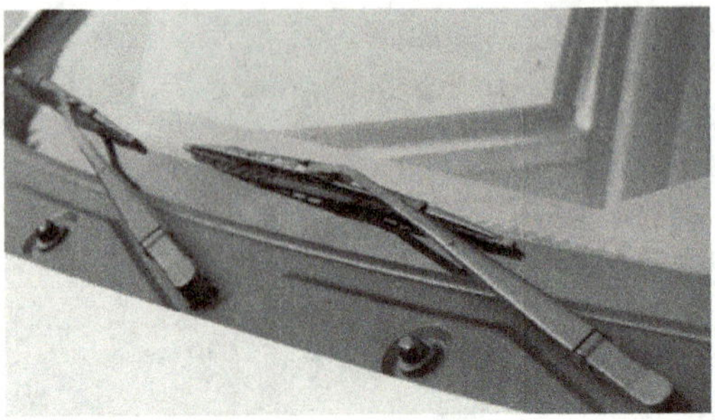

图 2-36　刮水器

图 2-37　刮水刷片

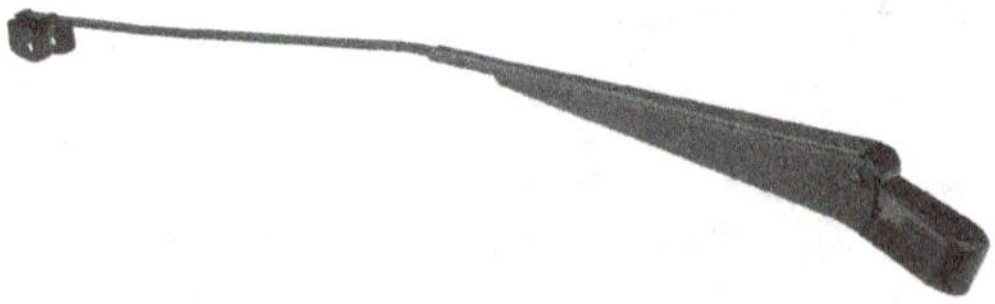

图 2-38　刮水刷臂

在汽车风窗玻璃上除了雨水、霜雪外，还经常有泥浆、灰尘及油污等。为了刮洗干净，一般用洗涤器配合刮水器将污垢洗刷掉。储存玻璃洗涤液的洗涤液罐通常安装在发动机舱内，如图 2-39 所示。

图 2-39　洗涤液罐安装在发动机舱内

二、验收准备

仓库接到到货通知后，应根据汽车配件的性质和货量提前做好验收前的准备工作，主要包括：搜集和熟悉验收凭证及有关订货资料，生成到货卸货指令；准备并校验相应的验收工具，准备装卸搬运设备、工具及材料、转运台车、转运器具、周转箱等；安排验收人员，根据标准能率，计算验收时间；根据配件数量及保管要求，确定存放地点和保管方法等。

1. 生成到货卸货指令

1）进入“到货卸货”菜单，如图 2-40 所示。

2）输入“到货时间”“供应商号”“便次”等必要的具体到货信息，如图 2-41 所示。

3）选择即将到货的“到货单号”，如图 2-42 所示。

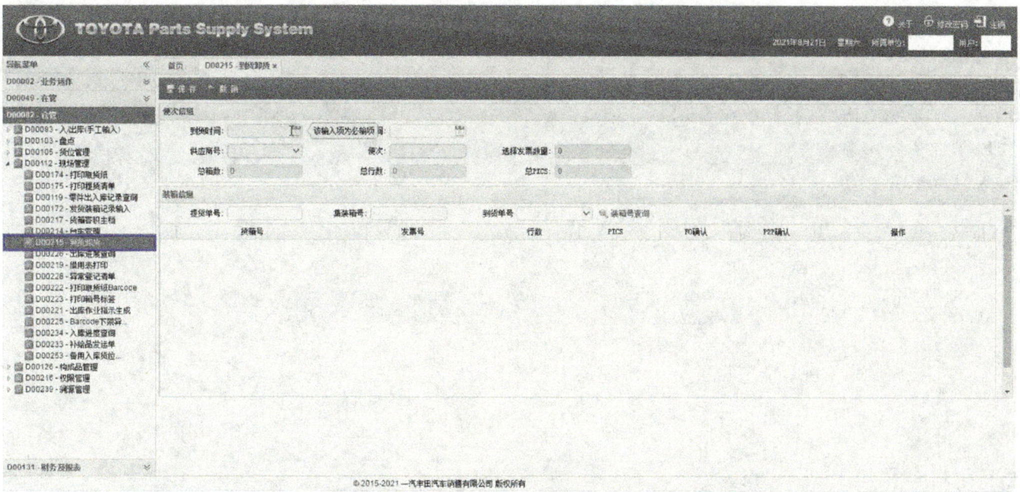

图 2-40　进入“到货卸货”菜单

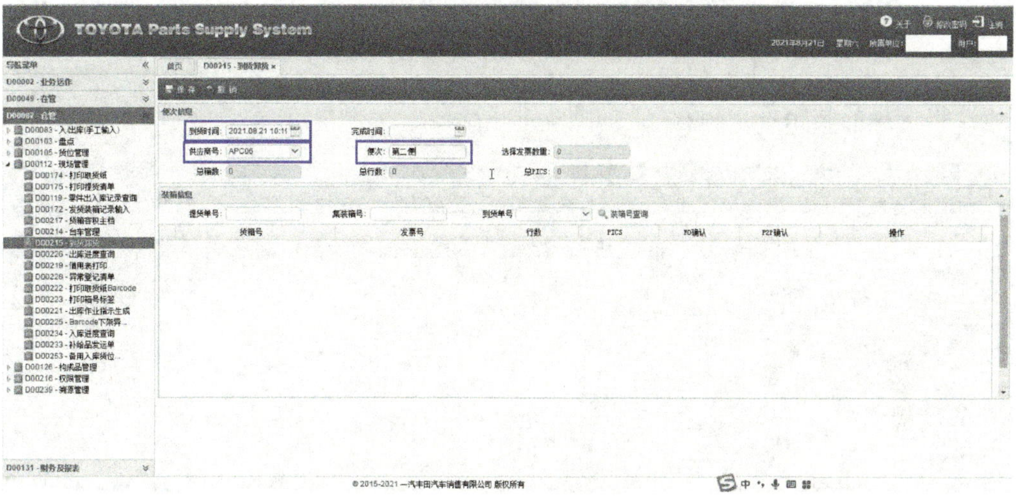

图 2-41　输入具体到货信息

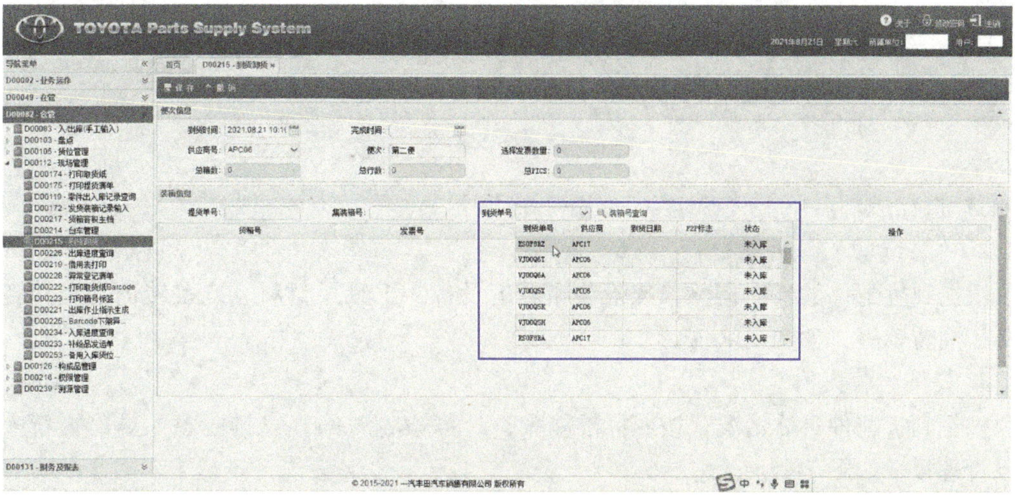

图 2-42　选择即将到货的“到货单号”

4）单击“装箱号查询”后选择装箱号，再单击“确定”，如图 2-43 所示。

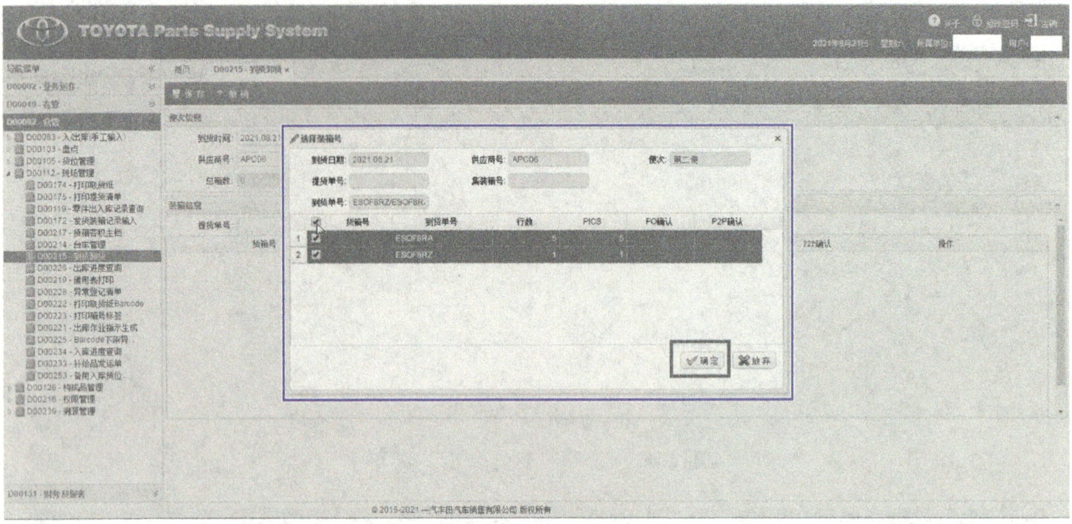

图 2-43　选择装箱号

5）将选择的装箱号“保存”，如图 2-44 所示。

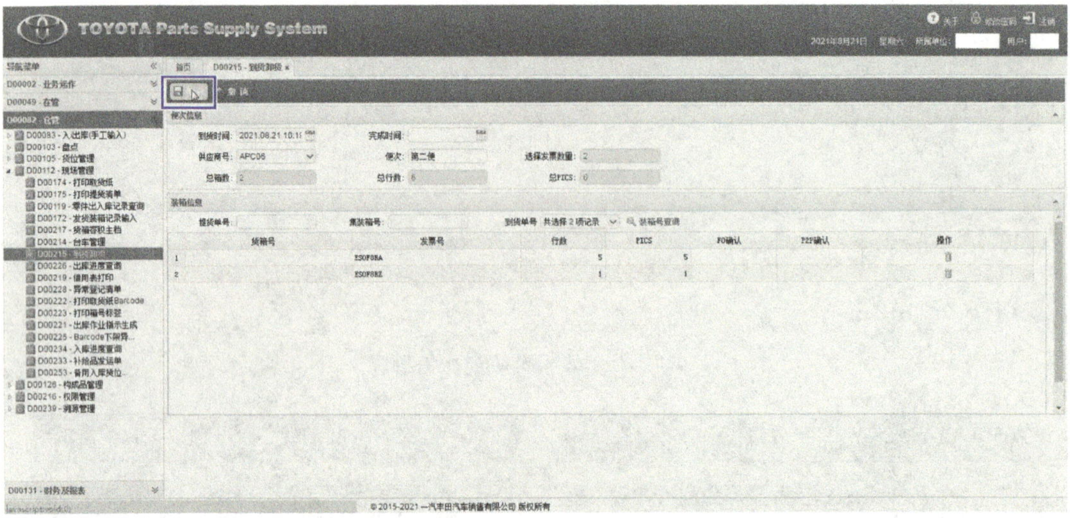

图 2-44　将选择的装箱号“保存”

6）保存成功后单击“确定”，如图 2-45 所示。

2. 准备验收工具设备材料

根据到货配件的具体情况，准备装卸搬运设备、工具及材料，准备转运台车、转运器具、周转箱等，如图 2-46 所示。

3. 安排验收人员

根据到货配件具体情况，按照标准能率，计算验收时间，安排验收人员，更新入库验收管理板，如图 2-47 所示。

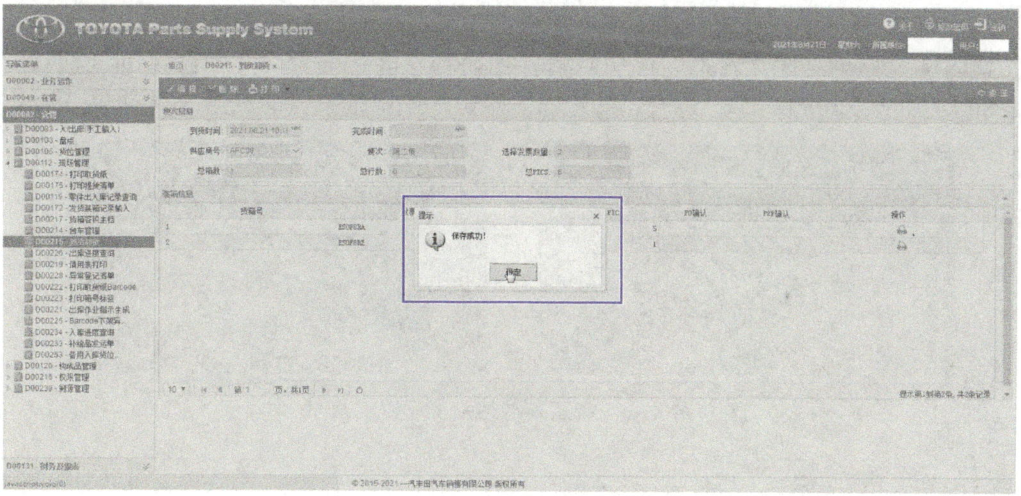

图 2-45　单击“确定”保存

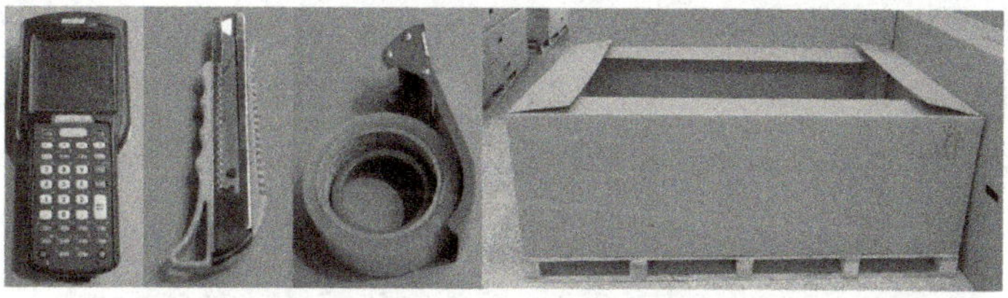

a)

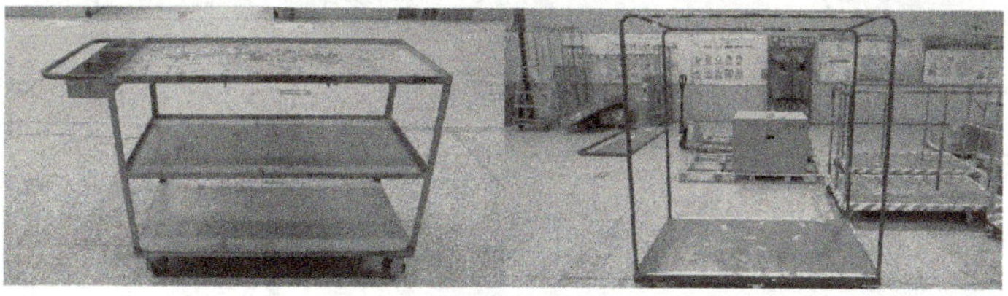

b)

图 2-46　准备验收工具设备材料

a）设备工具和周转箱　b）转运台车

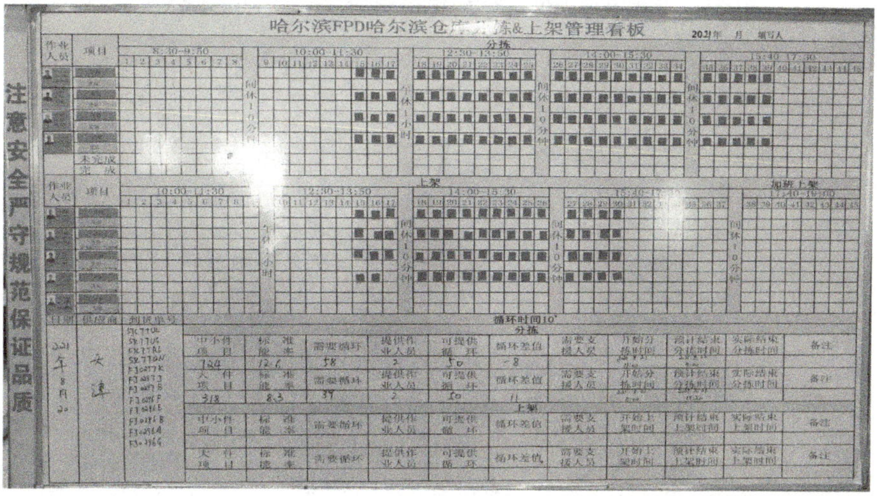

图 2-47　入库验收管理板

4. 确定存放地点和保管方法

根据配件数量及保管要求确定存放地点和保管方法，准备工作做好，等待到货，如图 2-48 所示。

图 2-48　确定存放地点和保管方法

三、核对资料

配件运抵仓库后，需要对相关资料进行核对。凡是要入库的汽车配件，必须具备下列资料：到货货物运输单，发货发票清单、装箱单及必要的证件等。仓库管理人员需对资料进行整理和核对，资料核对无误后，开始进行实物检验。

1）核对到货货物运输单，如图 2-49 所示。

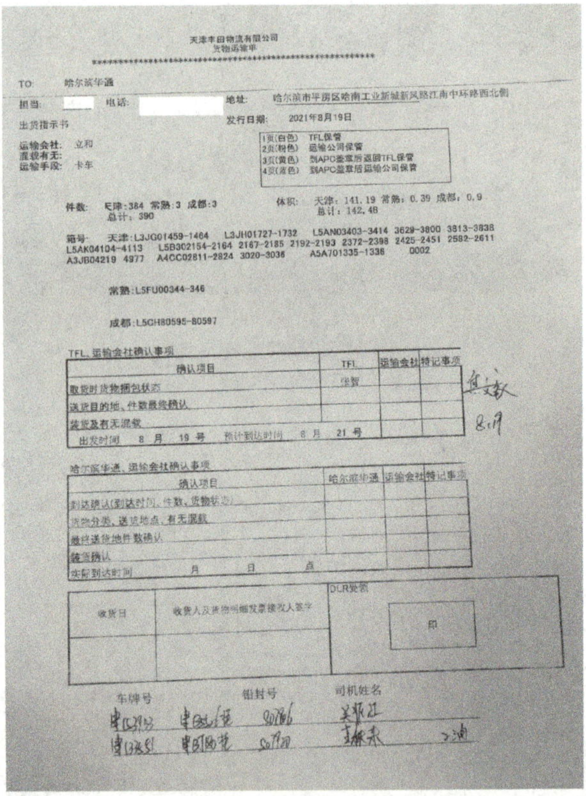

天津丰田物流有限公司
货物运输单

TO: 哈尔滨华通
担当:　　电话:　　地址: 哈尔滨市平房区哈南工业新城新风路江南中环路西北侧
发行日期: 2021年8月19日
出货指示书
运输会社: 立和
混载有无:
运输手段: 卡车

1页(白色) TFL保管
2页(粉色) 运输公司保管
3页(黄色) 到APC盖章后返回TFL保管
4页(蓝色) 到APC盖章后运输公司保管

件数: 天津:384 常熟:3 成都:3
总计: 390
体积: 天津: 141.19 常熟: 0.39 成都: 0.9
总计: 142.48

箱号: 天津:L3JG01459-1464 L3JH01727-1732 L5AN03403-3414 3629-3800 3813-3838
L5AK04104-4113 L5B302154-2164 2167-2185 2192-2193 2372-2398 2425-2451 2582-2611
A3JB04219 4977 A4CC02811-2824 3020-3036 A5A701335-1336 0002

常熟:L5FU00344-346

成都:L5CH80595-80597

TFL、运输会社确认事项

确认项目	TFL	运输会社	特记事项
取货时货物捆包状态	张智		
送货目的地、件数最终确认			
装货及有无混载			
出发时间 8 月 19 号 预计到达时间 8 月 21 号			

哈尔滨华通、运输会社确认事项

确认项目	哈尔滨华通	运输会社	特记事项
到达确认(到达时间、件数、货物状态)			
货物分类、送货地点、有无混载			
最终送货地件数确认			
装货确认			
实际到达时间 月 日 点			

收货日	收货人及货物明细发票接收人签字	DLR受领
		印

车牌号　铅封号　司机姓名

图 2-49　核对到货货物运输单

2）核对发票清单，如图 2-50 所示。

3）核对装箱单，如图 2-51 所示。

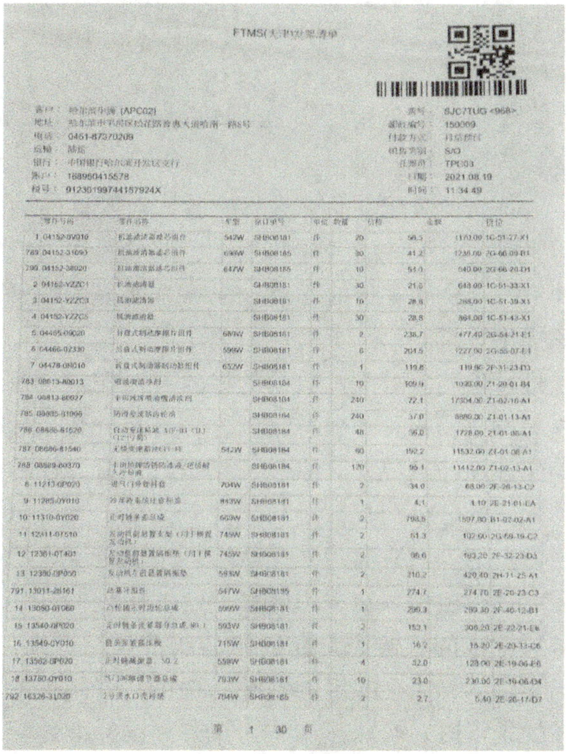

图 2-50　核对发票清单

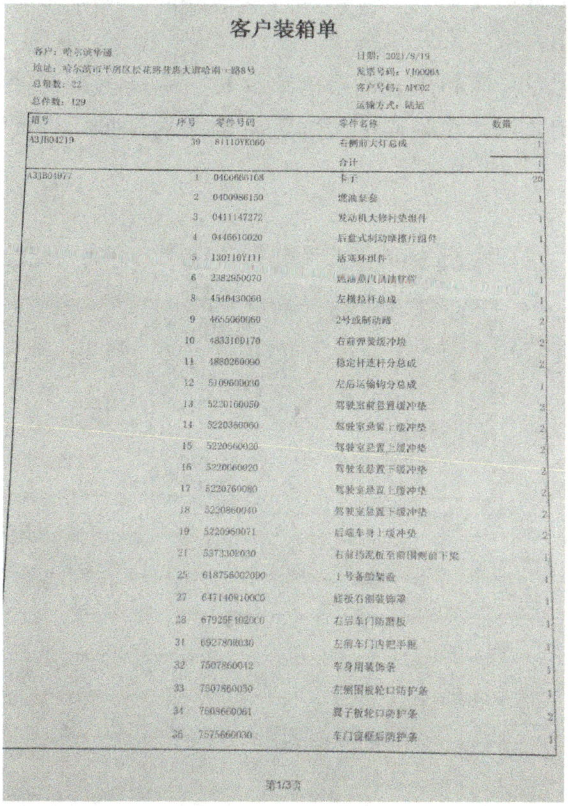

客户装箱单

客户：哈尔滨华通
地址：哈尔滨市平房区松花路鲁惠大道哈南一路8号
总箱数：22
总件数：129

日期：2021/8/19
发票号码：VJ0Q0BA
客户号码：APC02
运输方式：陆运

箱号	序号	零件号码	零件名称	数量
A3JB04219	39	81110YK060	右侧前大灯总成	1
			合计	1
A3JB04977	1	0400686108	卡子	20
	2	0400986150	燃油泵套	1
	3	0411147272	发动机大修衬垫组件	1
	4	0446610020	后盘式制动摩擦片组件	1
	5	130110Y111	活塞环组件	1
	6	2382950070	燃油蒸汽滤清软管	1
	8	4546430060	左横拉杆总成	1
	9	4655060060	2号减制动踏	2
	10	483310D170	右前弹簧缓冲块	2
	11	4880260090	稳定杆连杆分总成	2
	12	5109600030	左后运输钩分总成	1
	13	5220160050	驾驶室前悬置缓冲垫	2
	14	5220360060	驾驶室悬置上缓冲垫	2
	15	5220560020	驾驶室悬置上缓冲垫	2
	16	5220060020	驾驶室悬置下缓冲垫	2
	17	5220760080	驾驶室悬置上缓冲垫	2
	18	5220860040	驾驶室悬置下缓冲垫	2
	19	5220960071	后端车身上缓冲垫	2
	21	5373302030	右前挡泥板至前围侧面下梁	1
	25	618756002090	1号备胎架盘	1
	27	6471408100C0	底板右侧装饰罩	1
	28	67925F1020C0	右后车门防擦板	1
	31	6927808030	左前车门内把手框	1
	32	7507860012	车身用装饰条	1
	33	7507860050	左侧围板轮口防护条	1
	34	7608660061	翼子板轮口防护条	2
	26	7575660030	车门窗框后防护条	1

第1/3页

图 2-51　核对装箱单

汽车配件
入库验收

四、实物检验

实物检验是根据入库单和有关技术资料对汽车配件品种、数量、质量进行检验。

首先，对配件品种进行检验。对配件品种的检验应按合同规定的要求，对配件的名称、规格、型号等认真查验。如果发现产品品种不符合合同规定的要求，应一方面妥善保管，另一方面在规定的时间内向供应商或厂家提出异议。

然后，对配件数量进行检验。对配件数量的检验要对照进货发票，先点收大件，再检查包装及其标识是否与发票相符。一般整箱配件，先点件数，后抽查细数；零星散装汽车配件点细数；贵重配件逐一点数；对原包装汽车配件有异议的，应开箱开包点验细数。接收方应逐一查验配件的分批交货数量和配件总货量。无论是自提货物还是供应商送货，均应在交货时当面点清。供应商代办托运的，应按托运单上所列数量清点。

接下来，对配件质量进行检验。对采用国家规定的质量标准的，按国家规定的质量标准验收；采用双方协议标准的，按照封存的样品或按样品详细记录下来的标准验收。接收方对配件质量提出异议的，应在规定的期限内提出，否则视为验收无误。当双方在检验或试验中对质量发生争议时，按照《中华人民共和国标准化管理条例》规定，由标准化部门的质量监督检验机构执行仲裁检验。数量庞大、品种规格极其复杂的汽车配件生产、销售中，发现不合格品、数量短缺或污残损坏等问题，是难以避免的现象。如果在提货时发现上述问题，应立即联系解决。

最后，填写验收记录。收料单、销售清单及装箱单是汽车配件销售企业收到供应商或厂家供货的主要原始凭证，也是向供应商进行索赔的依据。因此，客观、准确地填写收货单极其重要。

1. 打印入库标签

在入库验收电脑上，打开入库标签及溯源码打印程序，打印入库标签，如图 2-52 所示。

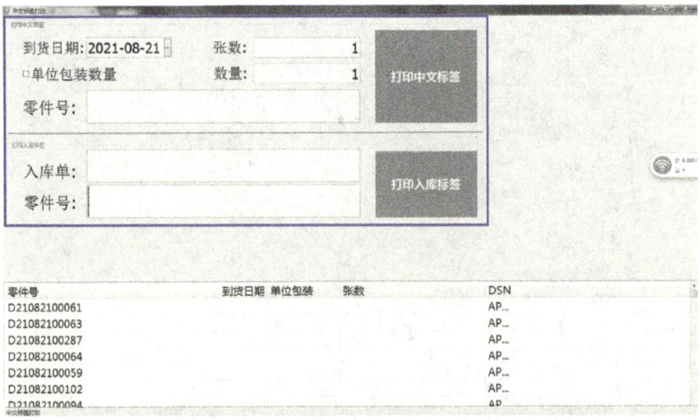

图 2-52　打印入库标签

2. 检验独立包装大件

1）将存放独立包装大件的转运器具推入指定大件入库分拣区。

2）检查大件外包装有无破损。

3）条码采集器登录“一汽-丰田仓储作业”系统，进入“入库”菜单，进入“分拣”工序，扫描到货箱号、扫描零件编号后，即可直接打印此零件入库标签。

4）将打印的标签按标准粘贴到零件外包装上。

5）再次扫描此零件编号，确认数量。

6）逐件扫描零件编号无误后，扫描转运器具标签，将此零件记录到转运器具中。

重复以上作业，直到转运器具上的独立包装大件全部扫描完成。将转运器具推放到指定存放区域等待上架。

3. 检验装箱零件

1）将小件到货转运箱推入指定小件入库检验区。

2）检查小件到货转运箱有无破损。

3）条码采集器登录“一汽-丰田仓储作业系统”，进入“入库”菜单，进入“分拣”工序，扫描到货箱号后，下载箱内配件明细。拿取配件扫描第一次，系统将打印此配件入库标签，并粘贴入库标签。

4）再次扫描此配件，确认零件编号及数量，确认无误后，扫描转运台车标签。

5）贵重、易碎的配件需要打开包装检验。

6）确认完好后，装回原包装，并封口。

7）按货位放在相应台车上。

五、检查验收完成度

在仓储管理系统中，检查入库进度，及时掌握情况，便于调整作业，如图 2-53 所示。

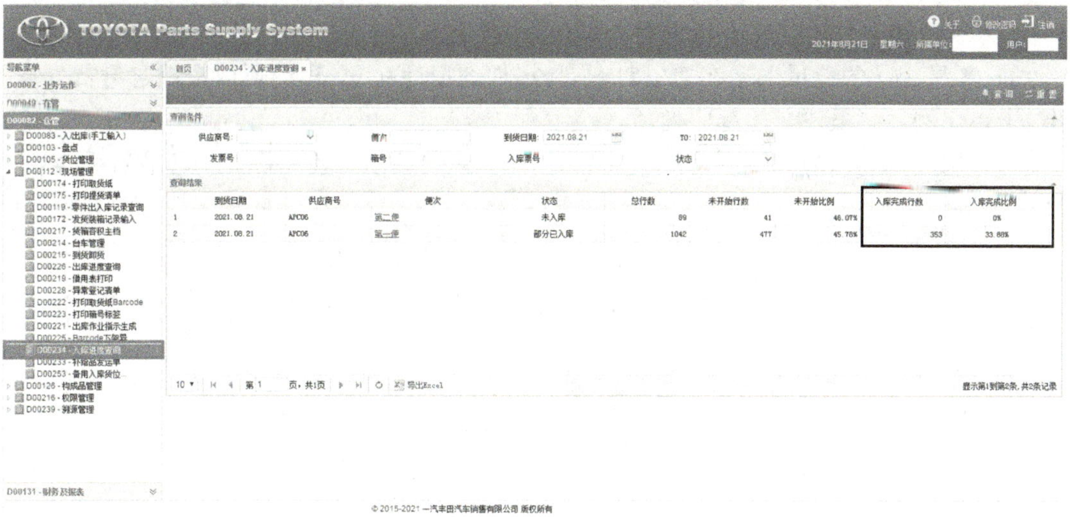

图 2-53　检查入库进度

六、6S 现场整理

入库验收作业结束，例行 6S 现场整理，如图 2-54 所示。

图 2-54　6S 现场整理

6S 现场整理

七、办理入库手续

汽车配件经过验收后，对于质量完好、数量准确的汽车配件，应及时办理入库手续，进行登账、建档，并妥善保管配件的各种证件、账单等资料。

（1）登账　仓库管理中对每一个配件都必须建立收、发、存明细账，它是及时、准确地反映配件储存动态的基础资料。登账时必须要以正式收发凭证为依据。

（2）建档　历年来的技术资料及出入库有关资料应当存入档案，以便查阅并积累配件保管经验。

八、入库验收中发现问题的处理

1）在验收大件时，发现有少件或多件，应及时与有关部门和人员联系，在得到他们同意后，方可按实收数签收入库。

2）凡是质量有问题，或者品名、规格串错，证件不全，包装不合乎保管、运输要求的，一律不能入库，应将其退回有关部门处理。

3）零星小件的数量误差在 2%以内、易损件的损耗在 3%以内可以按规定自行处理，超过上述比例，应报请有关部门处理。

4）凡是因为开箱点验被打开的包装，一律要恢复原状，不得随意损坏或者丢弃。

任务 2　汽车配件保管

任务解析

本任务主要学习对配件仓库的货位进行正确编制；对已验收合格的配件进行正确的定位存储；根据配件的不同性质进行正确的分区、分类存放；对不同的配件选择合理的存储方式。

知识链接

一、汽车配件保管的任务

汽车配件保管的基本任务是，根据配件本身的特性及其质量变化的规律，合理规划并充分有效地利用仓容及仓储设施、设备，采取各种技术措施，确保在库配件的质量安全，并为其他环节的服务提供支持。具体任务包括：

1. 制订汽车配件的储存规划

配件的储存规划是根据现有仓库的设施、设备及储存任务，对计划入库的各种配件进行时间上和空间上的合理安排，同时应制订各类配件的储存定额，为科学规划提供依据。

2. 及时掌握入库配件的信息

对于即将入库的各类配件，应在入库前充分了解并掌握其性质、特点、变化规律、养护方法、消防要求等；入库后，应对配件的储存信息进行跟踪和记录，发现问题及时处理，并及时向有关业务部门和供应商沟通信息。

3. 提供良好的储存保管条件

不同的配件由于具有不同的物理、化学性质，所以要求的储存保管条件也各不相同，而保管条件主要是通过创造适宜的环境来实现的，即应为入库配件创造一个有利的储存环境，有适宜的温度、湿度，有防霉、防虫、防锈、防老化、防爆炸、防火的安全储存环境。

4. 降低损耗、提高效益

配件储存保管业务管理应采取一系列养护措施和管理方式，使在库配件在储存保养阶段的损耗降低到最低限度。对于每一笔入库的配件，都应有相关的经济核算，努力加快配件的周转速度，降低成本，提高效益。

二、汽车配件的储存规划

汽车配件储存规划是根据仓库总平面布置和储存任务，具体确定各类配件的地点和储存方法，确定整个仓库储存能力的计划。合理的储存规划既有利于提高仓库设施利用率，便于储存配件的收发、分拣、配送作业，又有利于配件的储存保管，做到账物相符，质量完好。

1. 汽车配件仓库规划的原则

（1）有效利用有限的空间　在进行配件仓库规划时，要根据库房大小及库存量，按大型、中型、小型、长型进行分类放置，以便节省空间；用纸盒来保存中型、小型零部件；用适当尺寸的货架及纸盒将不常用的零件放在一起保管；留出用于存放新车型零部件的空间；无用配件、不流动配件要积极进行报废。

（2）防止出库时发生错误　在进行配件仓库规划时，要将零件号完全相同的零部件放在同一个纸盒内；不要将零部件放在通道上；零部件编号接近、外观接近的配件不宜紧挨存放。

（3）保证零部件的质量　在进行配件仓库规划时，要做到保持仓库清洁；避免高温、潮湿；避免阳光直射；仓库内禁止吸烟，必须放置灭火器。

2. 汽车配件仓库规划的基本要求

1）仓库各工作区域应有明显的标牌。如：配件销售出货口处有出货口标牌、车间领料口有领料口标牌、备货区有备货区标牌、危险品仓库有危险警示牌，有足够的进货、发货通道和配件周转区域。

2）货架的摆放要整齐划一，仓库的每一个通道要有明显的标识，货架应标有位置码。

3）零部件不能堆放在地上，为避免零部件锈蚀及磕碰必须保持完好的原包装。

4）易燃易爆物品应与其他零件严格分开管理，存放时要考虑防火、通风等问题，库房内要有明显的防火标志。

5）非仓库人员不得随便进入仓库，仓库内不得摆放私人物品。

6）索赔零件必须单独存放。

3. 汽车配件仓库的基本设施

（1）配备专用的配件运输设施　在仓库规划时，要为仓库作业配备必要的运输设备（图 2-55），以方便仓库作业，提高作业效率及安全性。

图 2-55　运输设备

（2）配备一定数量的货架、货筐等　在仓库规划时，要根据保管零件的特性配备符合保管要求的货架，如图 2-56 所示。

图 2-56　货架

（3）配备必要的通风、照明及防火设备器材　在仓库规划时，为保证保管配件的质量以及保管安全及作业安全，要配备必要的通风、照明及防火设备，如图 2-57 所示。

图 2-57　通风、照明及防火设备

三、汽车配件的货位管理

货位管理是仓库规划的重要内容之一，也是仓库规范操作的要求。为了在仓库中快速、准确地找到所需配件，需要对配件存放位置进行定位。

货位管理是指对仓库存放配件的货位进行的规划、分配、使用、调整等项工作。货位管理是为仓管人员提供便捷的管理方式、加强商品在仓库中具体位置的管理。良好的货位管理可以提高仓库作业效率，降低成本，增加货品存储量，改善仓库工作人员劳动强度，减少工伤并能更好地利用空间和减少产品的破损。

不少管理者以企业库存不大，硬件设施不全等原因，没有推行货位管理。其实货位管理是一种运作思想，统一的货位和标识，方便基层人员的具体操作，即便仓管人员从来没有见过某个货品，他只要知道存放该货品的货位，能够认清标识，就可以准确、快速地找到相应的货品，从而提高库房工作效率。

1. 货位的含义

1）货位是标明配件存放位置的代码。

2）货位是空间三维坐标形象的表现，对于空间三维坐标，任何一组数字都可以找到唯一的一个点与它对应，也就是一个点确定一个位置，一个位置只能放置一种配件。

2. 货位编制要求

1）使配件的存放位置易于接近。

2）流动频率高的零件应存放在前排，方便仓库管理人员查找及提取。

3）流动相对比较缓慢的配件应存放在后排货架。

4）大件、重型零件应在距专用出口最近处存放。

四、汽车配件的堆码要求

汽车配件的堆码是指仓储汽车配件堆存的形式和方法，又称堆垛。汽车配件进入仓库存储，应根据汽车配件的性能、数量、包装、形状以及仓库的条件，按照季节变化的要求，采用适当的方式和方法，将汽车配件进行堆放。

仓库里的配件堆码，必须贯彻“安全第一”的原则，不论在任何情况下，都要保证仓库、配件和人身的安全。配件的陈列堆码，要符合下述要求：

（1）合理　货物要分开堆码，垛形要合理，高度要适中，安全五距（顶距、灯距、柱距、墙距、堆距）要合适，而且要根据产品特性，在堆码时做到大不压小、重不压轻、缓不压急。

（2）牢固　码垛必须不偏不斜，不歪不倒，牢固坚实，确保货垛的安全、牢固和货物不受损坏。

（3）定量　货垛的行数、层数力求成整数，便于清点、收发作业。若过秤商品不成整数时，应分层表明重量。

（4）整齐　货垛堆码时要整齐有序，横成行，纵成列；同类物品垛形要统一；包装标识应一律向外，便于查找。

（5）节约　堆垛时应注意节省空间位置，适当、合理安排货位的使用，提高仓容利用率。

（6）方便　为了满足先进先出、快件快出的要求，货垛不能阻塞通道或堆成死垛，货垛的位置应统筹安排，要便于装卸搬运，便于收发保管，便于清点维护，便于实现防火安全。

（7）安全　堆垛严禁超载，货垛重量不能超过仓库地面或货架的设计负重。

任务实施

入库验收组对到货的制动盘、制动摩擦片、悬架等底盘零件完成了入库验收工作，交由保管组根据配件特性安排货位并妥善保管。

一、认识底盘系统常用配件

底盘是指汽车上由传动系、行驶系、转向系和制动系四部分组成的组合，其作用是支承、安装汽车发动机及其各部件、总成，形成汽车的整体造型，并接受发动机的动力，使汽车产生运动，保证正常行驶。一个好的底盘，可以保证驾驶者的生命安全。

（一）传动系的认识

1. 传动系

传动系是指位于发动机到汽车驱动轮之间的传递动力的装置。传动系的基本功能是接受发动机的动力并传给驱动轮。除此之外，还能增大来自发动机的转矩；降低发动机输出的转速；改变发动机输出转速的转动方向；切断发动机动力向驱动轮的传输等功能。传动系的组成如图 2-58 所示。

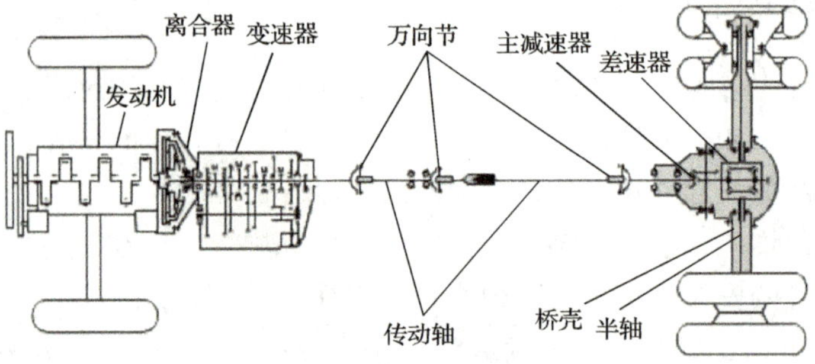

图 2-58　传动系的组成

2. 传动系常用配件的认识

对于前置后驱的汽车来说，发动机输出的转矩依次经过离合器、变速器、万向节、传动轴、主减速器、差速器、半轴传给后车轮，所以后轮又称为驱动轮。驱动轮得到转矩便给地面一个向后的作用力，并因此而使地面对驱动轮产生一个向前的反作用力，这个反作用力就是汽车的驱动力。

离合器是一种用来连接和断开一个机械部件和另一个机械部件的装置。在装有手动变速器的汽车中，驾驶人利用离合器使发动机与变速器连接和断开。离合器有各种类型，如图 2-59 所示，其中膜片弹簧离合器应用较多。膜片弹簧离合器由离合器压盘、离合器摩擦片、离合器分离轴承等组成，如图 2-60 所示。

a)　　　　b)

图 2-59　离合器的种类

a）膜片弹簧离合器　b）螺旋弹簧离合器

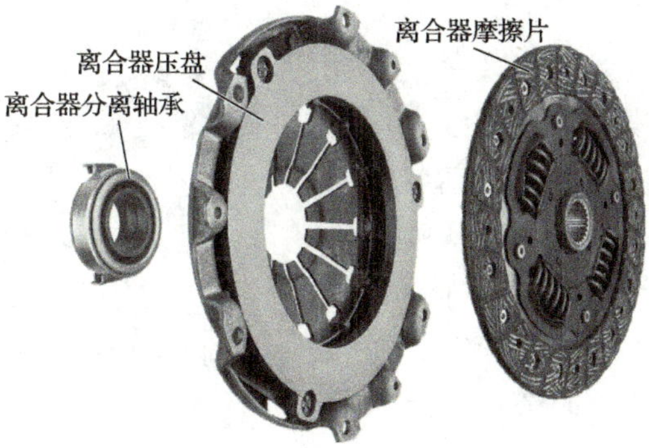

图 2-60　膜片弹簧离合器结构组成

郭孔辉院士的课程设计

中国工程院院士郭孔辉大学三年级时，做的课程设计题目是“汽车传动中应用自由离合器的设计”，这是汽车上不多见的结构，当时他能看到的资料只有苏联楚达科夫院士著的《汽车设计》。可正当他准备以该书的公式作为课程设计的依据时，却发现公式所计算的结果和他自己推导的结果差别相当大。“是不是公式错了？”起初，他觉得院士导出的公式哪能轻易否定啊，但经过反复推导以后，他还是相信自己是对的。于是，他向指导老师报告。指导老师很年轻，也没找到他的错误，但指导老师说：“年轻人不要太自信，在没有更权威的证据之前，必须按楚达科夫的公式计算。”郭孔辉只好去找他一直很崇拜的教力学的荆教授，没想到几天以后，荆教授对他说：“我从另一个方面推导得到了同样的结果。”最后，郭孔辉按自己的公式完成了设计。虽然这只是小小的创新，但却使郭孔辉感到了极大的快慰和兴奋，大大激发了他钻研问题的兴趣和信心。之后，他不止一次对教科书提出修正。

变速器是车辆上非常重要的部件，它可以改变传动比，扩大驱动轮转矩和转速，实现倒车行驶，中断动力传递。手动变速器，即用手拨动变速杆才能改变变速器内的齿轮啮合位置，改变传动比，从而达到变速的目的，如图 2-61 所示。自动变速器，即利用行星齿轮机构进行变速，它能根据加速踏板程度和车速变化，自动地进行变速，如图 2-62 所示。

图 2-61　手动变速器

图 2-62　自动变速器

万向节是万向传动装置中实现角度传动的主要部件，用在需要改变传动轴线方向的位置，它是汽车驱动系统的万向传动装置的“关节”部件。传动轴是汽车传动系中传递动力的重要部件，它的作用是与变速器、驱动桥一起将发动机的动力传递给车轮，使汽车产生驱动力。传动轴和万向节一起组成万向传动装置，如图 2-63 所示。

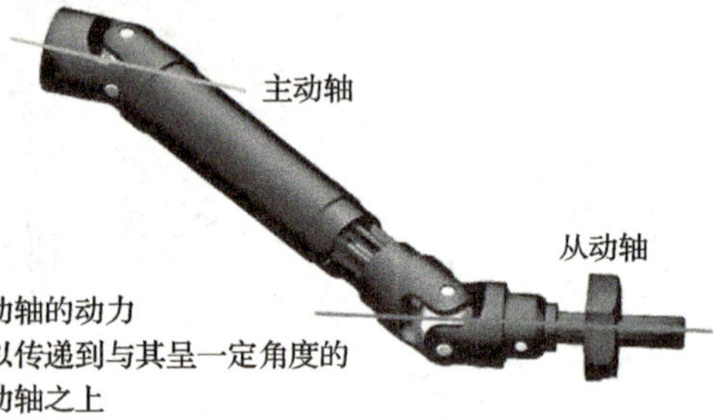

图 2-63　万向传动装置

差速器是能够使左、右（或前、后）驱动轮实现以不同转速转动的机构（图 2-64），主要由左右半轴齿轮、两个行星齿轮及齿轮架组成。其功用是当汽车转弯行驶或在不平路面上行驶时，使左右车轮以不同转速滚动，即保证两侧驱动车轮作纯滚动运动。

图 2-64　差速器

半轴也叫驱动轴，是将差速器与驱动轮连接起来的轴，如图 2-65 所示。半轴一般都是实心轴，内端一般用花键与半轴齿轮连接，外端与轮毂连接。

桥壳是安装主减速器、差速器、半轴、车轮的装配基体，如图 2-66 所示。其主要作用是支承并保护主减速器、差速器和半轴等，使左右两侧的车轮位置相对固定。

图 2-65 半轴

图 2-66 桥壳

（二）行驶系的认识

1. 行驶系

汽车行驶系接收发动机经传动系传来的转矩，并通过驱动轮与路面间的附着作用，产生汽车牵引力，保证汽车正常行驶；尽可能缓和不平路面对车身造成的冲击和振动，保证汽车行驶的平顺性；并且与汽车转向系统配合，不对汽车转向带来影响，保证汽车的操纵稳定性。

2. 行驶系常用配件的认识

行驶系一般由车架、车桥、车轮和悬架等组成。

车架是跨接在汽车前后车桥上的框架式结构，是汽车的基体，如图 2-67 所示。车架的功用是支撑、连接汽车的各总成，使各总成保持相对正确的位置，并承受汽车内外的各种载荷。如发动机、变速器、车身或驾驶室通过弹性支承安装于车架上，前、后桥通过悬架连接在汽车车架上，而转向器则直接安装在车架上。

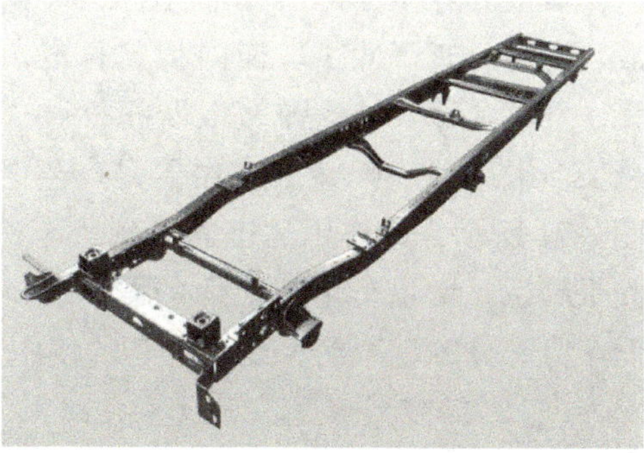

图 2-67 车架

车桥通过悬架与车架（或承载式车身）相连接，其两端安装车轮，如图 2-68 所示。车桥的作用是承受汽车的载荷，传递车架与车轮之间各方向的作用力及其所产生的弯矩和转矩，维持汽车在道路上的正常行驶。根据驱动方式的不同，车桥分为转向桥、驱动桥、转向驱动桥和支持桥四种。

图 2-68 车桥

我国汽车总成技术向国外出口实现零突破

——陕西汉德车桥有限公司车桥技术出口印度

2007 年 6 月 18 日，陕西汉德车桥有限公司车桥技术出口印度 AMW 汽车公司签约仪式隆重举行。这是中国汽车总成技术第一次向其他国家出口，标志着陕西汉德车桥有限公司的车桥技术质量和品牌已被国际市场所接受，标志着中国汽车制造业由产品出口向技术出口的转变。

车轮是固定轮胎内缘、支持轮胎并与轮胎共同承受负荷的刚性轮，如图 2-69 所示。车轮总成由轮胎、轮辋与轮辐组成。

悬架是汽车的车架（或承载式车身）与车桥（或车轮）之间的一切传力连接装置的总称，如图 2-70 所示。其作用是传递作用在车轮和车架之间的力和力矩，并且缓冲由不平路面传给车架或车身的冲击力，并减少由此引起的振动，以保证汽车能平顺地行驶。

图 2-69 车轮总成

图 2-70 悬架

典型的悬架结构由弹性元件、导向机构以及减振器等组成，有的还有缓冲块、横向稳定杆等。弹性元件又有钢板弹簧、空气弹簧、螺旋弹簧以及扭杆弹簧等形式，而现代轿车悬架多采用螺旋弹簧。减振器是产生阻尼力的主要元件，如图 2-71 所示，其作用是迅速衰减汽车的振动，改善汽车的行驶平顺性，增强车轮和地面的附着力。另外，减振器能够降低车身部分的动载荷，延长汽车的使用寿命。

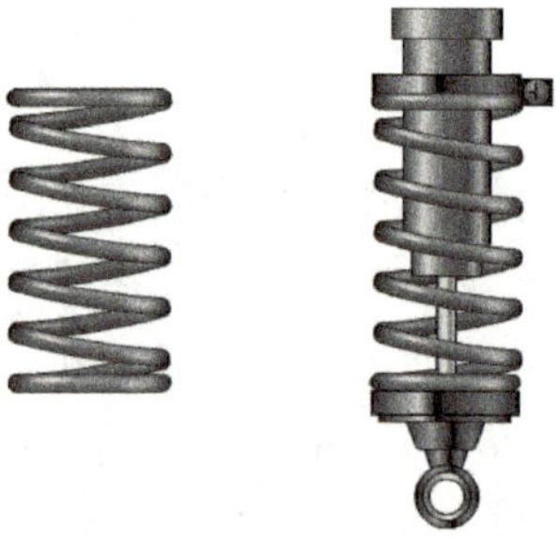

图 2-71 螺旋弹簧和减振器

（三）转向系的认识

1. 转向系

汽车在行驶时，转向轮往往受到路面侧向干扰力的作用自动偏转而改变行驶方向。因此，驾驶人需要通过一套机构随时改变或恢复汽车行驶方向，该套机构即为汽车的转向系。汽车转向系的功能就是按照驾驶人的意愿控制汽车的行驶方向。汽车转向系对汽车的行驶安全至关重要，因此汽车转向系的零件都称为保安件。汽车的转向系按转向能源的不同分为机械转向系和助力转向系两大类。

机械转向系以人的体力作为转向动力，其中所有传力部件都是机械机构，由转向操纵机构、转向器和转向传动机构三大部分组成，如图 2-72 所示。从转向盘到转向传动轴这一系列部件和零件属于转向操纵机构。由转向摇臂至转向梯形这一系列部件和零件（不含转向节）均属于转向传动机构。

助力转向系一般有机械液压助力、电子液压助力与电动助力。机械液压助力转向系的主要组成部分有液压泵、油管、转向器、储油罐等，如图 2-73 所示。这种助力方式是将一部分发动机动力输出转化成液压泵压力，对转向系施加辅助作用力，从而使轮胎转向。机械液压助力的转向盘与转向轮之间全部是机械部件连接，液压泵由发动机驱动。

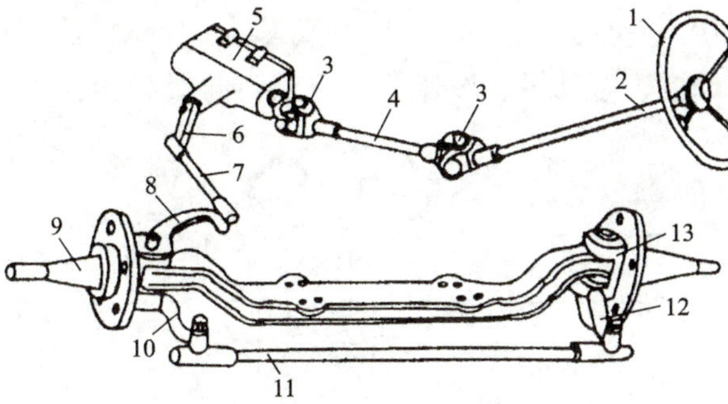

图 2-72　机械转向系

1—转向盘　2—转向轴　3—万向节　4—转向传动轴　5—转向器　6—转向摇臂
7—转向主拉杆　8—转向节臂　9—左转向节　10、12—梯形臂　11—转向横拉杆　13—右转向节

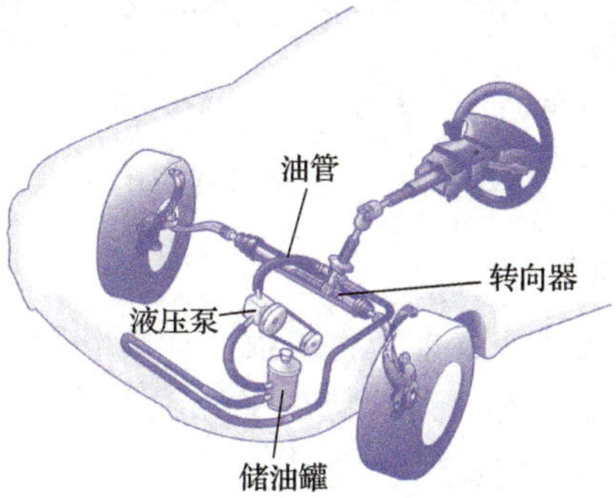

图 2-73　机械液压助力转向系

电子液压助力转向系主要由储油罐、助力转向 ECU、电动液压泵、转向器、助力转向传感器等构成，如图 2-74 所示。电动液压泵由电动机驱动，同时助力力度可变。车速传感器监控车速，电控单元获取数据后通过控制转向控制阀的开启程度改变油液压力，从而实现转向助力力度的大小调节。

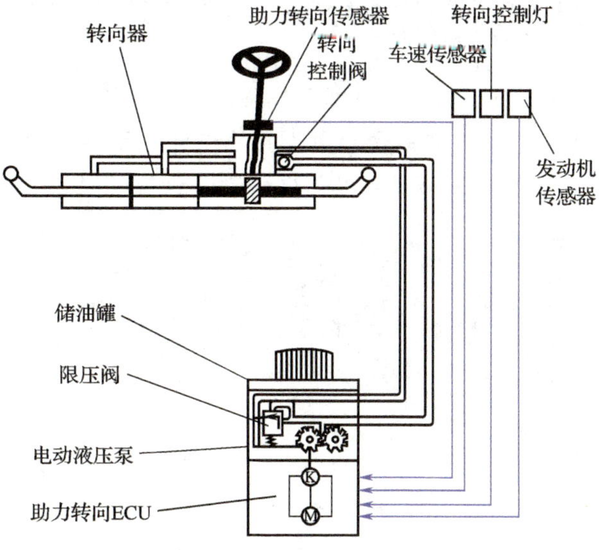

图 2-74　电子液压助力转向系

电动助力转向系利用电动机产生的动力协助驾车人进行动力转向，一般由转矩传感器、电子控制单元（ECU）、电动机、减速器、机械转向器等构成，如图 2-75 所示。

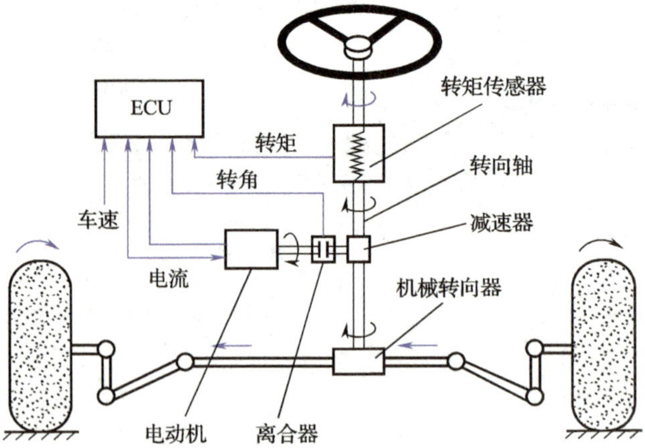

图 2-75 电动助力转向系

2. 转向系常用配件的认识

汽车上操纵行驶方向的轮状装置称为转向盘，如图 2-76 所示。它一般通过花键与转向轴相连，其功能是将驾驶人作用到转向盘边缘上的力转变为转矩后传递给转向轴。

图 2-76 转向盘

转向轴的功用是将驾驶人作用于转向盘的转向力矩传递给转向器，它的上部与转向盘固定连接，下部与转向器相连。转向轴从转向柱管中穿过，支承在柱管内的轴承和衬套上，如图 2-77 所示。

图 2-77 转向轴

万向节即万向接头，是实现变角度动力传递的机件，用于需要改变传动轴线方向的位置，如图 2-78 所示。它是汽车驱动系的万向传动装置的“关节”部件。

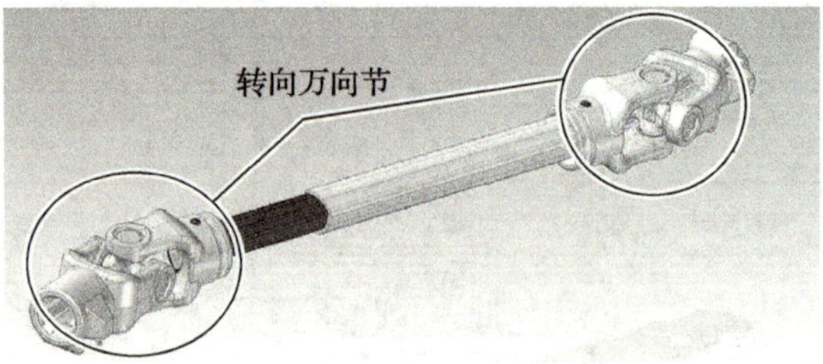

图 2-78 万向节

转向器的作用是把来自转向盘的转向力矩和转向角进行适当的变换，将力矩放大，并降低速度，再输出给转向拉杆机构，从而使汽车转向，所以转向器本质上就是减速传动装置。转向器有多种类型，如齿轮齿条式、循环球式、蜗杆曲柄指销式等，如图 2-79 ~ 图 2-81 所示。

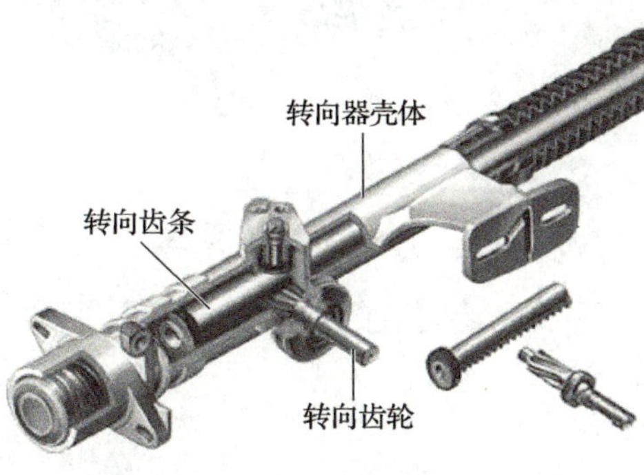

图 2-79 齿轮齿条式转向器

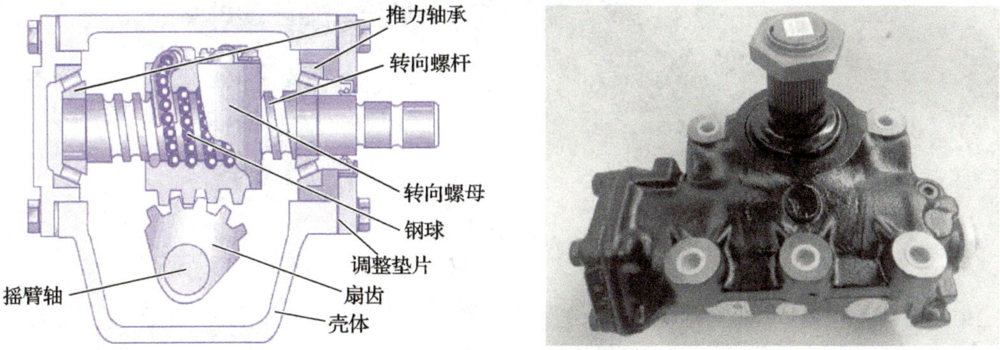

图 2-80 循环球式转向器

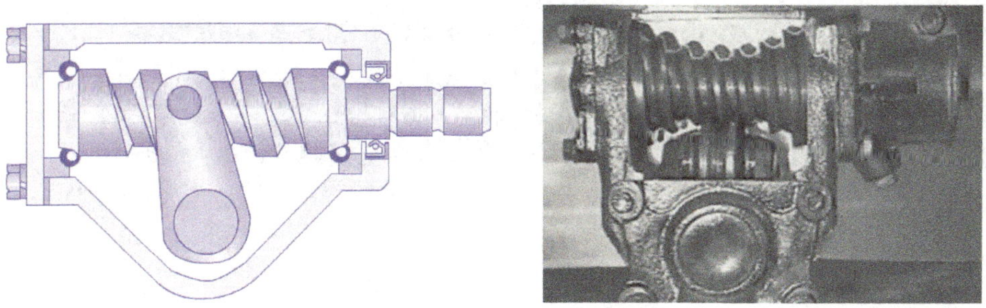

图 2-81 蜗杆曲柄指销式转向器

转向摇臂的作用是把转向器输出的力和运动传给直拉杆或横拉杆，进而推动转向轮偏转，转向摇臂如图 2-82 所示。

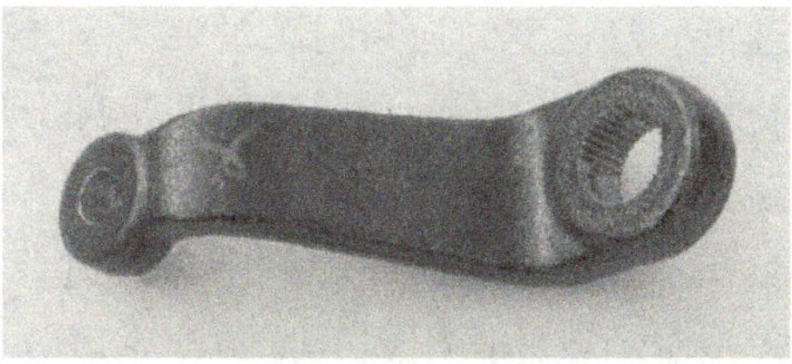

图 2-82 转向摇臂

转向节臂又叫梯形臂，是转向传动装置的最后一级传力部件，如图 2-83 所示。转向节臂安装在左右转向节上，另一端用球销和横拉杆连接。

图 2-83 转向节臂

转向节又称“羊角”，是汽车转向桥中的重要零件之一，它能够使汽车稳定行驶并灵敏传递行驶方向，如图 2-84 所示。转向节的功用是传递并承受汽车前部载荷，支承并带动前轮绕主销转动而使汽车转向。

图 2-84 转向节

转向拉杆是汽车转向机构中的重要零件，它直接影响汽车操纵的稳定性、运行的安全性和轮胎的使用寿命。转向拉杆分为两类，即转向直拉杆和转向横拉杆。转向直拉杆承担着把转向摇臂的运动传递给转向节臂的任务；转向横拉杆则是转向梯形机构的底边，是确保左右转向轮产生正确运动关系的关键部件，如图 2-85 所示。

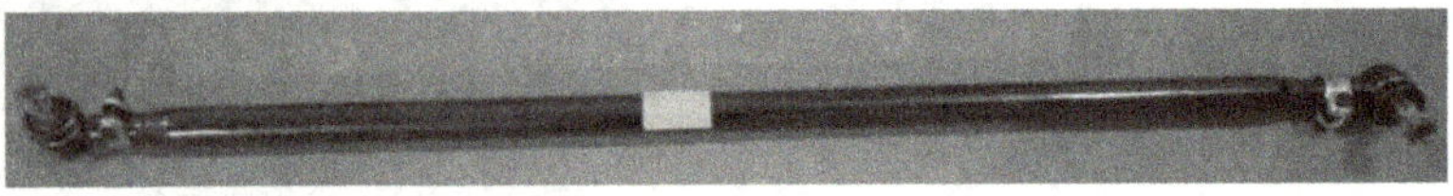

图 2-85 转向横拉杆

（四）制动系的认识

1. 制动系

使外界（主要是路面）对汽车上某些部分（主要是车轮）施加一定的力，从而对汽车进行一定程度的强制制动的一系列专门装置统称为制动系。制动系主要由供能装置、控制装置、传动装置和制动器四个部分组成。制动系统的主要功用是使行驶中的汽车按照驾驶人的要求进行强制减速甚至停车，使下坡行驶的汽车速度保持稳定，使已停驶的汽车在各种道路条件下（包括在坡道上）稳定驻车。

按制动系的作用划分，制动系可分为行车制动系、驻车制动系、应急制动系及辅助制动系等，行车制动系和驻车制动系是每一辆汽车都必须具备的。按制动能量的传输方式划分，制动系可分为机械式、液压式、气压式、电磁式等。

制动系一般由制动操纵机构和制动器两个主要部分组成，如图 2-86 所示。制动操纵机构是产生制动动作、控制制动效果并将制动能量传输到制动器的各个部件，如图中的制动主缸（制动总泵）、真空助力器、制动踏板机构、制动组合阀等。制动器是产生阻碍车辆的运动或运动趋势的力（制动力）的部件。汽车上常用的制动器有鼓式制动器和盘式制动器两种结构形式。

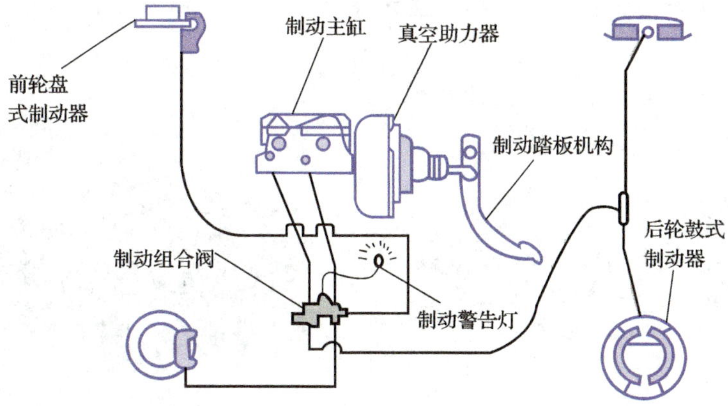

图 2-86　制动系的组成

2. 制动系常用配件的认识

制动主缸也称为制动总泵，如图 2-87 所示。它的主要作用是将踏板机构输入的机械能转换成液压能，推动制动液传输至各个制动分泵之中推动活塞。真空助力器是利用真空来增加驾驶人施加于踏板上力的部件，如图 2-88 所示。真空助力器一般位于制动踏板与制动主缸之间，为便于安装，通常与主缸合成一个组件，主缸的一部分深入到真空助力器壳体内，如图 2-89 所示。

图 2-87　制动主缸

图 2-88　真空助力器

图 2-89　真空助力器和制动主缸组合的组件

鼓式制动器是最早形式的汽车制动器，如图 2-90 所示，主要由制动底板、制动鼓、制动蹄、轮缸（制动分泵）、回位弹簧、定位销等零部件组成。制动轮缸的作用是将从制动主缸输入的液压能转变为机械能，以使制动器进入工作状态，制动轮缸如图 2-91 所示。制动鼓是鼓式制动器的摩擦偶件，基本形状呈鼓形，在安装面有连接孔，如图 2-92 所示。制动蹄也是鼓式制动器的摩擦偶件，如图 2-93 所示，按其张开时的转动方向与制动鼓的旋转方向是否一致，有领蹄和从蹄之分。

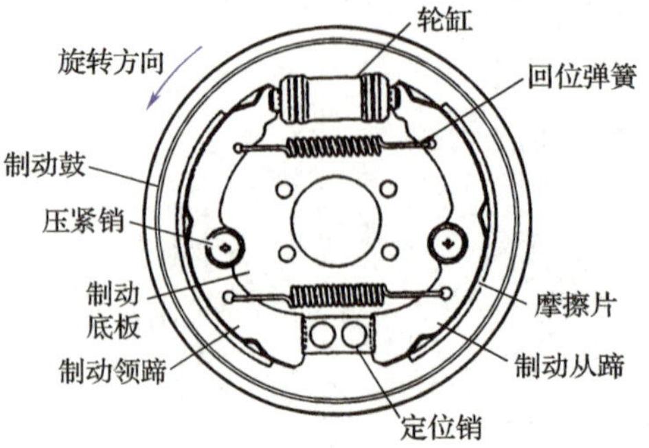

图 2-90　鼓式制动器

图 2-91　制动轮缸

图 2-92　制动鼓

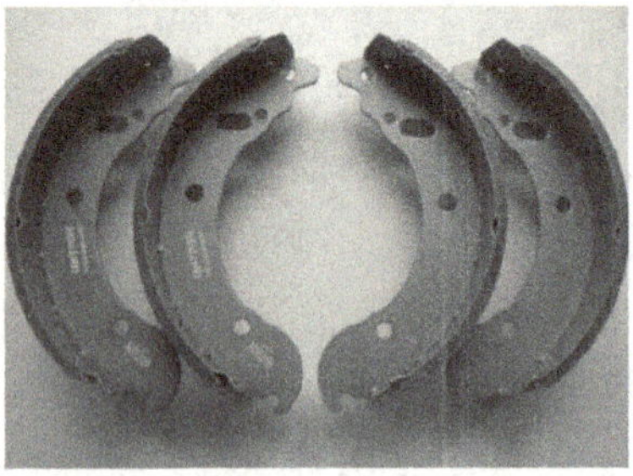

图 2-93　制动蹄

盘式制动器广泛应用于轿车，现在大部分轿车用于全部车轮，少数轿车只用作前轮制动器，与后轮的鼓式制动器配合，以使汽车有较高的制动时的方向稳定性。盘式制动器分为钳盘式和全盘式两类。钳盘式制动器的旋转元件是以端面工作的金属圆盘，称为制动盘，如图 2-94 所示；固定元件是工作面积不大的摩擦块与其金属背板组成的制动块，如图 2-95 所示，每个制动器中有 2～4 个制动块；这些制动块及其促动装置都装在横跨制动盘两侧的夹钳形支架中，总称为制动钳，如图 2-96 所示；制动盘和制动钳共同构成了钳盘式制动器，如图 2-97 所示。

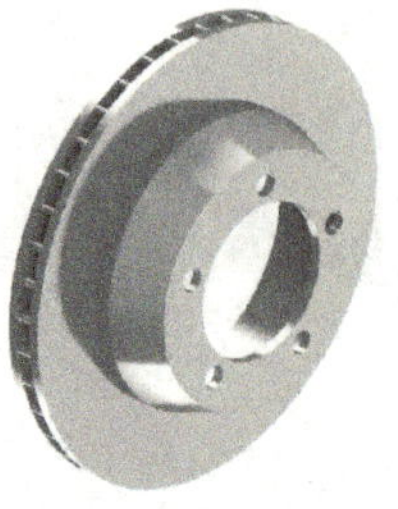

图 2-94　制动盘

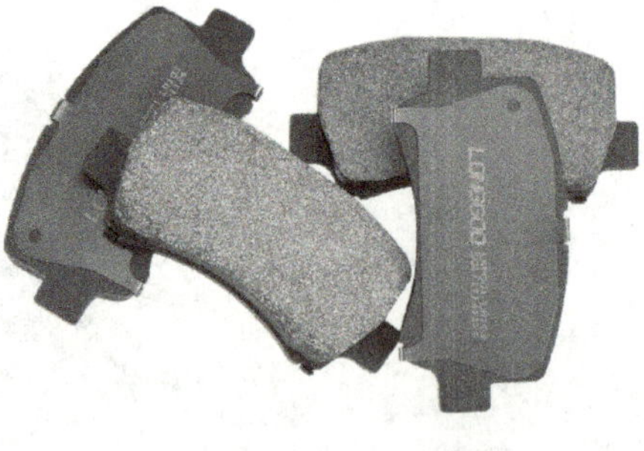

图 2-95　制动块

图 2-96　制动钳

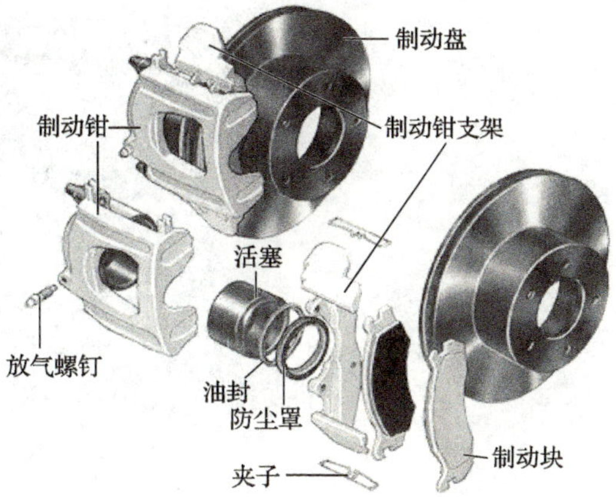

图 2-97　钳盘式制动器

驻车制动系统是当汽车停驻时，防止车辆滑行的制动装置，如图 2-98 所示。驻车制动系统在车辆停稳后用于稳定车辆，避免车辆在斜坡路面停车时由于溜车造成事故。

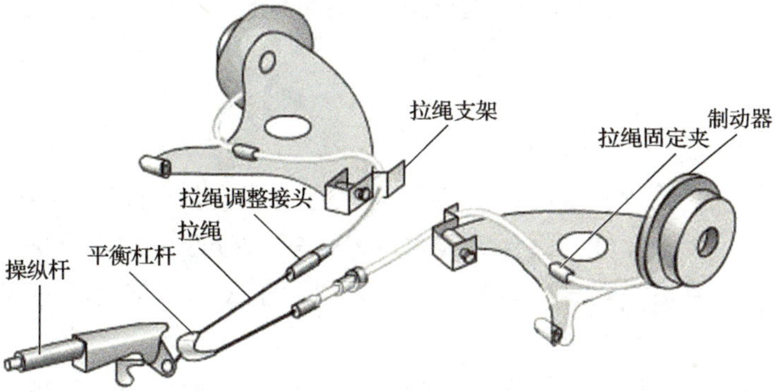

图 2-98　驻车制动系统

防抱死制动系统的作用就是在汽车制动时，自动控制制动器制动力的大小，使车轮不被抱死，处于边滚边滑的状态，以保证车轮与地面的附着力在最大值。防抱死制动系统如图 2-99 所示。制动压力调节器串接在制动主缸与轮缸之间，通过电磁阀直接或间接地控制轮缸的制动压力，如图 2-100 所示。

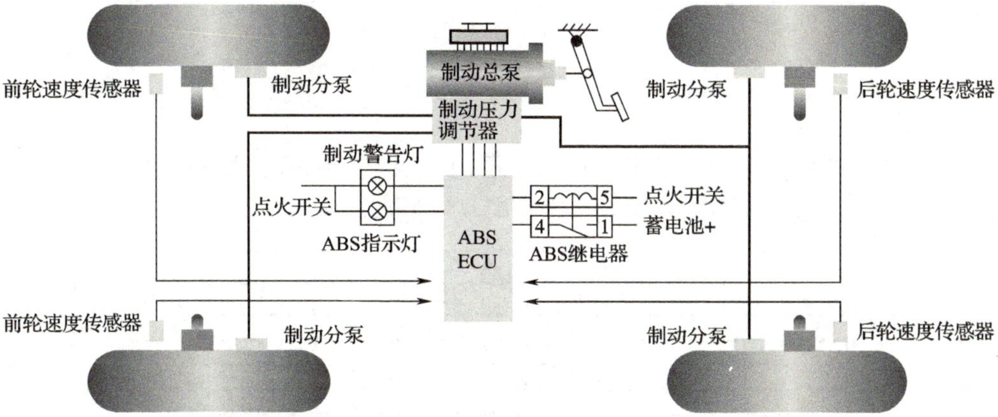

图 2-99　防抱死制动系统

图 2-100　制动压力调节器

二、编制货位

货位编制应根据“区、架、层、层列”的原则进行编排，其构成如图 2-101 所示。

图 2-101　货位构成

货位管理法

1. 编制区号

货位号的第一部分为区号，即仓库规划时根据零部件的形状、大小、性能及保管要求的不同进行分区，用数字或字母等表示。如果不需要分区时，该部分可以用于表示货架之间的通道号。

2. 编制货架号

货位号的第二部分为货架号，表示每组货架的第几货架，用数字或字母等表示。其编号原则为：面向货架从左至右编号，如图 2-102 所示。

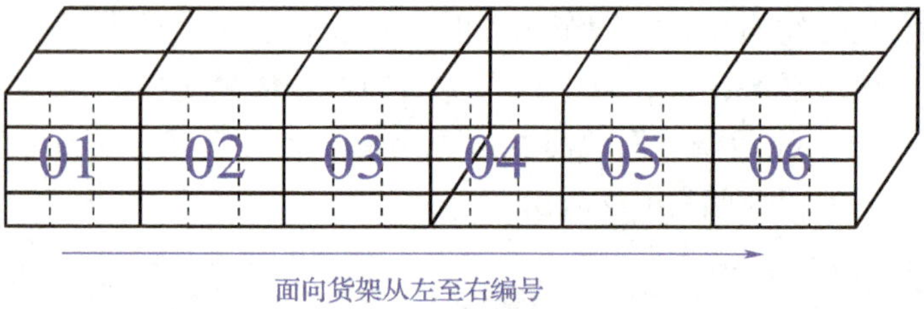

图 2-102　货架号

3. 编制货架层号

货位号的第三部分为货架层号，应从下层向上层依次编号，如图 2-103 所示。货架层号由下向上依次编号，在货架层发生变化时易于处理和调整。

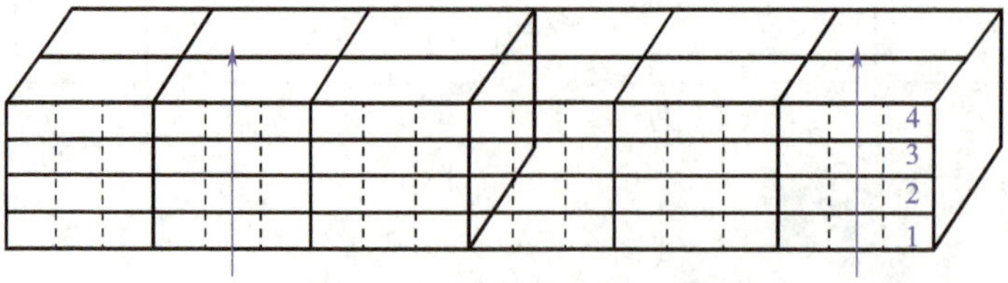

图 2-103　货架层号

4. 编制货架层列号

货位号的第四部分为货架层列号，表示每个货架在每一层的第几列，用数字或字母表示。其编号原则为：面向货架从左至右编号，如图 2-104 所示。

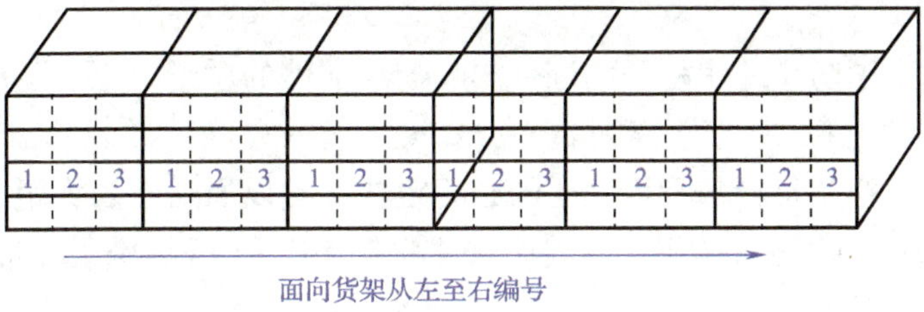

图 2-104　货架层列号

5. 货位管理的优点

1）摆脱对人员熟练性的过度依赖。

2）不受记忆力影响，保管品种不受限制。

3）为实现仓库管理自动化奠定基础。

4）按需变动，使货位得到充分利用。

5）随时了解零件动态情况。

三、安全堆码

1. 保持安全五距

配件堆码要做到货堆之间，货垛与墙、柱之间保持一定距离，留有适宜的通道，以便商品的搬运、检查和养护。要把商品保管好，“五距”很重要。五距即是指顶距、灯距、墙距、柱距和垛距，如图 2-105 所示。

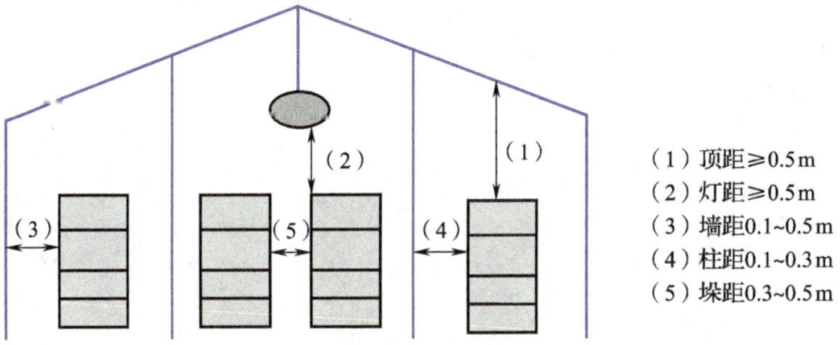

图 2-105　安全五距

（1）顶距　顶距是指货垛堆放的最高高度与仓库屋顶之间的距离。留顶距是为了便于装卸搬运作业，能通风散热，有利于消防工作，有利于收发检查。一般顶距应在 0. 5m 以上为宜。

（2）灯距　灯距是货垛与照明灯之间的必要距离。为了确保储存配件的安全，防止照明灯发出的热量靠近配件引起燃烧而发生火灾，货垛必须留有足够的灯距，一般不应少于 0. 5m 的安全距离。

（3）墙距　为了防止库房墙壁和货场围墙上的潮气对配件的影

汽车配件堆码的
“安全五距”

响，也为了散热通风、消防工作、建筑安全、收发作业，货垛必须留有墙距。墙距是货垛与墙的距离，可分为库房墙距和货场墙距。库房墙距又分为内墙距和外墙距。内墙距是货垛离没有窗户墙体的距离，一般为0.1~0.3m；外墙距是货垛离有窗户墙体的距离，一般为0.1~0.5m。

（4）柱距　为了防止库房柱子的潮气影响储存配件的质量，也为了保护仓库建筑物的安全，必须留有柱距，一般距离为0.1~0.3m。

（5）垛距　垛距是货垛与货垛之间的必要距离，常以通道作为垛距。垛距能方便存取作业，起到通风和散热的作用，同时方便消防工作。库房的垛距一般为0.3~0.5m，货场垛距一般不少于0.5m。

2. 选择堆码方法

堆码的方法是根据配件的基本性能、形状进行选择的，一般常用的方法有以下几种：

（1）重叠法　按入库配件的批量，视地坪负荷能力与可利用高度，确定堆高和层数。摆定底层配件的件数，然后逐层重叠加高。上一层每件配件直接置于下一层每件配件之上并对齐，如图2-106所示。硬质整齐的汽车配件包装、长方形的包装和占用面积较大的钢板等采用这种方法，用这种方法堆码可以使垛体整齐、稳固，操作比较容易。但不能堆太高，尤其是孤立货垛以单件为底，如重叠过高容易倒垛。

（2）压缝法　根据长方形汽车配件包装的长度与宽度成一定比例的特点，将汽车配件每层压缝堆码。即上一层配件压在下一层两件以上的配件上，下纵上横或上纵下横，货垛四边对齐，逐层堆高，如图2-107所示。采用这种方法可以使每层配件相互压缝，垛身稳固，整齐美观，又可按小组出货，操作方便，易于腾出整块可用的空仓位。

（3）衬垫法　某些汽车配件包装不平整，高低不一，堆码不整齐，堆码时可在每一层或每两层配件间加入衬垫（如木板），如图2-108所示。利用衬垫物使货垛的横断面平整，配件之间相互牵引，防止倒垛。

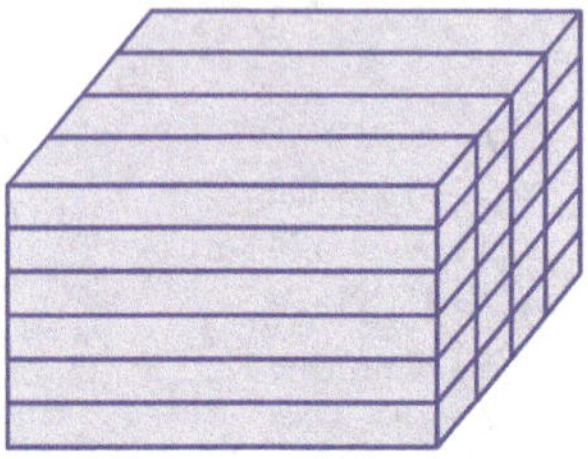

图2-106　重叠法

图2-107　压缝法

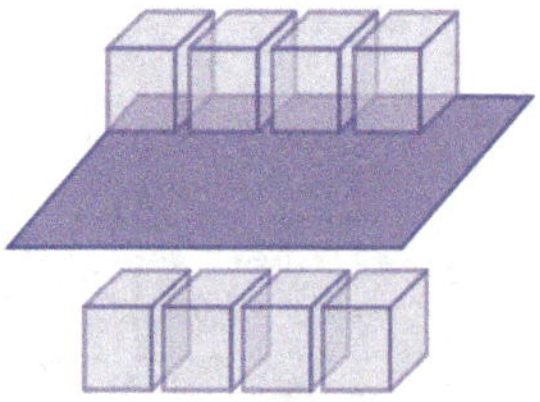

图2-108　衬垫法

（4）通风法　根据储存的要求，有的配件需要通风散潮，在堆码时配件之间要留一定的空隙以利于通风，如图2-109所示。这种堆码的形式多种多样，常见的有“井”字形、“非”字形、“示”字形等。这种堆码方法适合于需要通风散热、散潮、防霉的配件。

（5）俯仰相间法　对于包装为U形的汽车零部件（如保险杠），在堆码时宜采用俯仰相间法，即上层配件反扣在下层配件上，如图2-110所示。这种堆码方法能够有效地节约存储空间，堆码整齐美观，垛身稳固。

图 2-109　通风法

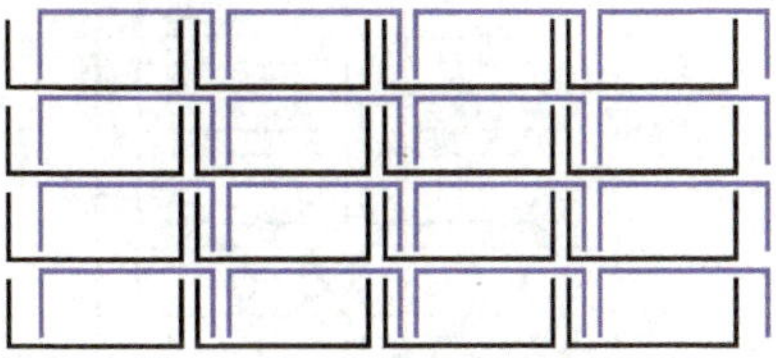

图 2-110　俯仰相间法

（6）“五五”法　“五五”法堆码就是仓库内配件以“五”为基本计数单位进行摆放的一种管理方法。配件按不同品种、规格、形状，以五为基数进行堆码，使配件“五五成行、五五成层、五五成包、五五成堆”，既便于盘点、发放配件，又整洁美观，可以提高工作效率、充分利用工作现场容积，如图 2-111 所示。

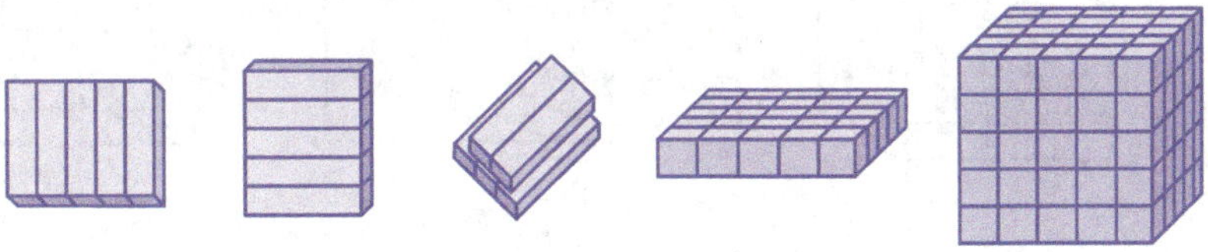

图 2-111　“五五”法

四、科学保管

配件验收入库后，要对各种配件的存放位置进行合理的安排。科学地储存配件，能为仓库工作人员提供安全的工作环境，便于掌控储存的零件，促进库存结构优化，减少出入库的作业时间，提高工作效率以及仓库空间的利用率。

1. 按周转速度存放

在仓库布局时，应该根据零件的流动频率将经常出入库的项目存放在出入方便的近处及货架上易于存取的位置，能够有效地缩短作业路线，使作业方便，提高工作效率。如果把经常出入库的品种存放在离出入库作业较远的地方，工作人员就不得不经常多走一些路，造成时间和体力上的浪费。而且，流动频率高的零件要存放在货架上易于取放的位置，如图 2-112 所示。

2. 重物下置

重物下置是从出入库作业的安全性和高效率方面来考虑的，即存取方便和存取安全两方面。有些像半轴、缸体、轮毂等重零件如存放在货架上方，不但存取不方便，而且有重零件落下来伤人及零件损坏的危险，如图 2-113 所示。

3. 竖直放置

某些汽车配件，如排气管、车身饰条、车门、风窗玻璃等长形或扁平状零件宜竖直放置，如图 2-114 所示。长形零件如平放会导致下面的零件容易受损、浪费空间、不易取货，而且长的零件会从货架上伸出到通道内，不但影响通行还存在安全隐患。

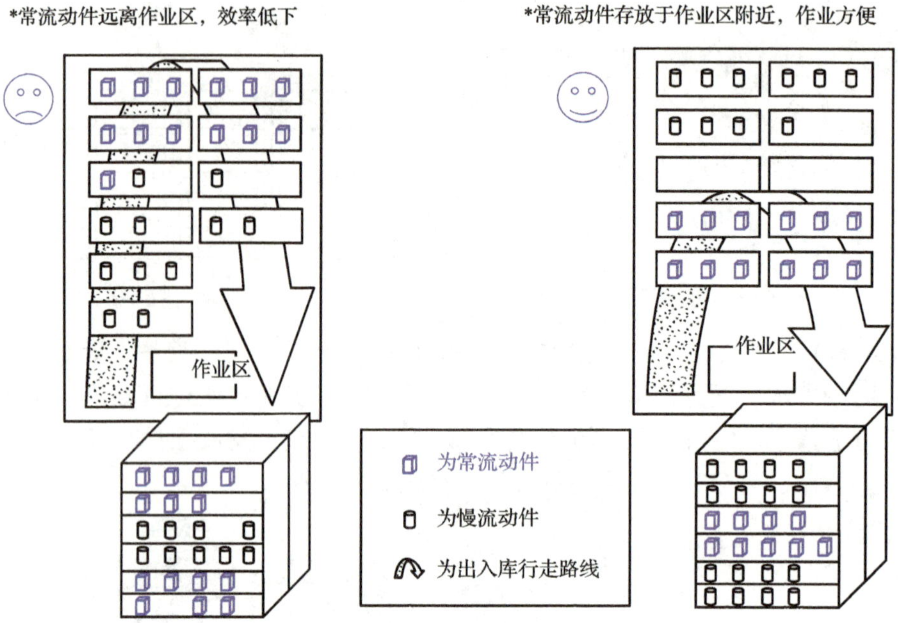

图 2-112　按周转速度存放

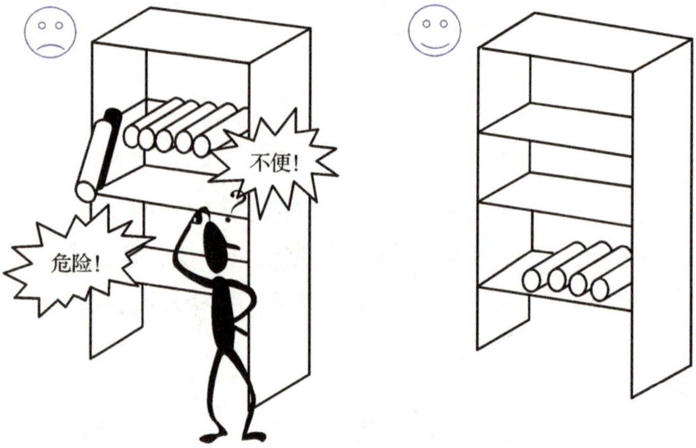

图 2-113　重物下置

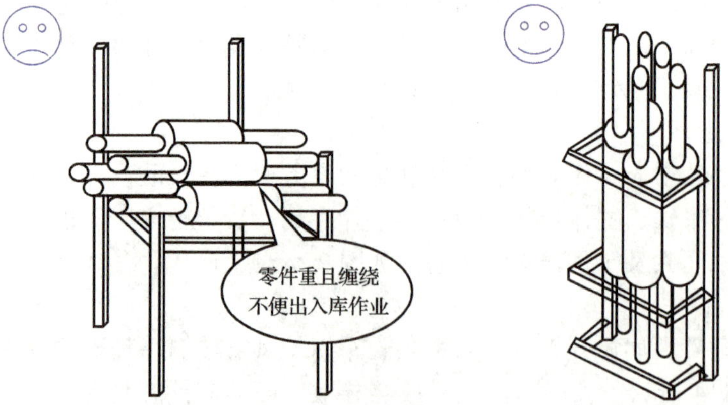

图 2-114　竖直放置

4. 同型存放

不同尺寸的零件、不同流动性的零件存放位置要进行整体规划，否则会造成出入库效率降低，作业路线长，仓库空间配置不当，从而造成严重的空间浪费，如图 2-115 所示。

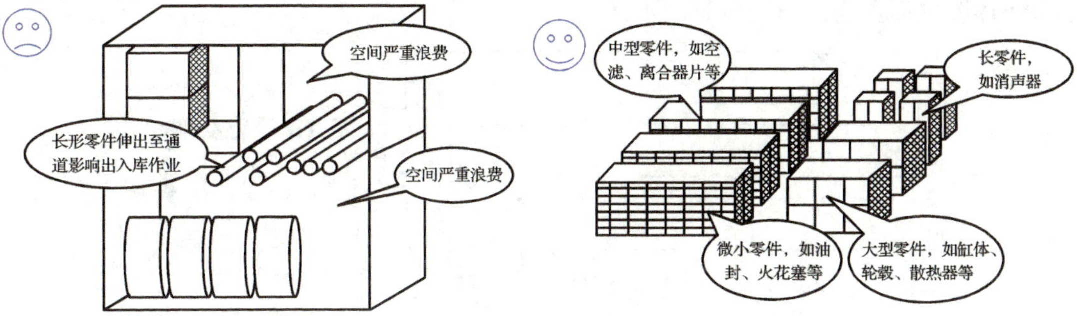

图 2-115　同型存放

5. 异常管理

这里的异常指的是实际库存超出了标准库存。在这种情况下，如果未实行异常管理，随便将超出库存的零件放置在任意一个货位上时，则容易因疏忽而忘记零件的临时存放位置，也可能因疏忽了一种零件存放于两个位置而发生重复订货，也无法观察库存效率，不易发觉不良库存。通过异常管理，零件数量的多少即可一目了然，可以及时发现异常情况，便于管理者做出采购决策。当发现货架上方出现过多的库存时就应该及时同业务部门联系，确认是订货错误还是市场需求增加，原来的货位已不能满足要求。这种目视化的管理如图 2-116 所示。

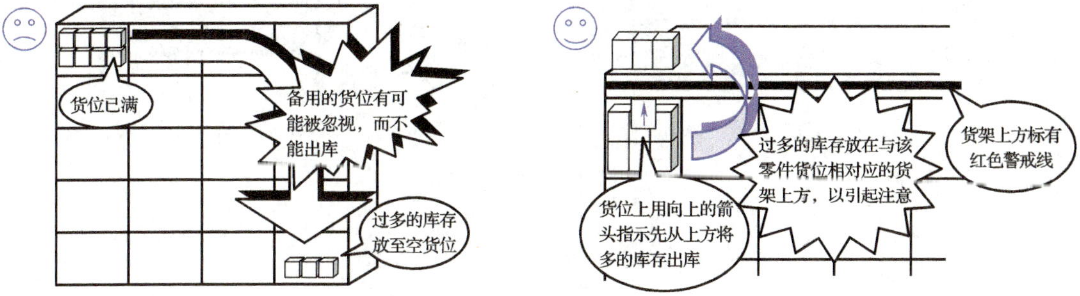

图 2-116　异常管理

6. 一号一位

每个货位只能放置一个零件号，即一种零件。把几种零件混合放在同一个货位会导致寻找困难、找不着或提取错误。如图 2-117 所示，门市打出出库票，上面写明该零件的货位位于 A 区的 A03 号货架的由下向上数第 4 段第一个货位即 A03-07-04。这个货位里只保存要出库的这个零件，所以即使是完全没有经验的人也可准确无误地找到。所以，一定要贯彻一个件号一个货位。

7. 伸手可及

在零部件管理工作中，有部分配件经销店和 4S 店的仓库中货架过高，且流动性高的零件没有摆放在货架中下层，即工作人员伸手就可以轻松拿取的位置，而是要使用板凳甚至梯子才能拿到零配件。这样既不方便存取，又因视线不佳、行动不便而不利于查找所需配件。在使用板凳或梯子拿取配件（特别是大中型配件）时还有摔倒的危险。将零配件放在伸手可及的区域，快流件放在最易拿取的位置，可以大大提高出入库效率，使工作环境更加安全，如图 2-118 所示。

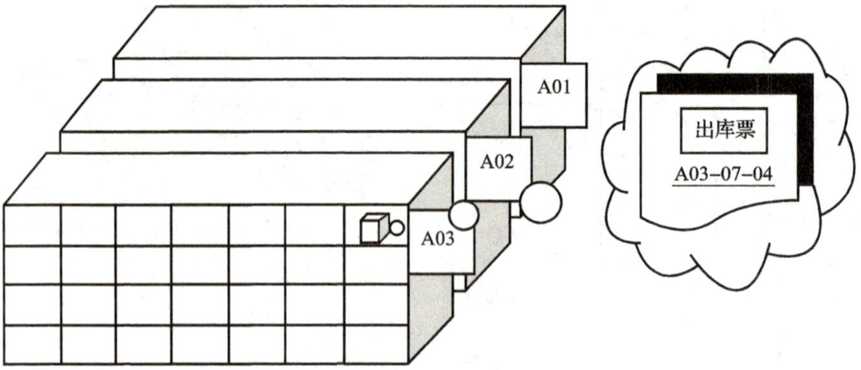

图 2-117　一号一位

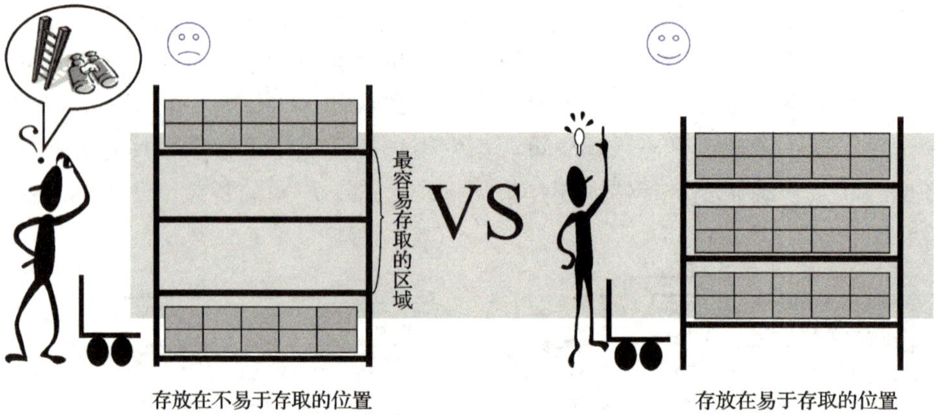

图 2-118　伸手可及

任务 3　汽车配件养护与安全管理

任务解析

本任务主要学习根据仓库环境变化规律进行汽车配件养护措施的选择和控制；科学地存放特殊配件。

知识链接

一、自然因素对汽车配件的影响

汽车配件品种繁多，由于使用的材料和制造方法的不同而各具特点，有的怕潮、有的怕热、有的怕阳光照射、有的怕压，在储存中因受自然因素的影响而发生变化。因此，在储存中需要采取防尘、防潮、防高温、防照射等措施，为配件的存放创造适宜的条件，以免影响到配件的质量。

1. 温度对储存配件的影响

汽车配件适宜的储存温度都有一定的范围。例如，橡胶类配件在25~30℃时，柔软而富有弹性，在高于40℃时，则软化发黏，但在10℃以下时，又会变硬变脆，从而失去弹性，强度下降；软木纸及垫，适宜温度一般为18~25℃；某些有油漆防护层的配件在温度达到40℃以上时，会出现龟裂现象；金属制品对温度也有一定要求，因为金属配件表面涂有保养油或蜡，遇到高温，保养油或蜡易熔化。所以，汽车配件在储存过程中必须掌握仓库内温度变化。一般而言，保管汽车配件的室温应保持在20℃左右为宜。

2. 湿度对储存配件的影响

湿度是指空气中水蒸气含量的程度。湿度越大越潮湿，对具有吸潮性的配件损害就越大，就会使怕潮的配件发霉锈蚀。金属配件本身虽不吸潮，但湿度大时，在金属表面就会凝结一层极薄的水膜，甚至形成水珠，加速其氧化生锈。所以，对金属配件，特别是精密配件，尤其要注意防潮。石棉制品，如汽车各类衬垫受潮后，会出现片状雪斑，使其技术性能降低。相对湿度大于85%、温度高于30℃时，会使电器配件及绝缘制品受潮，性能下降。相反，相对湿度过低，对某些配件也会产生不良影响，如油封用的橡胶和皮革会出现干裂、发脆，各种纸垫等也会发生伸缩变形。一般而言，仓库内的相对湿度应保持在70%左右为宜。

3. 日光对储存配件的影响

适度的日光对有些配件能起到好的保护作用，以热能蒸发多余的水分。但过强的日光经常照射在配件上，也会产生不良影响，如橡胶制品、转向盘、分电器盖、蓄电池壳等长期在阳光的照射下，会很快失去光泽并发生老化、开裂、发黏和失去弹性。金属制品、收录机等也应避免日光长期照射。

4. 空气中的氧及有害气体对储存配件的影响

空气是由各种不同气体混合而成，其中约含21%的氧气。氧元素非常活跃，空气中的氧气会使金属配件氧化，空气中的二氧化碳、二氧化硫等有害气体与水蒸气相遇成为碳酸、亚硫酸等，附着在金属表面上成为电解质溶液，导致金属的电化学腐蚀，从而影响配件质量。

二、其他因素对储存配件的影响

尘土和杂物不但影响仓库的清洁卫生，而且严重威胁库存配件的质量和安全，会加速金属配件锈蚀，使电器元件绝缘性变差，影响仪器仪表精密度和灵敏度，还会影响收音机、收放机的使用效果。各种虫害对库存配件的质量和安全影响也很大，蛀虫、老鼠等常咬坏一些线织布质的配件、座垫以及配件包装物（如包装木箱、纸箱、纤维板箱等），而且还会毁坏仓库的木质结构部分以及木质垫板、枕垫等。

三、各种金属类汽车配件防护层变质的表现

1. 黑色金属

黑色金属钢铁在汽车配件材质中占多数。但是，黑色金属材质的配件在潮湿环境下容易氧化生锈，表面上形成一层淡红色或暗褐色的细状粉末，即氧化铁。由于氧化铁结构疏松，容易继续吸湿，如不及时清除，会促使金属进一步氧化锈蚀，出现麻点，破坏商品表面精度。根据实践经验，如配件上油（蜡）前清洗较好，油（蜡）配方合格，配件一般可储存 5 年左右不锈蚀。否则，一年内配件表面即呈现黑灰色或片状黑色污斑痕迹。

2. 有色金属

有色金属在汽车配件中使用较多的是用钢和铝制造的活塞和各种衬套等，在储存中，铜制产品与空气中的氧接触后，会生成绿锈，这就是铜制品的锈蚀表现。铝与空气中的氧接触，产生一层氧化铝，氧化铝薄膜也起到一定的阻止继续氧化的作用，但铝与空气中的酸及碱接触后，会产生白色粉末状的盐碱。

3. 各种镀有防护层的配件

镀铬配件呈青光，外表光亮，抗腐蚀性强，但若灰尘长期包围表面，镀层会失去光泽，逐渐变暗。镀锡配件呈灰白色，有轻微光泽，但容易被坚硬物质划伤，如湿度过大，会从镀层内部生锈。镀铜的配件呈现淡红色，不宜久放，储存时间稍长，即变成白红色，特别与二氧化碳及碳酸接触后，表面会产生绿斑，影响美观。有油漆防护层的配件，表面坚韧而光亮，装饰性和抗腐蚀性均好，但受到阳光辐射影响，会发生褪色和脆裂，如遇油脂，也容易产生漆层脱落。

任务实施

零件中心到货一批发动机系统配件，其中包括在保管时不能沾油的空气滤清器、散热器水管等。这些配件验收入库后，保管组根据其特性合理、安全地进行养护。

一、认识发动机系统常用配件

发动机是汽车的动力之源，是汽车的心脏，它由两大机构和五大系统组成。两大机构包括曲柄连杆机构和配气机构，五大系统包括冷却系、燃油供给系、点火系（柴油机没有点火系）、起动系、润滑系。

（一）曲柄连杆机构的认识

1. 曲柄连杆机构

曲柄连杆机构是发动机实现能量转换的主要机构。它的功用是把燃气作用到活塞顶上的力转变为曲柄的转矩，以向工作机械输出机械能。曲柄连杆机构主要由气缸体曲轴箱组、活塞连杆组和曲轴飞轮组组成。

“研制一流发动机，自己要先当发动机”

——记一汽集团公司技术中心总工程师李骏

中国第一汽车集团公司技术中心总工程师李骏20多年来潜心致力于发动机研究，在排放技术和电控喷射技术上做出重大贡献。成功开发奥威发动机，创新发动机自主研发体系，使民族汽车工业核心竞争力得到极大提高。他说：“中国汽车不能永远都当外国的加工厂，必须在核心技术上独立自主，打出自己的民族品牌，实现Develop in China（中国研发）。”

2. 曲柄连杆机构常用配件的认识

（1）气缸体曲轴箱组　水冷式发动机的气缸体和曲轴箱通常铸造成一体。气缸体上半部有为若干个活塞在其中运动作导向的圆柱形空腔，称为气缸。下半部为支撑曲轴的曲轴箱，其内腔为曲轴运动的空间，如图2-119所示。

气缸盖的主要功用是封闭气缸上部，并与活塞顶部和气缸壁一起形成燃烧室，如图2-120所示。

图2-119　气缸体曲轴箱组

图2-120　气缸盖

在气缸盖上部有起到封闭和密封作用的气门室罩，一般用薄钢板冲压而成，上设有加注润滑油用的注油孔，如图2-121所示。气门室罩和气缸盖之间设有密封衬垫，即气门室罩垫。

油底壳的主要作用是储存润滑油和封闭曲轴箱，同时也可起到给润滑油散热作用。油底壳一般采用薄钢板冲压而成，如图2-122所示。油底壳中部较深，并在最深处装有放油塞，油底壳内还设有挡油板，防止汽车振动时油面波动过大。

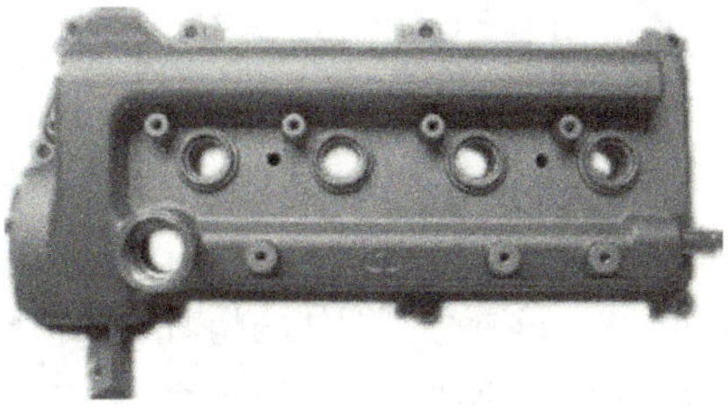

图2-121　气门室罩

图2-122　油底壳

（2）活塞连杆组　活塞连杆组主要由活塞、活塞环、活塞销、连杆、连杆盖、连杆轴瓦和连杆螺栓等组成，如图 2-123 所示。

活塞（图 2-124）顶部与气缸盖、气缸壁共同组成燃烧室，承受气体压力，并将此力通过活塞销传给连杆，以推动曲轴旋转。

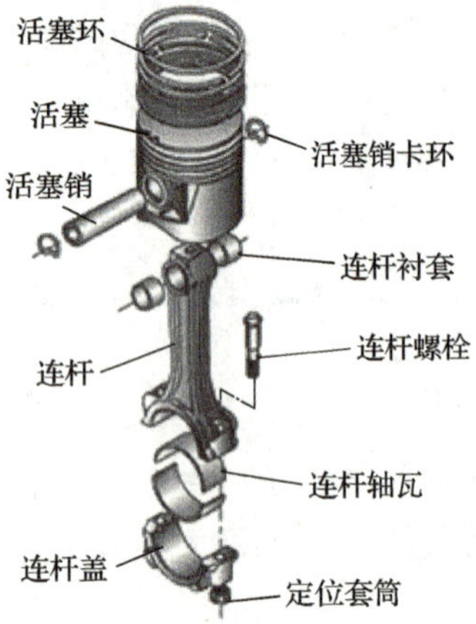

图 2-123　活塞连杆组

图 2-124　活塞

活塞环分为气环和油环。气环的主要作用是保证活塞与气缸壁间的密封，防止气缸中的高温、高压燃气大量漏入曲轴箱，同时还将活塞顶部的热量传导到气缸壁，再由冷却液或空气带走。油环的作用是刮除气缸壁上多余的润滑油，并在气缸壁上布上一层均匀的油膜，既可以防止润滑油窜入气缸燃烧，又可以减小活塞、活塞环与气缸的磨损，还可以起到密封的辅助作用。活塞环如图 2-125 所示。

连杆的功用是将活塞承受的力传给曲轴，推动曲轴转动，从而使活塞的往复运动转变为曲轴的旋转运动。连杆如图 2-126 所示。

图 2-125　活塞环

图 2-126　连杆

（3）曲轴飞轮组　曲轴飞轮组主要有曲轴、飞轮、扭转减振器、带轮、正时齿轮或链条等组成，如图 2-127 所示。

曲轴的功用是承受连杆传来的力，并将其转变成转矩，然后通过飞轮输出，另外，还用来驱动发动机的配气机构及其辅助装置。曲轴如图 2-128 所示。

飞轮是一个转动惯量很大的圆盘，如图 2-129 所示。其主要功用是将在做功行程中输入于曲轴的动能的一部分储存起来，用以在其他行程中克服阻力，带动曲轴连杆机构越过上、下止点，保证曲轴的旋转角速度和输出转矩尽可能均匀。

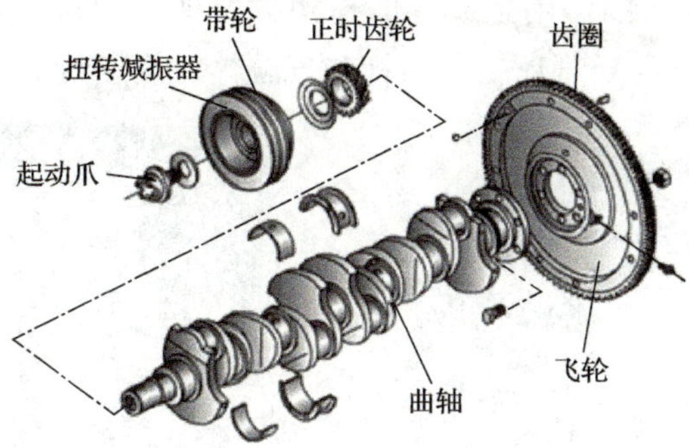

图 2-127　曲轴飞轮组

图 2-128　曲轴

图 2-129　飞轮

（二）配气机构的认识

1. 配气机构

配气机构是按照发动机每一气缸内所进行的工作循环和点火顺序的要求，定时开启和关闭各气缸的进、排气门，使新鲜的可燃混合气（汽油机）或空气（柴油机）得以及时进入气缸，废气得以及时从气缸排出；使换气过程最佳，以保证发动机在各种工况下工作时发挥最好的性能；在压缩与做功行程中，关闭气门保证燃烧室的密封。

配气机构主要由气门组和气门传动组两部分组成。根据气门布置形式不同，配气机构有气门顶置式和气门侧置式，其中气门顶置式是目前应用最广泛的一种配气机构形式。根据凸轮轴布置形式不同，配气机构又可分为凸轮轴下置式配气机构、凸轮轴中置式配气机构和凸轮轴上置式配气机构。根据凸轮轴传动方式不同，配气机构分为正时齿轮传动、正时链条传动和正时带传动三种驱动形式。

2. 配气机构常用配件的认识

（1）气门组（图 2-130）　气门组包括气门、气门导管、气门座及气门弹簧等零件，气门组应保证气门对气缸的密封性。

图 2-130　气门组

气门（图 2-131）是由气门头部和杆部组成。气门头部温度很高，而且还承受气体的压力、气门弹簧的作用力和传动组件惯性力。进气门一般采用合金钢，排气门采用耐热合金。气门头部的形状有平顶、球面顶和喇叭顶等，汽车上多数使用平顶的。

气门导管（图 2-132）的作用是起导向作用，保证气门做直线运动，使气门与气门座能正确贴合。此外，气门导管还在气门杆与气缸体之间起导热作用。

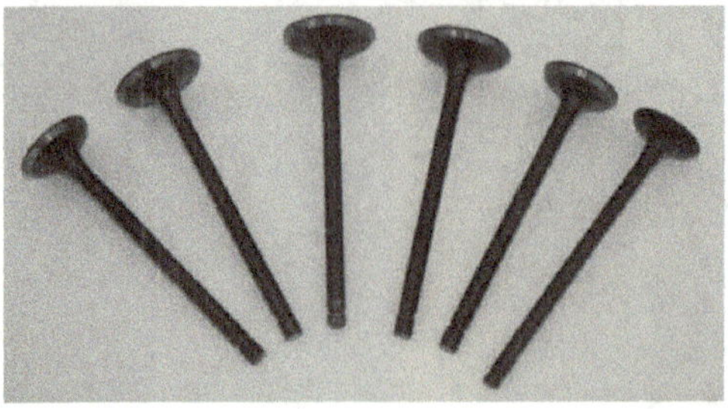

图 2-131　气门

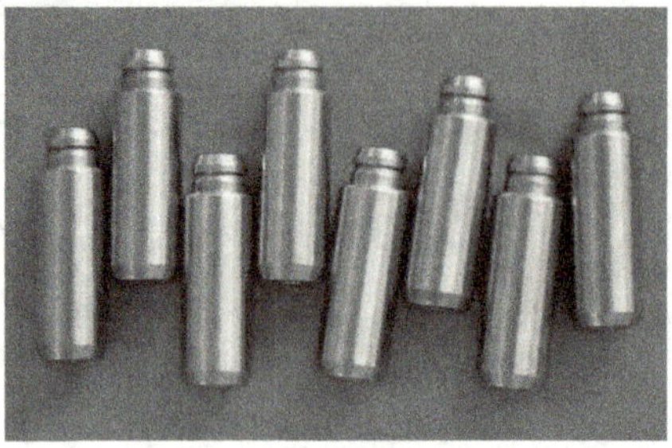

图 2-132　气门导管

气门座可以在气缸盖或气缸体上直接搪出来或用较好的材料单独制作，然后镶嵌到气缸盖或气缸体上。它们与气门的头部共同对气缸起密封作用，并承受气门出来的热量。

气门弹簧如图 2-133 所示，其功用是克服在气门关闭过程中气门及传动件的惯性力，防止各传动件之间因惯性作用产生间隙。保证气门及时坐落并紧密接触，防止气门在发动机振动时发生跳动，破坏其密封性。

图 2-133　气门弹簧

气门弹簧的一端支承在气缸盖或气缸体上，而另一端则压靠在气门杆端的弹簧座上，弹簧座用锁片固定在气门杆的末端。气门弹簧座和气门锁片如图 2-134、图 2-135 所示。

图 2-134　气门弹簧座

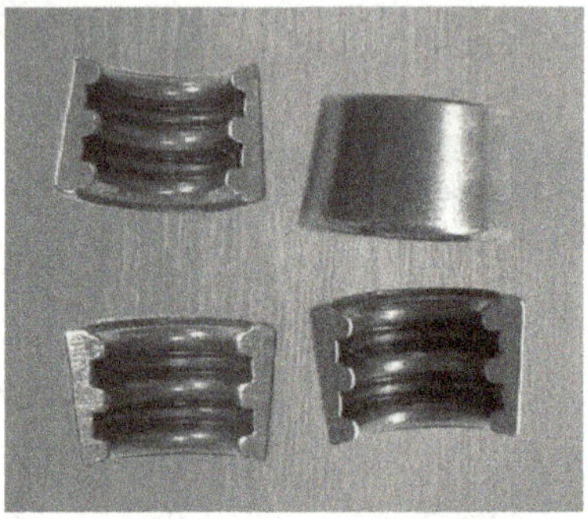

图 2-135　气门锁片

（2）气门传动组　气门传动组主要包括凸轮轴、正时齿轮、气门挺柱及其导杆，推杆、摇臂和摇臂轴等，其作用是使进排气门按配气相位规定的时刻进行开闭，并保证有足够的开度。

凸轮轴是配气机构的关建部件，如图 2-136 所示。它主要用来控制气门的配气相位，有些发动机还用来驱动机油泵、汽油泵和分电器。

气门挺柱的功用是将凸轮的推力传给推杆（或气门杆），并承受凸轮轴旋转时所施加的侧向力，气门挺柱如图 2-137 所示。

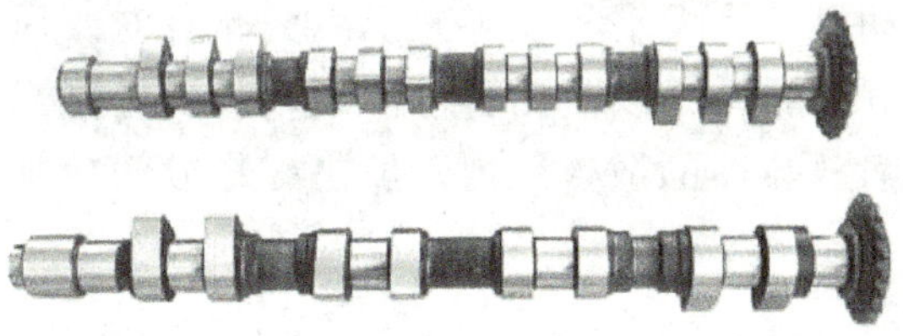

图 2-136　凸轮轴

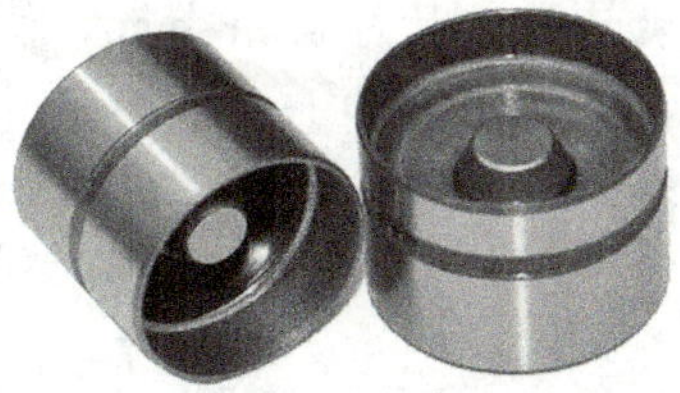

图 2-137　气门挺柱

（三）冷却系的认识

1. 冷却系

冷却系的基本功能是从发动机内部把热量转移到外面的空气中，混合气在发动机气缸中的燃烧产生相当高的热量和温度，热量被气缸壁、气缸盖和活塞吸收，这些部件需要冷却系保护，避免过热，保证发动机在最适宜的温度状态下工作。冷却系不仅保护发动机部件，而且防止部件上的润滑油失去润滑性能。

发动机的冷却系有风冷和水冷之分。以空气为冷却介质的冷却系称为风冷系，以冷却液为冷却介质的称为水冷系。

2. 冷却系常用配件的认识

（1）水冷系　水冷系主要由散热器、风扇、水泵、水管、节温器、膨胀水箱等组成，如图 2-138 所示。

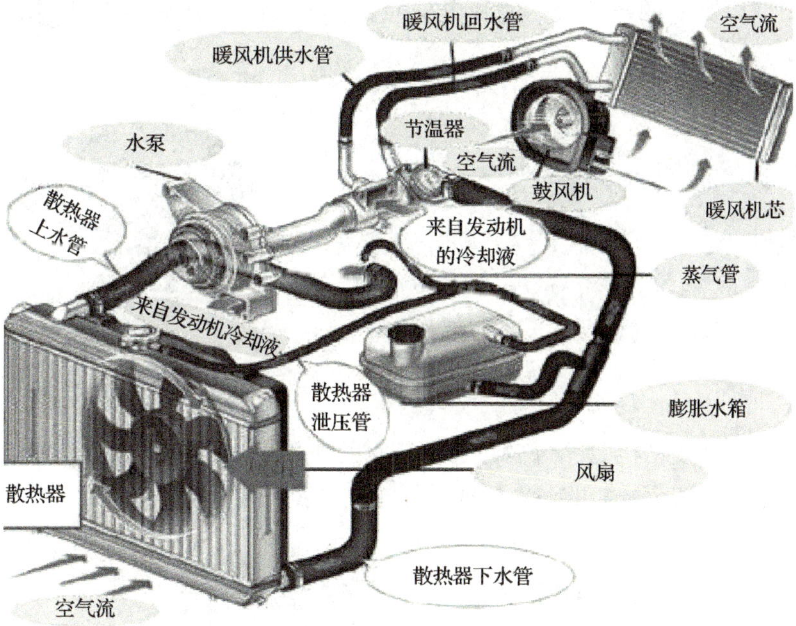

图 2-138　发动机水冷系

散热器（图 2-139）从发动机接收热的冷却液。发动机工作时，冷却液在散热器芯内流动，空气在散热器芯外通过，热的冷却液由于向空气散热而变冷。通常在前置发动机的车辆中，散热器位于发动机前部，直接面对通过汽车前部栅栏的空气流。

风扇置于散热器后面，由一定数量的带有偏转角度的叶片组成，如图 2-140 所示。

当风扇旋转时，叶片排挤空气，使之流过发动机。当发动机在车架上纵向布置时，风扇一般安装在水泵轴上，并由驱动水泵和发电机的同一根 V 带传动。风扇的功用是当风扇旋转时吸进空气使其通过散热器，以增强散热器的散热能力，加快冷却液的冷却速度。

图 2-139　散热器

图 2-140　风扇

水泵的作用是对冷却液加压，保证其在冷却系中循环流动。一般，水泵固定在发动机体前部，由 V 带或同步带通过曲轴驱动。水泵如图 2-141 所示。

节温器（图 2-142）位于发动机的出水口壳体中，当阀门关闭时，通过散热器的水循环受到限制，水通过旁通管循环。节温器允许发动机尽快暖机，并保持适当的运转温度，可以帮助获得更好的发动机性能和更长的发动机寿命。节温器在 80℃后开启，95℃时开度最大。

图 2-141　水泵

图 2-142　节温器

膨胀水箱安装在发动机舱靠近散热器处，它的作用是补充冷却液和缓冲“热胀冷缩”的变化。膨胀水箱一般由透明的塑料制成，标有“最高液位”和“最低液位”，如图 2-143 所示。

图 2-143　膨胀水箱

风扇传动带用来将发动机曲轴旋转的动力传递给水泵带轮或风扇带轮，如图 2-144 所示。

（2）风冷系　风冷系以空气作为冷却介质，利用高速流动的空气直接吹过气缸盖和气缸体表面，把热量散发到大气中，保证发动机在最有利的范围内工作。

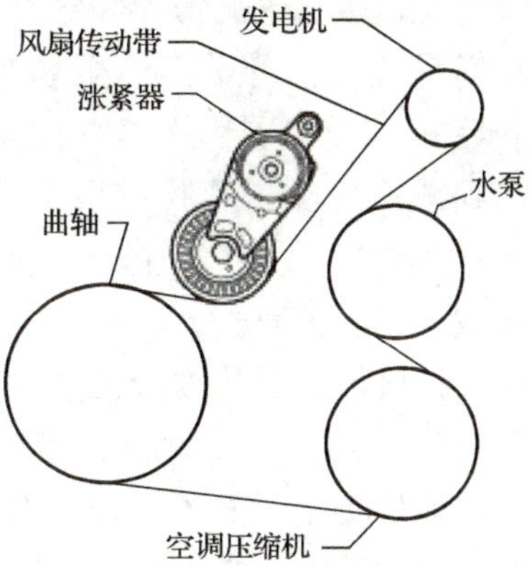

图 2-144　风扇传动带

（四）燃油供给系的认识

1. 汽油供给系的认识

（1）汽油供给系　汽油供给系的主要作用是储存、输送、清洁燃料，根据发动机各种不同工况的要求，配制出一定数量和浓度的可燃混合气，供入气缸，并将发动机做功后产生的废气排到大气中。

（2）汽油供给系常用配件的认识　汽油发动机的燃油供给系由汽油供给装置、空气供给装置、可燃混合气形成装置及可燃混合气供给和废气排放装置等组成。

1）汽油供给装置。它包括油箱、汽油泵、油管、汽油滤清器、燃油压力调节器等。油箱的主要作用是储存汽油，一般做成简单的方形或圆柱体形状，轿车油箱为了适应整车外观造型及车架的需要做成比较复杂的形状，如图 2-145 所示。汽油泵在电喷车和非电喷车中指代的装置是不同的，电喷发动机的汽油泵装在油箱内，浸在燃油中，即电动汽油泵，如图 2-146 所示。电动汽油泵的作用是将汽油从油箱吸出，克服管道阻力及位置高度差，源源不断地泵入供油管道。汽油滤清器的主要功能是滤除汽油中的杂质，电喷发动机的汽油滤清器位于汽油泵的出口侧，工作压力较高，通常采用金属外壳，如图 2-147 所示。汽油滤清器的更换周期建议为 20000km。

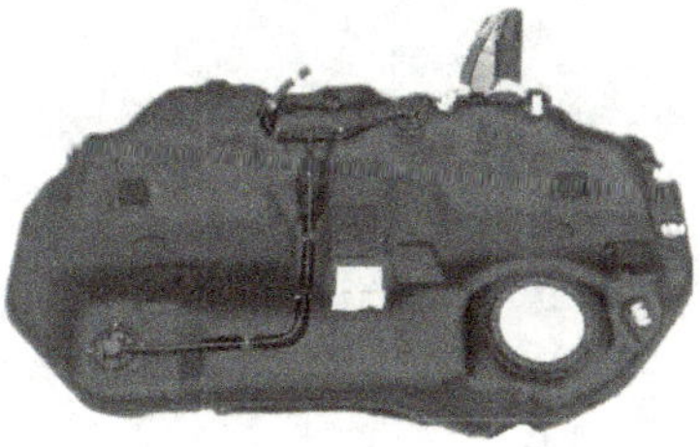
图 2-145　油箱

图 2-146　电动汽油泵

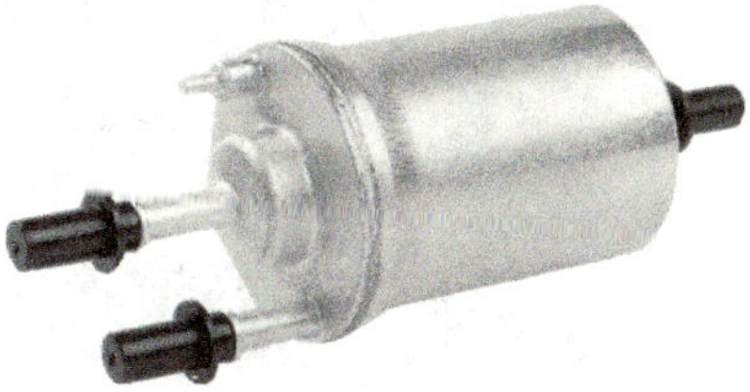
图 2-147　汽油滤清器

2）空气供给装置。它包括空气滤清器、进气消声器等。空气滤清器如图 2-148 所示，安装在进气管的前方，起到滤除空气中尘埃和杂质的作用，保证气缸中进入足量、清洁的空气。

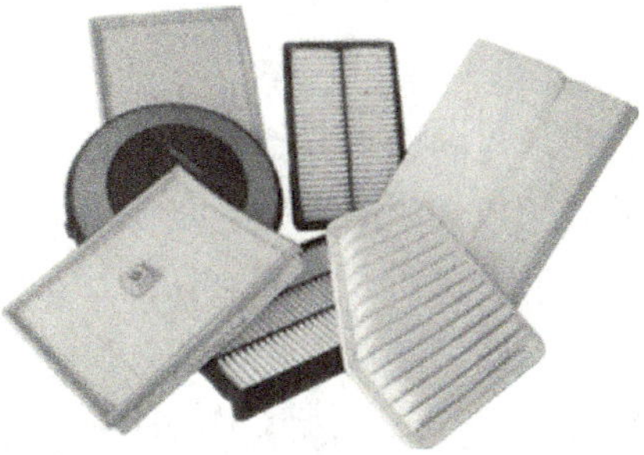
图 2-148　空气滤清器

3）可燃气混合气形成装置主要指喷油器，如图 2-149 所示。喷油器是一种加工精度非常高的精密器件，接收 ECU 送来的喷油脉冲信号，精确地控制燃油喷射量。汽油发动机的喷油器可分为直喷汽油机用的喷油器和进气道喷射的喷油器。

4）可燃混合气供给和废气排放装置。它包括进气管、排气管、排气消声器等。进气管是连接空气滤清器和气缸盖进气道之间的管路，如图 2-150 所示。排气管是发动机排气系统的一部分，一般包括前排气管和后排气管。排气管对汽车机身而言，起到减振降噪、延长排气消声系统寿命的作用。排气系统主要包括排气歧管、排气总管和消声器，一般为控制发动机污染物排放的三元催化转化器也安装在排气系统中。排气歧管是与发动机气缸体相连，将各缸的排气集中起来导入排气总管，带有分歧的管路，如图 2-151 所示。消声器主要用于降低发动机的排气噪声，并使高温废气能安全有效地排出，如图 2-152 所示。三元催化转化器是安装在汽车排气系统中的最重要的机外净化装置，它可将汽车尾气排出的 CO、HC 和 NO_x 等有害气体通过氧化和还原作用转变为无害的 CO_2、水和 N_2，如图 2-153 所示。

图 2-149　喷油器

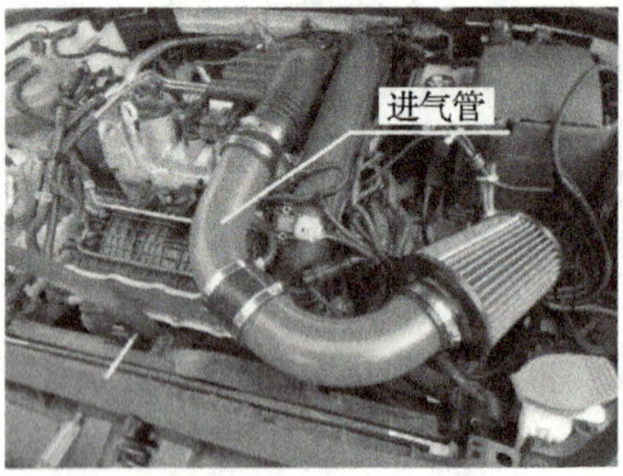

图 2-150　进气管

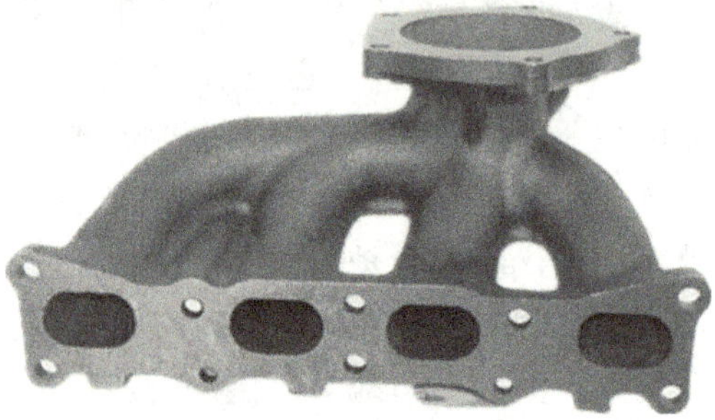

图 2-151　排气歧管

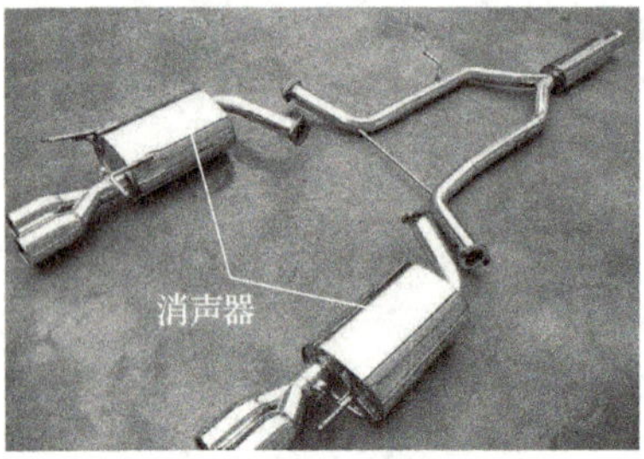

图 2-152　消声器

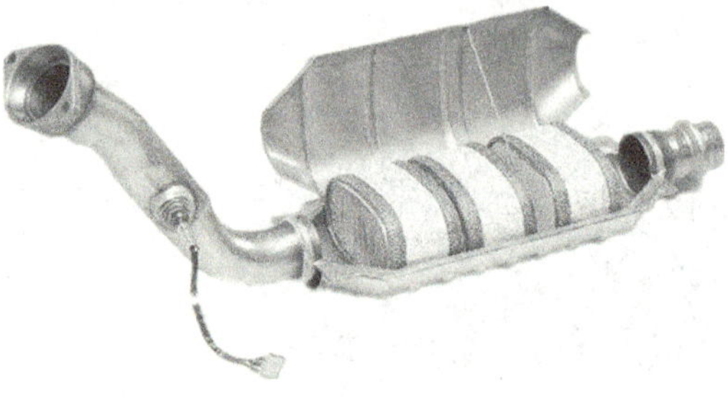

图 2-153　三元催化转化器

2. 柴油供给系的认识

（1）柴油供给系　柴油供给系的主要功能是为柴油发动机气缸内混合气形成与燃烧提供所需的燃料，其主要由燃油供给装置、空气供给装置、混合气形成装置及废气排出装置组成，如图 2-154 所示。

（2）柴油供给系常用配件的认识　柴油供给装置主要由柴油箱、柴油滤清器、输油泵、柴油细滤器、喷油泵、喷油器及油管等组成。空气供给装置主要由空气滤清器、进气管和进气道、进气增压器等组成。混合气形成装置主要由活塞顶与缸盖之间形成的燃烧室等组成。废气排出装置主要由排气道、排气阀和排气消声器等组成。

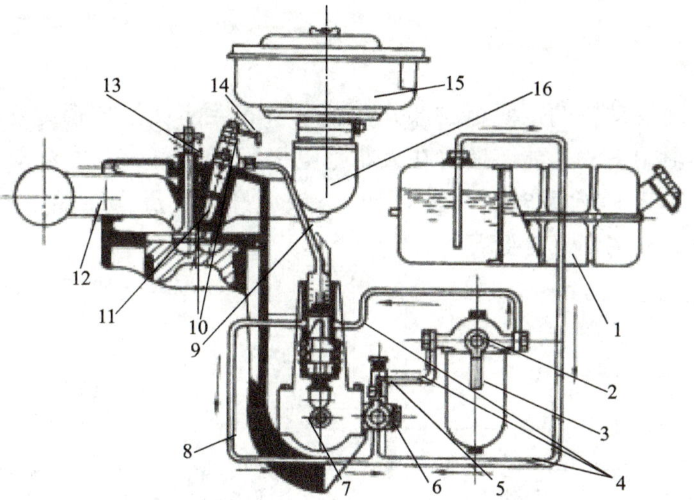

图 2-154　柴油供给系

1—燃油箱　2—溢油阀　3—燃油滤清器　4—油管　5—手压输油泵　6—输油泵　7—喷油泵　8、14—回油管　9—高压油管　10—燃烧室　11—喷油器　12—排气管　13—排气门　15—空气滤清器　16—进气管

柴油滤清器如图 2-155 所示，它的作用是滤除柴油中的杂质、水分和石蜡，以减小各精密偶件的磨损，保证喷雾质量。滤清器多用过滤式，大多串联在输油泵和喷油泵之间。输油泵如图 2-156 所示，它的功用是保证有足够数量的柴油自柴油箱输送到喷油泵，并维持一定的供油压力以克服管路及燃油滤清器阻力，使柴油在低压管路中循环。喷油泵是汽车柴油发动机上的一个重要组成部分，如图 2-157 所示，其功能是定时、定量地向喷油器输送高压燃油。喷油器如图 2-158 所示，它直接安装在柴油发动机气缸盖上，喷油嘴头部与高温燃烧室接触，其作用是根据喷油泵的出口压力对喷射燃油进行计量并以高压将柴油雾化成较细的颗粒。

图 2-155　柴油滤清器

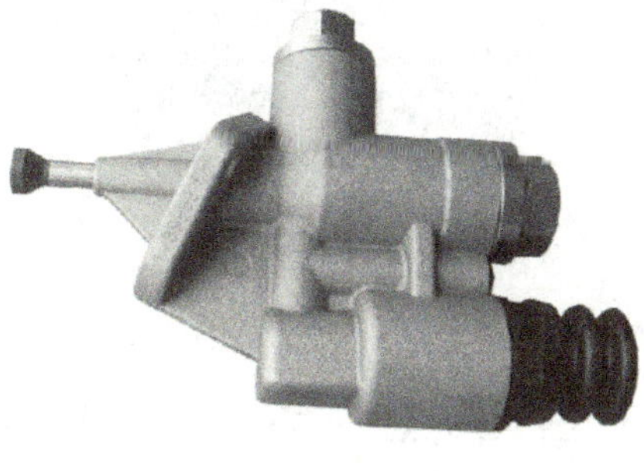

图 2-156　输油泵

图 2-157　喷油泵

图 2-158　喷油器

（五）点火系的认识

1. 点火系

点火系是汽油发动机的重要组成部分，点火系的性能良好与否对发动机的功率、油耗和排气污染等影响很大。能够按时在火花塞电极间产生电火花的全部设备称为发动机点火系。传统点火系通常由电源（蓄电池）、点火开关、点火线圈、分电器、火花塞、高压导线等组成，如图 2-159 所示。

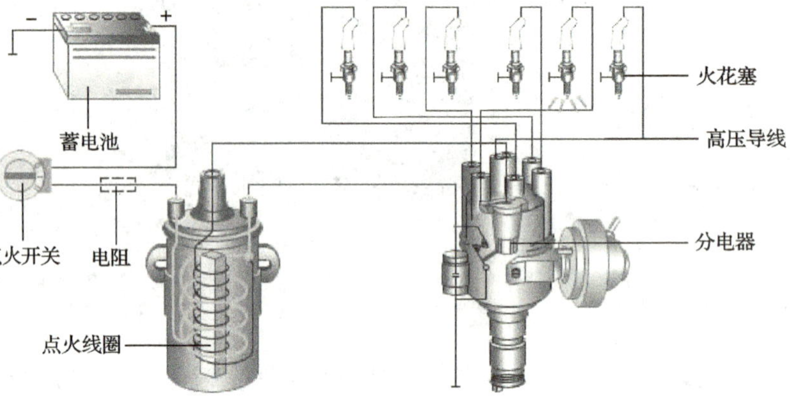

图 2-159　传统点火系

2. 点火系常用配件的认识

电源通常指蓄电池或发电机，可供给点火系低压电能，标准电压一般是 12V，如图 2-160、图 2-161 所示。

图 2-160　蓄电池

图 2-161　发电机

点火开关即点火系的开关，如图 2-162 所示，可自由开启或关闭点火线圈的主要电路，也适用于其他电系电路，是控制全车电路系统的总闸门。点火开关由钥匙、钥匙插座、外接导线和插片等组成。点火开关一般安装在车头上方或是仪表盘的中心位置处。

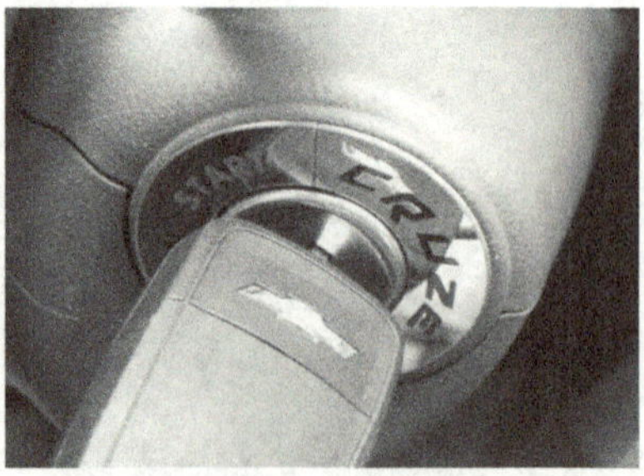

图 2-162　点火开关

点火线圈如图 2-163 所示，它的作用是将低压电转变为高压电，以满足火花塞产生足够能量的电火花。

分电器是点火系中适时控制初级电路通断，按顺序分配火花到各缸火花塞的部件，如图 2-164 所示。分

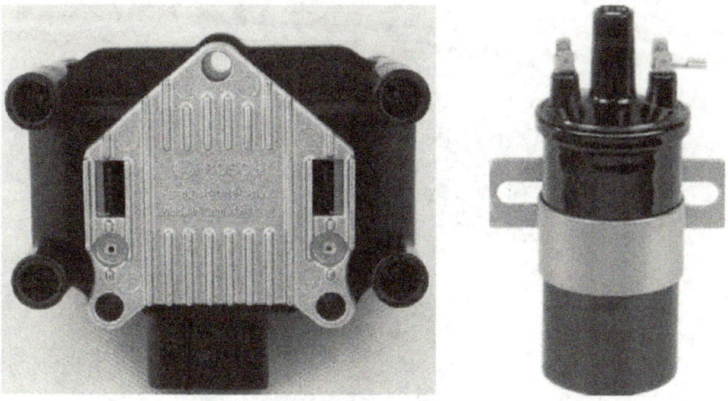

图 2-163　点火线圈

电器主要应用于传统点火系和普通电子点火系，而这两种点火系已经被淘汰，现在的汽车发动机基本上都取消了分电器，采用无分电器的电控点火系。

火花塞是汽油发动机点火系中将高压电流引入气缸产生电火花，以点燃可燃混合气的部件，如图 2-165 所示。火花塞工作于高温、高压的恶劣条件下，是汽油发动机的易损件之一，它在发动机的运转中扮演着相当重要的角色，与汽车省油与否、运转是否平稳，都有很大关系。

图 2-164　分电器

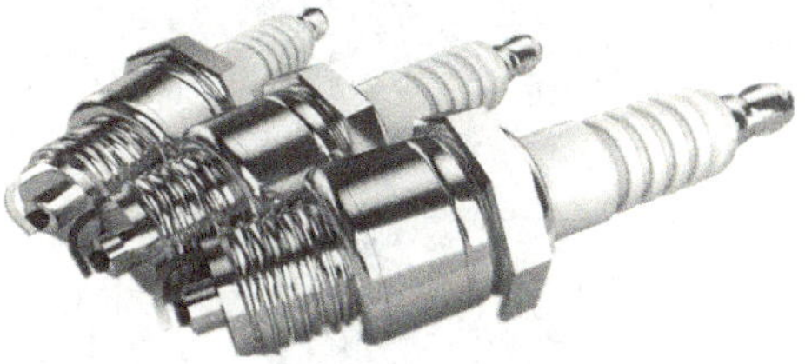

图 2-165　火花塞

高压导线就是把高压线圈产生的高电压传导到火花塞，且带有“绝缘”装置的导线，也叫分缸线或分火线，如图 2-166 所示，一般按发动机的缸数决定高压导线的条数。

（六）起动系的认识

1. 起动系

图 2-166　高压导线

发动机不能自行由静止转入工作状态，必须用外力转动曲轴，使活塞做往复运动，气缸内的可燃混合气燃烧膨胀做功，推动活塞向下运动使曲轴旋转，发动机才能自行运转，工作循环才能自动进行。因此，从曲轴在外力作用下开始转动到发动机开始自行怠速运转的全过程，称为发动机的起动。完成起动过程所需的装置，称为发动机的起动系，如图 2-167 所示。

2. 起动系常用配件的认识

起动系主要包括蓄电池、电缆和导线、点火开关、起动继电器、起动机、起动机的起动机构和飞轮齿圈等部件。

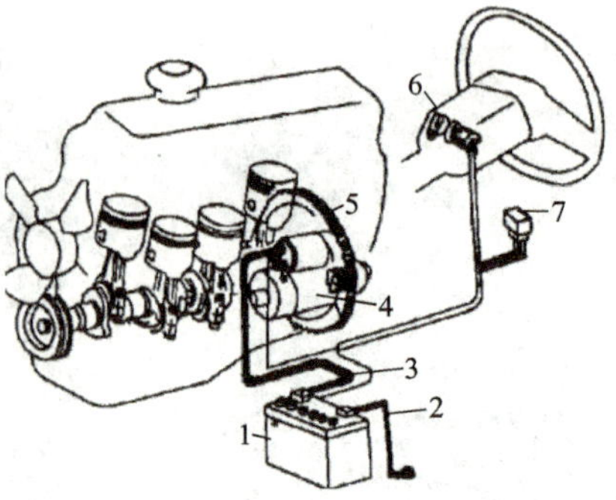

图 2-167　发动机起动系
1—蓄电池　2—蓄电池搭铁线　3—蓄电池相线　4—起动机
5—飞轮　6—点火开关　7—起动继电器

起动继电器是起动系组成部件之一，如图 2-168 所示，其主要作用是以低压电流控制高压电流的方式起动起动机，从而带动发电机内部转子转动，给点火器输入点火脉冲信号，使点火器产生电火花，点燃气缸内的混合气并做功。

起动机如图 2-169 所示，它将蓄电池的电能转化为机械能，驱动发动机飞轮旋转实现发动机的起动。发动机在以自身动力运转之前，必须借助外力旋转。

图 2-168　起动继电器

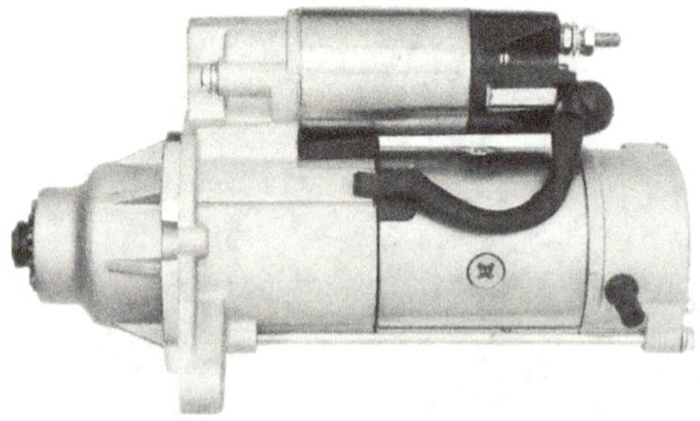

图 2-169　起动机

飞轮是转动惯量很大的盘形零件，主要作用是储存发动机做功行程外的能量和惯性，如图 2-170 所示。飞轮安装在发动机曲轴后端，具有转动惯性，它的作用是将发动机能量储存起来，克服其他部件的阻力，使曲轴均匀旋转；通过安装在飞轮上的离合器，把发动机和汽车传动连接起来；与起动机接合，便于发动机起动。

飞轮齿圈总成如图 2-171 所示，它用来与起动机齿轮啮合，把起动机动力传递到曲轴，带动曲轴旋转，起动发动机的连接件，实现起动机与曲轴之间的动力传递。

图 2-170　飞轮

图 2-171　飞轮齿圈总成

（七）润滑系的认识

1. 润滑系

发动机的润滑是由润滑系来完成的。润滑系的基本任务就是将数量足够的洁净润滑油连续不断地供给各零件的摩擦表面，减少零件的摩擦和磨损。流动的润滑油不仅可以清除摩擦表面上的磨屑等杂质，还可以冷却摩擦表面。气缸壁和活塞环上的油膜还能提高气缸的密封性。此外，润滑油还可防止零件生锈。

发动机的润滑方式常用的有两种：一种是需要以一定的压力把润滑油供入摩擦表面间隙中，才能形成油膜保证润滑，这种润滑方式称为压力润滑；另一种润滑方式是利用发动机工作时运动零件飞溅起来的油滴或油雾润滑摩擦表面，这种润滑方式称为飞溅润滑。

2. 润滑系常用配件的认识

为了实现润滑系的功用，汽车发动机润滑系由下列零部件组成：机油泵、机油滤清器、机油冷却器、油底壳、集滤器等。

机油泵在润滑系中的作用是：吸油并提高机油压力，将机油压送至发动机的各摩擦表面，同时促进机油的循环流动。机油泵如图 2-172 所示。

机油滤清器，如图 2-173 所示，用于去除机油中的灰尘、金属颗粒、积炭和煤烟颗粒等杂质，保护发动机。

图 2-172　机油泵

图 2-173　机油滤清器

机油冷却器是一种加速润滑油散热使其保持较低温度的装置。在高性能、大功率的强化发动机上，由于热负荷大，必须装设机油冷却器。机油冷却器布置在润滑油路中，其工作原理与散热器相同，分为风冷式和水冷式两种，如图 2-174 所示。

a)　　　　b)

图 2-174　机油冷却器

a）风冷式　b）水冷式

油底壳是曲轴箱的下半部，又称为下曲轴箱，如图 2-175 所示。其作用是封闭曲轴箱，作为储油槽的外壳，防止杂质进入，并收集和储存由发动机各摩擦表面流回的润滑油，散去部分热量，防止润滑油氧化。

集滤器装在机油泵前油底壳中，一般采用金属滤网式，以防止较大颗粒的杂质进入机油泵，如图 2-176 所示。

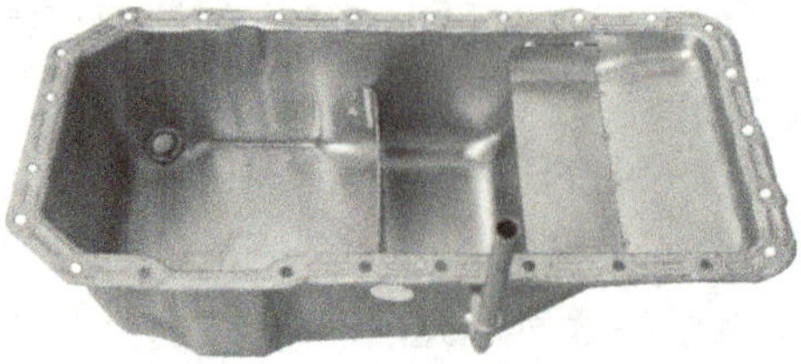

图 2-175　油底壳

图 2-176　集滤器

二、采取合理的养护措施

1. 重视各种配件的储存期限

各类汽车配件出厂时，都规定了保证产品质量的储存日期，但在进货及仓库保管中常被忽视，如各类金属配件在正常保管条件下，自出厂之日起，生产厂保证在 12 个月内不锈蚀。橡胶制品也规定在一年内保证其使用性能符合标准要求，制动片、离合器片也规定在一年内保证其质量。蓄电池的储存期限主要取决于储存温度，蓄电池的储存环境温度越高，蓄电池的自放电速度越快。储存温度每升高 10℃，蓄电池的储存周期缩短一半，如果在 40℃环境下储存，则 1~2 个月就应补充电一次。

2. 安排适当的库房和货位

各种配件的性能不同，对储存保管的要求也不一样。所以，在安排库房和配件入库后具体安排货位时，应把不同类型、不同性质的配件，根据其对储存条件的要求，分别安排到适当的仓库和货位。

在同一车型系列中，汽车配件可能有几种不同性能的配件，对于忌潮湿的金属配件，应集中放在通风、向阳的位置；对于忌高温的配件，应放在避光的位置；对于防尘、防潮、防高温要求高的配件，应设专柜储存、专人保管。

3. 配件加垫

汽车配件大部分是金属制品，属忌潮湿的商品，一般都应加垫，以防锈蚀。至于垫的高度，要从实际需要出发，一般在 10~30cm。枕垫的作用就是隔潮、通风。

4. 加强库内温度、湿度控制

可采取自然通风、机械通风或使用吸潮剂等措施，以控制库内的温度和湿度。具体地说，就是根据不同季节、不同的自然条件，采取必要的通风、降潮、降温措施。当库内湿度大于库外湿度时，可将门窗适当打开。当库内湿度与库外湿度基本平衡时，就将门窗关闭。如果库外湿度大于库内湿度时，窗口不要打开。有条件的仓库，除了自然通风外，还可以采取机械通风方法，在库房的上部装置排风扇，下部装置送风扇，这样就可以加速库内空气流通，起到降温、降潮的作用。

5. 必要时采取库内降潮办法

在梅雨季节或其他阴雨天气时，库内和库外湿度都很高，可使用吸潮剂吸潮。吸潮剂一般有生石灰、氯化钙等，汽车配件采用氯化钙为宜。在使用吸潮剂吸潮时，必须关闭门窗和通风孔洞，才能保证吸潮效果。

6. 严格配件进出制度

库存配件应严格执行先进先出的原则，尽量减少配件在库时间，使库存不断更新。

7. 注意保护配件的包装

包装的目的是为了防潮、防尘、防磕碰，保护配件的质量，因此凡是有包装的配件，一定要保持其内外包装的完好，一旦损坏了包装，就会影响配件的质量。

8. 搞好库内外清洁卫生

搞好库内外清洁卫生，做到库房内外无垃圾、无杂草及杂物，加强环境绿化，以防尘土、脏物的污染和虫害的滋生。经常检查库房内孔洞、缝隙，库房的木质结构等，发现虫害，及时采取消灭措施。

三、特殊汽车配件存放

1. 不能沾油的汽车配件的存放

轮胎、水管接头、V 带等橡胶制品，怕沾柴油、润滑脂、润滑油，尤其怕沾汽油，若常与这些油类接触，就会使上述橡胶配件质地膨胀，很快老化，加速损坏报废。

干式纸质空气滤清器滤芯不能沾油，否则灰尘、沙土黏附在上面，就会将滤芯糊住。这样会增大气缸进气阻力，使气缸充气不足，影响发动机功率的发挥。

发电机、起动机的电刷和转子沾上润滑脂、润滑油，会造成电路断路，使之工作不正常，甚至使汽车不能起动。风扇传动带、发电机传动带若沾上油，就会引起打滑，影响冷却和发电。干式离合器的各个摩擦片均应保持清洁干燥，若沾上油就会打滑。同样，制动器的制动蹄片如沾上油，就会影响制动效果。散热器沾上润滑油、润滑脂后，灰尘、沙土黏附其上，不易脱落，会影响散热效果。

2. 爆燃传感器的存放

爆燃传感器（图 2-177）受到重击或从高处跌落会损坏，为防止取放时失手跌落而损坏，这类配件不应放在货架或货柜的上层，而应放在底层，且应分格存放，每格一个，下面还应铺上海绵等软物。

3. 减振器的存放

减振器（图 2-178）在车上是承受垂直载荷的，若长时间水平放置，会使减振器失效。因此，在存放减振器时，要将其竖直放置。水平放置的减振器，在装上汽车之前，要在垂直方向上进行手动抽吸。

图 2-177　爆燃传感器

图 2-178　减振器

4. 蓄电池的存放

蓄电池要在通风、干燥、阴凉、清洁的仓库储存，不能浸水，如图 2-179 所示。仓库内环境温度宜在 5～40℃之间，要远离儿童，远离热源，禁止烟火，避免阳光直射。蓄电池应在满充电状态下进行储存，为弥补储存期间的自放电应定期对蓄电池进行补充电。堆码时叠放层数不超过 5 层，距离墙壁在 30cm 以上，确保正、负端柱不会短路。在搬运、储存时，不要倾斜 45°以上，要轻拿轻放。

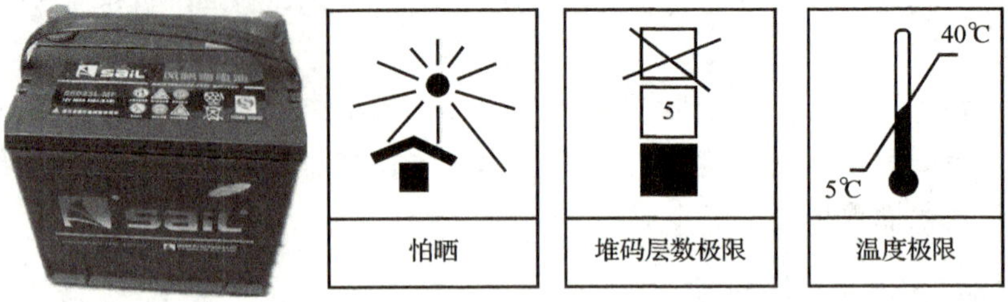

图 2-179　蓄电池的存放

5. 玻璃制品的存放

由于玻璃制品配件不能碰撞和重压，因此要竖直存放，否则可能破碎损坏，故应设立专用货架或仓库储存，如图 2-180 所示。

6. 轮胎的存放

储存轮胎的库房温度应在-10～25℃之间，最高不超过 35℃；相对湿度宜在 60%～80%之间，最高不超过 85%。避免阳光直射，窗户玻璃上可涂蓝色涂料，以阻止紫外线的照射。轮胎一般应竖直存放，如图 2-181 所示。存放时，需要使用存储轮胎的专用货架，货架边缘必须是倾斜的，而且需要有橡胶保护条。每月定期做在库检查一次。轮胎每 3 个月要及时转动 90°，以防变形。

图 2-180　玻璃制品的存放

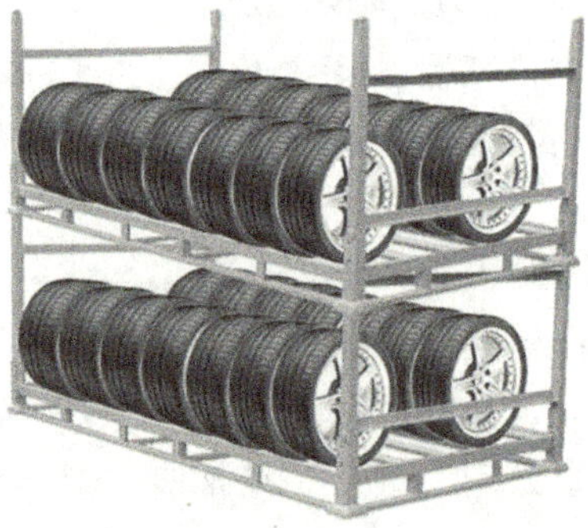

图 2-181　轮胎的存放

四、汽车配件仓库安全管理

1. 按规范操作，消除火灾隐患

在汽车配件仓库中有许多可燃物质，如储存的一些油品和液体，油料、漆类等物品，维修和养护中更换下来的废油，洗涤配件的废油液，维修生产场地地面上的一些渗油，粘有易燃油液的抹布等，这些都是可能引起火灾的隐患。因此，在配件仓库货维修

场地如不按照规范操作，就有可能引起火灾。

2. 防火工作

为搞好汽车配件仓库的消防工作，一定要明确防火责任人和建立岗位防火责任制，把防火工作落实到人。防火工作要制度化、经常化，严格实行仓库分区、分类管理。为了防止火灾的发生，要注意做好防火工作。

1）能自燃的物品、化学易燃品与一般物品以及性质互相抵触和灭火方法不同的物品，必须分库储存，并标明储存物品的名称、性质和灭火方法。

2）能自燃的物品、化学易燃品的堆垛应当布置在温度较低、通风良好的场所，并应当有专人定时测温。

3）遇水容易发生燃烧、爆炸的化学易燃物品，不得存放在潮湿和容易积水的地点。

4）受阳光照射容易燃烧、爆炸的化学易燃物品，不得露天存放。

5）闪点在45℃以下的桶装易燃液体不准露天存放，在炎热季节必须采取降温措施。

6）易燃、可燃物品在入库前，应当有专人负责检查，检查符合要求方准入库或归垛。

7）储存易燃和可燃物品的库房、露天堆垛、罐区，不准进行分装、试验、封焊、动用明火等可能引起火灾的作业，如因特殊情况需要这些作业时，事先须经公司分管领导批准，并采取安全措施，进行现场监护，备好充足的灭火器材，作业结束，须切实查明未留火种后方可离开。

8）库房内不准设办公室、休息室，不准住人，不准用可燃材料搭建隔层。

9）在库房或露天堆垛的防火间距内，不准堆放物品。

10）库区和库房内要经常保持整洁。对散落的易燃、可燃物品和库区的杂草应当及时清除。用过的油棉纱、油抹布、沾油的工作服、手套等用品，必须放在库外的安全地点，妥善保管或及时处理。

11）装卸化学易燃物品，必须轻拿轻放，严防震动、撞击、重压、摩擦和倒置。不准使用能产生火花的工具，不准穿带钉子的鞋，并应当在可能产生静电的设备上安装可靠的接地装置，如图2-182所示。

图2-182　装卸化学易燃物品提示标志

a）轻拿轻放　b）禁止堆放　c）必须消除静电　d）严禁倒置

3. 采取必要的消防措施

1）库区内严禁吸烟、用火，要悬挂明显标志，如图2-183所示。

2）仓库区域内应当按照《建筑设计防火规范》的有关规定，设置消防给水设施，保证消防供水。

图 2-183　悬挂严禁烟火标志
a）禁止吸烟　b）禁止烟火　c）禁止明火作业

3）库房、货场应根据灭火工作的需要，备有适当种类和数量的消防器材设备，并布置在明显和便于取用的地点，如图 2-184 所示。消防器材设备附近，严禁堆放其他物品。

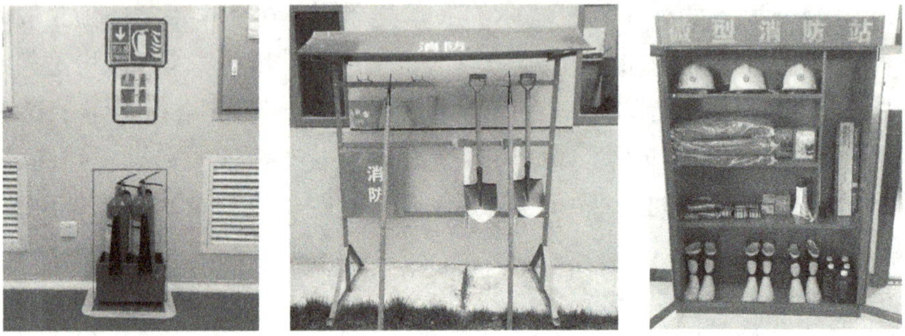

图 2-184　消防器材设备存放地点

4）消防器材设备应当有专人负责管理，定期检查维修，保证完整好用。寒冷季节要对消火栓、灭火机等消防设备采取防冻措施。

5）仓库应当装设消防通信、信号报警设备。

4. 建立健全保卫机制

保卫工作是仓库安全管理的重要组成部分，要建立健全保卫机构，外来人员进入仓库要进行登记。可以在仓库内外安装防盗监控装置，以便发生被盗情况时可以通过监控录像进行调查取证。

任务 4　汽车配件出库

任务解析

本任务主要学习根据出库要求进行出库作业；对出库后需要退库的配件进行处理。

知识链接

一、汽车配件出库的要求

汽车配件出库，标志着保管阶段的结束，把好“出库关”是全库管理工作中重要的一环。如同入库验收环节一样，配件出库也意味着配件管理责任的转移。作为仓库保管员，虽然出库等于把管理责任从自己手中移交给别的部门，但同样要做到认真负责，不能出任何差错。

1. 凭单发货

汽车配件的出库必须根据业务部门或客户开具的领料单或出库单进行，仓库保管员一定要首先核对和审查单据，根据单据发货。单据内容有误、填写不符合规定、手续不完备时，保管员可以拒绝发货。保管员不能随意动用或外借库存商品，在特殊情况下，企业内部仓库可根据上级主管部门的指示先行出库，后补办手续。

2. 及时准确

在办理出库手续时，要求迅速、及时、简化环节、提高出库效率。凡是要求发快件的货物，要在装箱单上注明“快件”字样，以便优先发货。发出的配件在品种、规格、质量上必须完全符合出库凭证上所规定的内容。

3. 先进先出

仓库保管员出库时要坚持“先进先出”的原则，以免造成汽车配件积压时间过长而变质报废。因为汽车更新换代很快，配件的制造工艺也在不断更新，如果配件在仓库存放时间过长，很有可能成为老旧产品而被淘汰。

4. 包装完好

由于配件出库后要经过数次的装运才能转到用户手中，因此配件出库时，要保证其包装完好，并要根据配件的不同性质、特点进行再包装，箱内要填充紧密，捆扎要牢固。尤其是易燃品、易碎品、怕热、怕冻、怕振的配件要严格包装，并附有特殊标记，以确保运输安全。

5. 装箱单证齐全

汽车配件装箱时，要逐项填写装箱单。有技术证件的，要一起放在箱内明显的位置，便于收货人开箱时核对清点。对于无包装或外形、尺寸近似的配件，要标上标签，便于收货单位收货清点。

6. 严格执行签发手续

当配件发出后，保管部门应在原出库凭证上注明发货时间和发货数量，主管人和承办人要签字确认，并逐级返回上一级业务部门，作为账务处理的依据。如果是自提配件，提货人应在出库凭证上签字。

7. 其他要求

汽车配件出库完毕，应及时销账，及时清理现场，并将提货凭证注销后归档备查。

二、汽车配件出库流程

配件的出库作业与入库作业要求基本是一致的，即要求对出库配件的数量、品种、规格进行核对，经复核与发货凭证所列项目相同，当场与取货人办妥交接手续，以明确责任。为保证配件及时、准确、迅速出库，配件出库必须按一定的流程进行，如图 2-185 所示。

核对单据 → 备货 → 复核、装箱 → 报运配件 → 点交、清理 → 单据归档

图 2-185　汽车配件出库流程

任务实施

某客户在零件中心采购了一批电气系统配件，发货组根据客户采购的发货清单进行配件出库。

一、认识电气系统常用配件

汽车电气系统是汽车的重要组成部分之一，是现代汽车发展水平的一个重要标志，其性能好坏直接影响汽车的动力性、经济性、可靠性、安全性、舒适性以及排放等性能，其科技含量已成为衡量现代汽车档次的重要指标之一。随着科技的发展、集成电路和微型电子计算机在汽车上的广泛应用，电器的数量在增加、功率在增大，产品的质量、性能在提高，结构更趋于完善。

（一）电源系统的认识

汽车电源系统的作用是向汽车中所有用电设备提供低压直流电源（通常汽油车为 12V，柴油车为 24V），使汽车各部分能正常工作。

电源系统包括蓄电池、发电机及其调节器等。其中发电机为主电源，蓄电池为辅助电源，如图 2-186、图 2-187 所示，两者与汽车用电设备都是并联的。在发动机正常工作时，由发电机向全车用电设备供电，同时给蓄电池充电。蓄电池的主要作用是在发动机起动时向起动机供电，同时辅助发电机向用电设备供电。发电机配有电压调节器的作用是在发电机转速升高时，自动调节发电机的输出电压使之保持稳定。

图 2-186　发电机

图 2-187　蓄电池

我国汽车电源系统有如下特点：

1）两个电源。发电机为主电源，蓄电池为辅助电源。

2）低压直流。汽车电源系统尽管采用交流发电机为主电源，但汽车所有用电设备都是使用直流电的。目前汽车电气系统额定电压有 12V 和 24V，汽油车多用 12V，柴油车多用 24V。随着电气设备的增多和电气电子化程度提高，电源电压有上升趋势。

3）并联单线。采用并联电路，使得各支路电气设备相互独立，布线清晰，安装方便。电源到用电设备只用一根导线连接，汽车底盘、车架等金属体作为另一根公用导线。这样既节省导线，安装维修也方便，而且电器与车体无须绝缘。

4）负极搭铁。蓄电池的负极连接车架称为负极搭铁。按照国家标准，我国汽车电源系统采用负极搭铁。

（二）用电系统的认识

用电系统除了前面讲过的起动系和电火系，还包括以下系统。

1. 照明系统

汽车照明系统是汽车安全行驶的必备系统之一，包括车内、外各种照明灯以及保证夜间安全行车所必需的灯光，其中以前照灯最为重要。汽车照明灯按照其安装的位置及功用分为：前照灯、雾灯、牌照灯、仪表灯、顶灯等。

前照灯安装在车辆的头部两侧，用于夜间行车时照亮前方的道路，如图 2-188 所示。前照灯系统需要产生近光和远光。近光灯在短距离照亮道路，主要在城市中使用。远光灯通常用在高速公路或农村地区，能提供明亮和远距离的照明。前照灯灯光光色为白色，并且要求不能对迎面来车的驾驶员造成眩目。

图 2-188　前照灯

雾灯安装于汽车的前部和后部。用于在雨雾天气行车时照明道路和为迎面来车及后面来车提供信号。前雾灯安装在前照灯附近，一般比前照灯的位置稍低，光色一般为黄色，如图 2-189 所示。后雾灯采用单只时，一般安装在车辆纵向平面的左侧，后雾灯光色为红色，以警示尾随车辆保持安全距离，如图 2-190 所示。

图 2-189　前雾灯

图 2-190　后雾灯

牌照灯装在汽车尾部牌照的上方或左右两侧，用于夜间照亮车辆牌照，光色为白色，如图 2-191 所示。它没有单独的开关控制，受示宽灯或前照灯开关控制。

仪表灯安装于仪表盘内，用来照明汽车仪表，以便于驾驶人获取行车信息和进行正确操作，灯光颜色一般为白色。

顶灯安装在驾驶室或车厢内顶部，为驾驶室或车厢内的照明灯具，如图 2-192 所示。顶灯还兼有监视车门是否关闭的作用，当车门未关严时，顶灯点亮以示警告。

图 2-191　牌照灯

图 2-192　顶灯

2. 信号系统

信号系统包括电喇叭、蜂鸣器、闪光器及各种信号灯等，主要用来保证安全行车所必要的信号。汽车信号灯包括转向信号灯、危险警告信号灯、制动灯、倒车灯、示宽灯、尾灯、日间行车灯等。

转向信号灯安装于汽车前、后、左、右角，用于汽车转弯时发出明暗交替的闪光信号，使前后车辆、行人、交警知其行驶方向，如图 2-193 所示。转向信号灯的灯光光色为琥珀色。

危险报警信号灯俗称双闪灯，用于车辆遇到紧急危险情况时，同时点亮前、后、左、右转向灯以发出警告信号。危险警告信号灯开关如图 2-194 所示。

图 2-193　右前转向信号灯

图 2-194　危险警告信号灯开关

制动灯是汽车尾灯的组成部分，一般组合在汽车尾灯里面一起使用，用于指示车辆的制动或减速信号，提醒后面的车辆，防止车辆追尾事件的发生。制动灯光色为红光，一种安装在车尾两侧，一种安装在车尾上部，安装在车尾上部的是高位制动灯，如图 2-195 所示。

图 2-195　制动灯

倒车灯安装在汽车的尾部，用于在倒车时照亮车后的路面，并起到警示车后的车辆和行人的作用，倒车灯光色是白色的。倒车灯在驾驶人挂上倒档时自动开启。

示宽灯也可以称为示廓灯，安装在汽车前、后、左、右侧的边缘。示宽灯主要用于在黄昏、阴天、雨雾天气等时段行车时表明汽车的宽度和高度，以便车辆在会车及超车时判断出彼此的相对位置及车辆体积。车灯开关开至第一档时，前后亮的小灯就是示宽灯。

尾灯在夜间行车时提示后车前面有车存在，并显示出两车间的位置关系，所以装在车后的两侧，如图 2-196 所示。后转向信号灯、倒车灯、制动灯、后雾灯等通常都组合在尾灯里。

图 2-196　尾灯

日间行车灯是指安装在车身前部，使车辆在白天行驶时更容易被人认出来的灯具，是信号灯的一种，如图 2-197 所示。日间行车灯的最大作用在于提高车辆的辨识性，即让其他“道路使用者”更容易看清汽车，让其知道有一辆车开过来了。当汽车发动机一起动，日间行车灯自动开启，并不断增加亮度以引起路上其他机动车、非机动车以及行人的注意。当夜晚降临，驾驶人手动打开近光灯后，日间行车灯则自动熄灭。

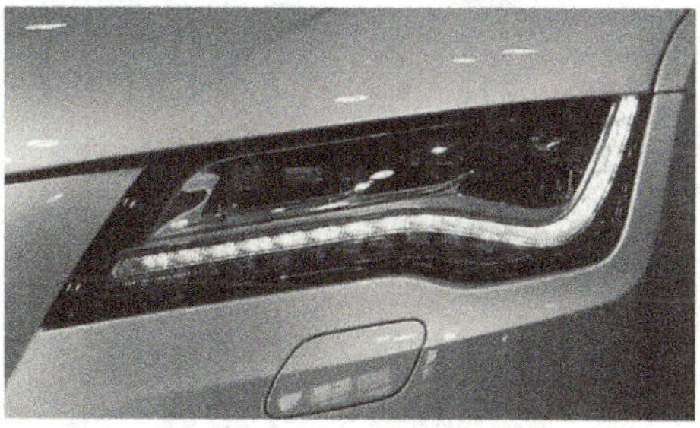

图 2-197　日间行车灯

3. 电子控制系统

电子控制系统主要指由微机控制的装置，一般由传感器、电子控制单元（ECU）和执行机构组成。按照被控制对象所属的汽车部位不同，电子控制系统分为发动机电子控制系统、底盘电子控制系统和车身电子控制系统。其主要包括：电子控制点火装置、电子控制燃油喷射装置、电子控制防抱死制动装置、电子控制自动变速装置、动力转向电子控制装置、巡航控制装置、自动空调、安全气囊和电子防盗等，分别用来提高汽车的动力性、经济性、安全性、舒适性和操纵自动化等性能。

4. 辅助电器

辅助电器包括电动刮水器、低温起动预热装置、空调器、收录机、点烟器、防盗装置、玻璃升降器、座椅调节器等。汽车搭载的辅助电器日益增多，主要向舒适、娱乐、保障安全方面发展。

（三）检测系统

检测系统包括各种检测仪表，如冷却液温度表、机油表、燃油表、车速里程表、发动机转速表和各种警告灯等，用来监测发动机和其他装置的工作情况，如图 2-198 所示。

图 2-198　汽车仪表

冷却液温度表用来指示发动机内部冷却液的温度；机油表用以指示发动机润滑系统缸体主油道中润滑油的工作压力；燃油表与存油量警告灯用以指示油箱中燃油存量的多少；车速里程表由速度指示表和里程指示表组成，用以显示行驶里程；发动机转速表用以指示汽车发动机的转速。

（四）配电系统

配电系统包括中央接线盒、电路开关、保险装置、插接件和导线等，以保证电路工作的可靠性和安全性。

汽车配件出库

二、出库准备

1. 核对单据

业务部门开具的销售发票、转仓单、调剂单、补发单、调换单及退货通知单等都是仓库发货、换货的合法依据。保管员接到发货或换货的单据后，应先核对单据内容、收款印章，然后再进行备货或换货。如果发现问题，应及时与有关部门联系解决，在问题未弄清楚之前，不能发货。

2. 打印提货标签

1）在规定的截单时段，按客户进行发票及出库标签打印。客户截单时段看板如图 2-199 所示。

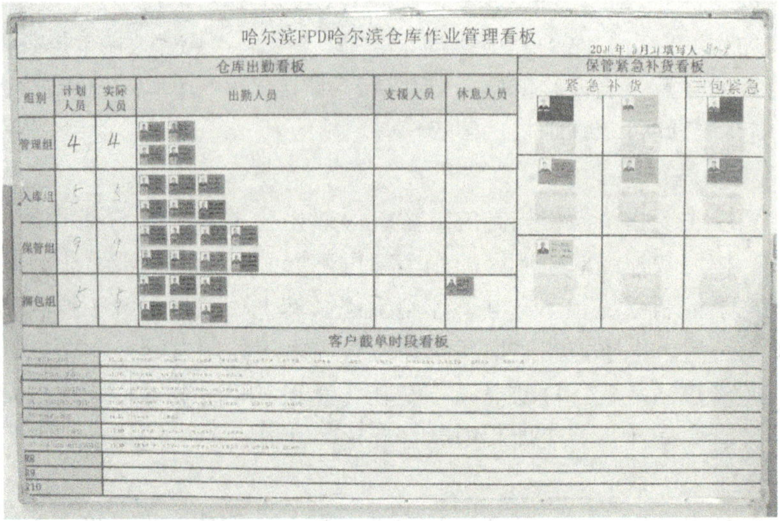

图 2-199　客户截单时段看板

2）按时段、路径及优先级别，将打印的出库标签投放到“出库票管理栏”中，分配出库任务，如图 2-200 所示。

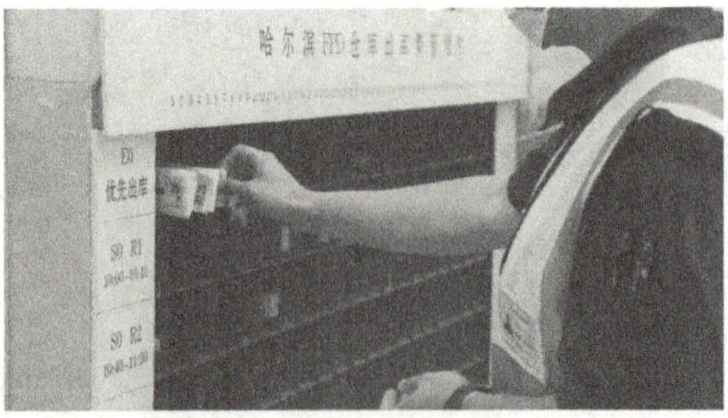

图 2-200　分配出库任务

三、备货

1. 备货准备

1）保管员到提货管理板取出库标签。

2）保管员取转运台车，使用条码采集器登录一汽-丰田仓储管理系统，进入“出库”菜单，进入“下架”工序后，扫描出库标签标头纸，下载任务行数及数量，再扫描转运台车标签，以确认出库零件将用此转运台车作业。

3）按作业路线到达对应零件货位。

2. 备货操作

1）遵循“先进先出”的原则，按照出库标签，提取配件。

2）先扫描出库标签。

3）扫描零件号码。

4）需要确认零件编号和零件数量，必须逐个零件扫描，以确认零件数量的准确性，确认完成后，粘贴出库标签。

5）配件按类型、轻重分开，堆码在台车上。

6）按作业路线将出库配件送到装箱理货区，按收货单位分别存放，整齐堆码。

四、复核、装箱

1）备好的配件，需要再次使用条码采集器进行复核。条码采集器登录一汽-丰田仓储管理系统，进入“出库”菜单，进入“捆包”工序，扫描客户装箱号、扫描容积标签后，扫描转运台车，下载转运台车上的任务。逐项扫描零件上粘贴的出库标签及零件编号，以确认零件编号及数量的准确性，转运台车上的配件全部扫描无误后，进行装箱。

2）装箱时，将出库发票单据和配件一起装箱，如图 2-201 所示。

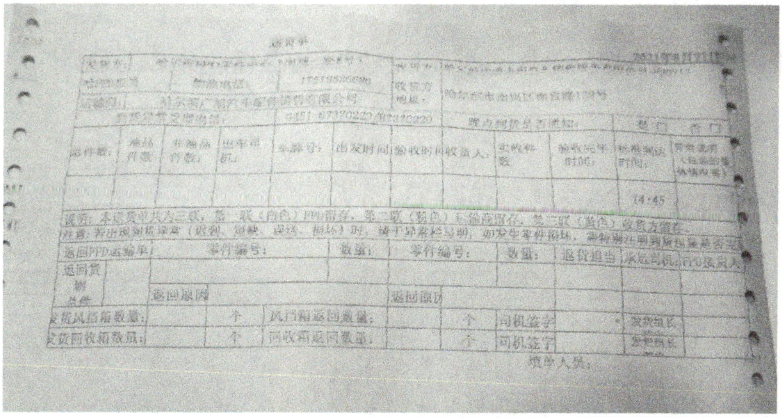

图 2-201　出库发票单据

3）进入库存管理系统，按客户确认全部作业完成后出库，如图 2-202 所示。

4）复核无误后，等待交付。

5）用户自提的配件，要与用户当面点交。

五、报运配件

经过复核、装箱后，填写委托运输凭证，报送运输部门，向承运单位申请运输。

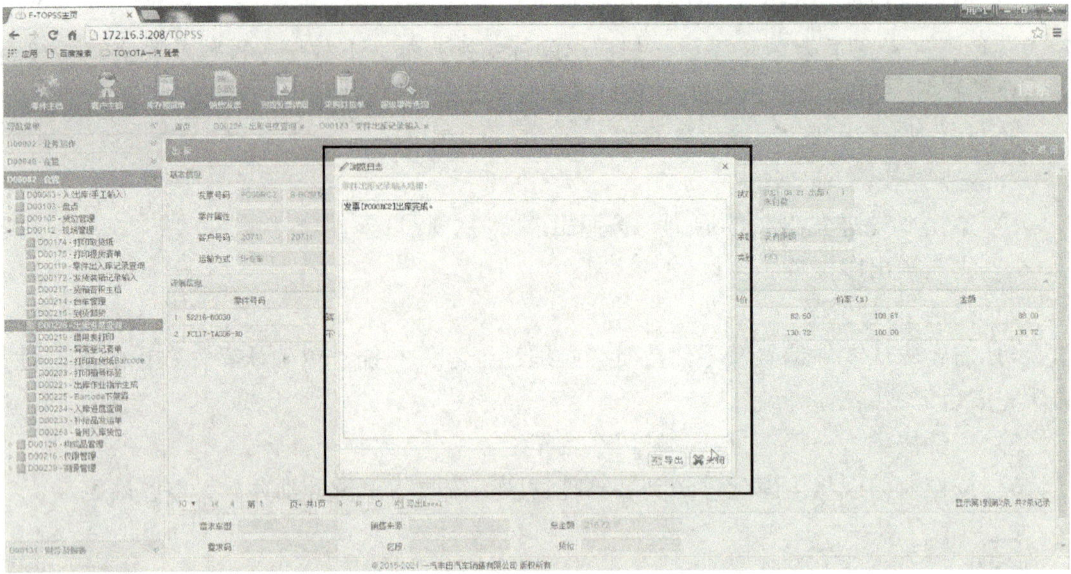

图 2-202　系统出库

六、点交、清理

运输部门凭委托运输凭证到仓库提货，保管员要先检查单据内容以及经手人签字等，按单据内容如数点交，双方签字确认，点交完毕后，随即清理现场，整理货位。

七、单据归档

发货完毕后，及时将提货单据归档，并按照时间顺序，分月进行装订，妥善保管。

八、6S 现场整理

出库作业结束，例行 6S 现场整理。

任务 5　汽车配件盘点

任务解析

本任务主要学习汽车配件仓库盘点作业；对盘点结果进行处理；对呆滞件进行处理。

知识链接

一、盘点含义

汽车配件的盘点是指仓库定期对库存汽车配件的数量进行核对，清点实存数，核对账目。盘点的内容主要是：盘存配件的数量、质量、货位、保质期等，并做好相应记录。

盘点时不仅要清查库存账目与实存数是否相符，有无溢缺或规格互串，还要查明在库汽车配件有无变质、失效、残损或销售停滞等情况。通过盘点，彻底查清库存数量已有或隐蔽、潜在的差错事故，发现在库汽车配件的异常，及时采取措施，减少或避免损失。

二、盘点目的

及时掌握库存配件的变化情况，避免配件的短缺或超储积压，保证配件库存存货的位置和数量的正确性；查明实际库存量与账、卡上的数字是否相符；及时了解库存的数量、品质，为采购计划的制订、评价内部管理水平以及了解工作人员责任心等提供充分的依据。

三、盘点分类

盘点一般分为日常盘点、定期盘点、重点盘点和循环盘点四种。

1. 日常盘点

日常盘点在不同的品牌零件部门也称为动态盘点或是永续盘点，主要是针对每天出入库的配件进行盘点，核实账、物是否相符。通过日常盘点，能够及时发现问题，并进行相应的更正，有效地提高账物相符率。

2. 定期盘点

定期盘点有的也称为实地盘点或月盘，进行定期盘点的时间间隔由各配件部门根据自身的实际情况确定，一般是在月末、季末、年末进行。盘点时，清点仓库实存数，以实存数对卡、对账、核实。

定期盘点的作用是进行所有类别配件的数量盘点，并进行配件质量检查，及时处理呆滞零件，并核对账与实物、账与账。

3. 重点盘点

重点盘点是根据工作需要，为某种目的而对仓库配件进行的盘点和检查，如仓库工作人员工作调动、仓库发生意外事故、仓库搬迁移库等进行的盘点。

定期盘点和重点盘点时均应有财务人员负责监盘，监督保管人员进行实物清点、确认，同时检查各财产物资堆码是否合理，库存是否适宜，有无过期、损坏情况存在，盘点情况登记于相应的盘点明细表上。盘点结束以后，编写盘点报告，填写处理意见并上报。

4. 循环盘点

仓库保管人员对自己所负责的配件分别依照轻、重、缓、急或者划分的一定区域，做出盘点计划，按计划逐日盘点。在一段时间内将全部库存盘点一次。

四、盘点流程

1. 日常盘点流程

日常盘点是每日进行的，所以盘点对象以每日有过出入库记录的配件为主，其盘点流程如图 2-203 所示。

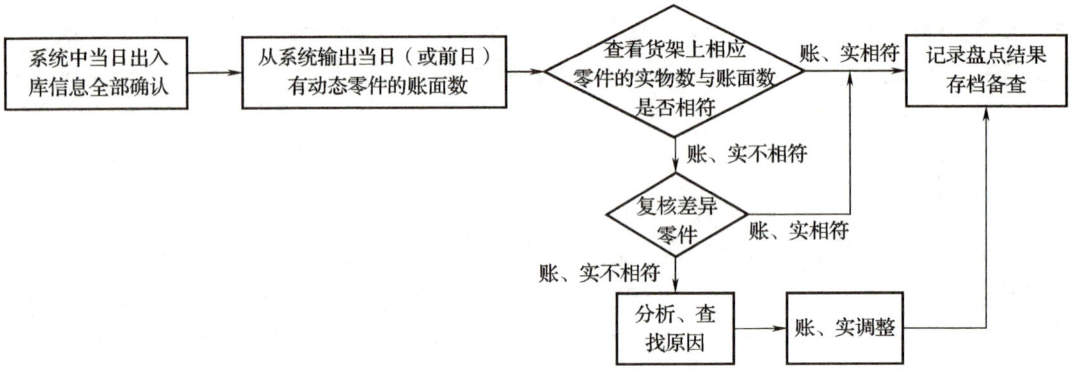

图 2-203　日常盘点流程

2. 定期盘点流程

定期盘点是一段时间内定期对仓库内的配件进行盘点，时间一般选在周末、月末、季末或年末，盘点当日仓库停止一切出入库工作。仓库内所有工作人员全部参加盘点，而且要有财务人员监盘，其盘点流程如图 2-204 所示。

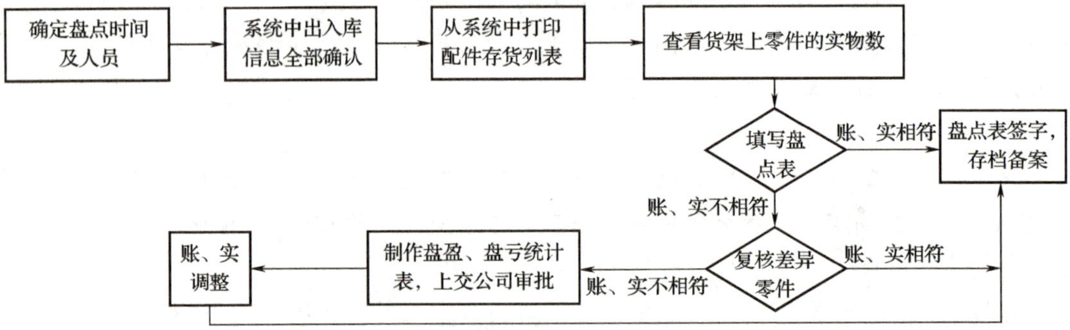

图 2-204　定期盘点流程

任务实施

零件中心昨天有动力蓄电池出库，按照公司规定，每天都要对有动态的配件进行盘点。

一、认识新能源汽车核心零部件

（一）动力蓄电池系统

电源为电动汽车的驱动电机提供电能，驱动电机将电源的电能转化为机械能。

图 2-205 所示为吉利帝豪 EV300 的动力蓄电池系统，其安装位置如图 2-206 所示。电池管理系统（Battery Management System，BMS）能够对动力蓄电池组的总电压、总电流、每个测点温度和单体蓄电池的电压参数进行实时监控，并进行故障诊断、剩余电量比计算、行驶里程计算、短路保护、漏电监测、报警显示、充放电模式选择等。电池管理系统可以将动力蓄电池相关参数上报整车控制器 VCU，由整车控制器 VCU 控制动力蓄电池的充电和放电功率。

图 2-205　吉利帝豪 EV300 动力蓄电池系统

图 2-206　吉利帝豪 EV300 动力蓄电池安装位置

"有条件要上，没有条件创造条件也要上"

比亚迪的"制造秘诀"，是"半自动化加人工"，也有人称"小米加步枪"。王传福说，投资一条蓄电池生产线，要几千万元，没钱怎么办？自己造。自己动手制造生产设备，把生产线分解成一个个可以由人工完成的工序。没钱，难道还没有人？从蓄电池生产线到汽车模具，王传福把人力资源挖掘到了极致。在日本、欧美，工业化意味着大机器制造，尽量减少人工。经过比亚迪改造的"中国特色工业制造"，却是"人海战术"，或叫工程师制胜。

自己动手，丰衣足食。"比亚迪制造模式"不但大幅降低了成本，而且将技术的消化吸收和工艺改进自始至终地融入了制造业的各个环节。他们发现，"半自动化人工"的准确率并不比全自动化低，而且避免了批量加工出错后的大规模召回难题，可靠又灵活。

（二）驱动电机系统

驱动电机系统是电动汽车行驶的主要驱动系统，其特性决定了车辆的主要性能指标，直接影响车辆动力性、经济性和用户驾乘感受。驱动电机的作用是将电源的电能转化为机械能，通过传动装置或直接驱动车轮和工作装置。图 2-207 所示为吉利帝豪 EV300 驱动电机系统，其安装位置如图 2-208 所示。帝豪纯电动车搭载永磁同步电机，其结构简单、运行可靠、功率密度大、调速性能好，相对传统动力拥有更高的功率及转矩、更高的效率、维护成本更低，在噪声以及控制精度环节更胜一筹。帝豪纯电动车驱动电机动力总成防水、防尘等级高，涉水行驶也可以安全运行。该驱动电机具有反拖发电能力，既能强化制动，又能增加续航。

图 2-207　吉利帝豪 EV300 驱动电机系统

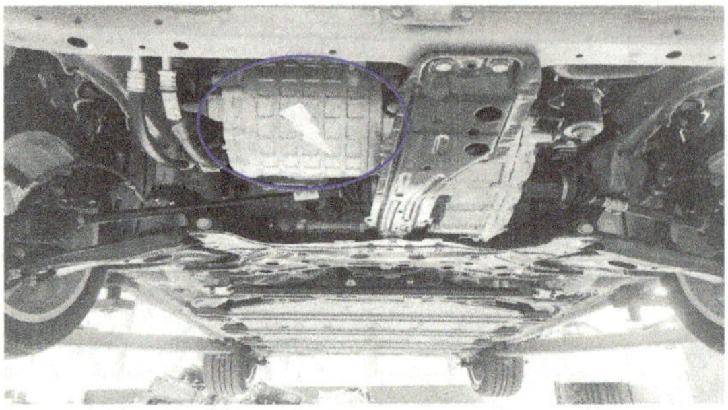

图 2-208　吉利帝豪 EV300 驱动电机安装位置

（三）驱动电机控制器

驱动电机调速控制装置是为电动汽车的变速和方向变换等设置的，其作用是控制驱动电机的电压或电流，完成驱动电机的驱动转矩和旋转方向的控制。图 2-209 所示为吉利帝豪 EV300 驱动电机控制器，其安装位置如图 2-210 所示。驱动电机控制器是一个高功率、高电压的功率电子模块，由 1 个电机控制单元和 1 个直流/直流（DC/DC）变换器组成。驱动电机控制器能够按照整车控制器的需求，在四象限上对三相交流永磁同步电机进行转矩控制。驱动电机控制器和整车控制器之间采用 CAN 总线通信，具备 2 路硬线唤醒功能（钥匙 ON 档、充电使能信号），采用 12V 低压供电。直流/直流（DC/DC）变换器可将直流母线上的高压电转化为低压电供给车辆的用电设备。驱动电机控制器具备高压互锁功能。

图 2-209　吉利帝豪 EV300 驱动电机控制器

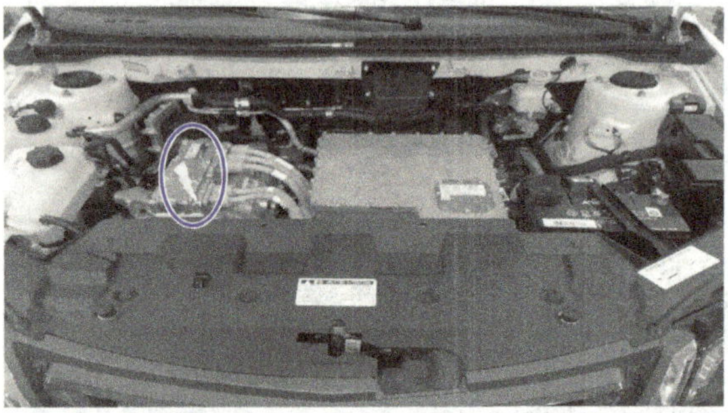

图 2-210　吉利帝豪 EV300 驱动电机控制器安装位置

（四）其他部件及装置

电动压缩机通过高压直流电驱动，将压缩后高温高压的制冷剂输送到冷凝器，保证制冷循环的正常工作。吉利帝豪 EV300 采用 PTC 电加热器，利用高压电通过 PTC 电加热器生热，将冷却液加热至需求温度，并通过空调鼓风机将热量输送至驾驶室，从而起到制热效果。吉利帝豪 EV300 车载充电机固定安装在电动汽车上，将电网的交流电转变成直流电，供蓄电池包充电。并且依据电池管理系统提供的数据，动态调节充电电流或电压参数，执行相应的动作，完成充电过程。吉利帝豪 EV300 的电动压缩机、PTC 电加热器和车载充电机如图 2-211、图 2-212 和图 2-213 所示；PTC 电加热器和车载充电机都安装在动力舱内，如图 2-214 所示。

图 2-211　吉利帝豪 EV300 的电动压缩机

图 2-212　吉利帝豪 EV300 的 PTC 电加热器

图 2-213　吉利帝豪 EV300 的车载充电机

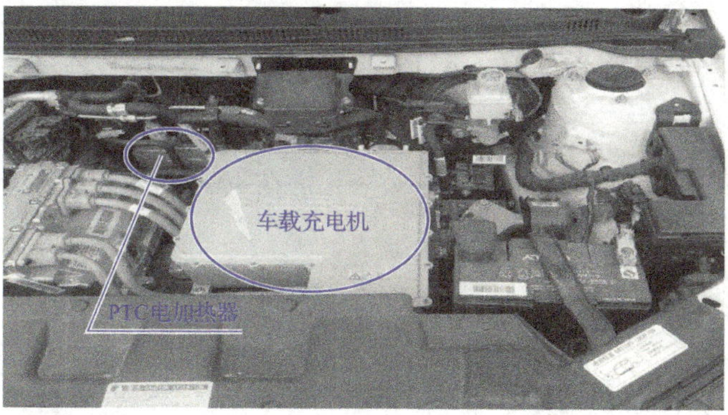

图 2-214　吉利帝豪 EV300 的 PTC 电加热器和车载充电机安装位置

吉利帝豪 EV300 有快充和慢充两种充电模式，其接口在左后翼子板处，如图 2-215 所示。通过快充接口，将快充桩提供的直流高压电输送给动力蓄电池组，通常 45min 可充电 80%；通过慢充接口，将慢充桩提供的交流电输送给车载充电机，通常需要 7h 才能充满。吉利帝豪 EV300 的快充口和慢充口如图 2-216 所示。

图 2-215　吉利帝豪 EV300 的充电接口位置

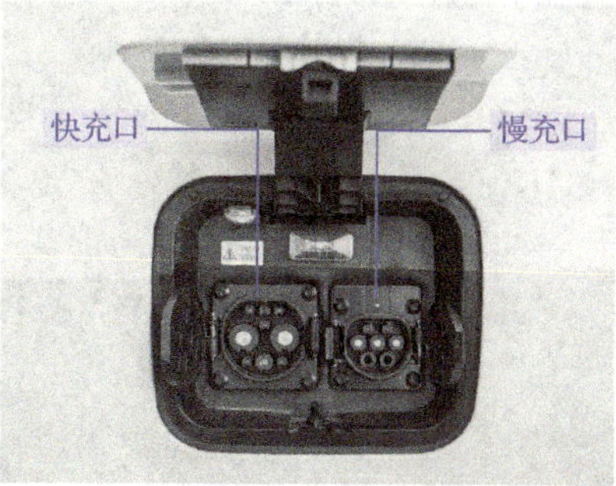

图 2-216　吉利帝豪 EV300 的快充口和慢充口

维修开关位于动力蓄电池总成中间表面位置，打开驾驶室内副仪表杂物箱开关，可操作维修开关。吉利帝豪 EV300 的维修开关及安装位置如图 2-217 所示。在高压零部件检查和维护前，必须断开维修开关，以确保切断高压。

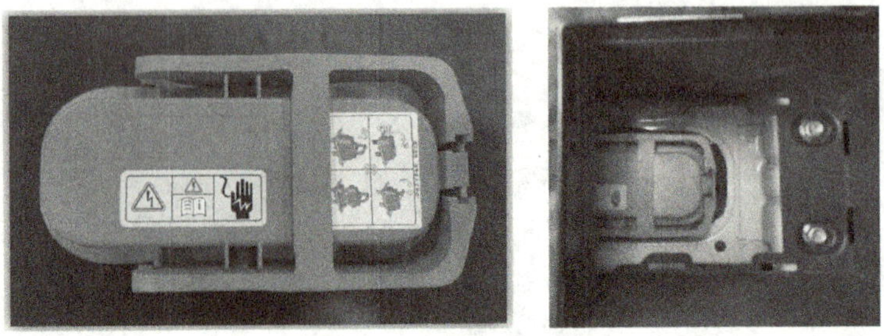

a)　　　　　　　　b)

图 2-217　吉利帝豪 EV300 的维修开关及安装位置

a）吉利帝豪 EV300 的维修开关　b）吉利帝豪 EV300 的维修开关安装位置

> 发展新能源汽车是我国从汽车大国迈向汽车强国的必由之路！
>
> ——习近平

汽车配件
日常盘点

二、对有动态的配件进行盘点

1. 打印盘点单

1）登录一汽-丰田仓储管理系统，如图 2-218 所示。

2）进入“仓管”菜单，如图 2-219 所示。

3）进入“现场管理”菜单，如图 2-220 所示。

4）进入“零件出入库记录查询”菜单，如图 2-221 所示。

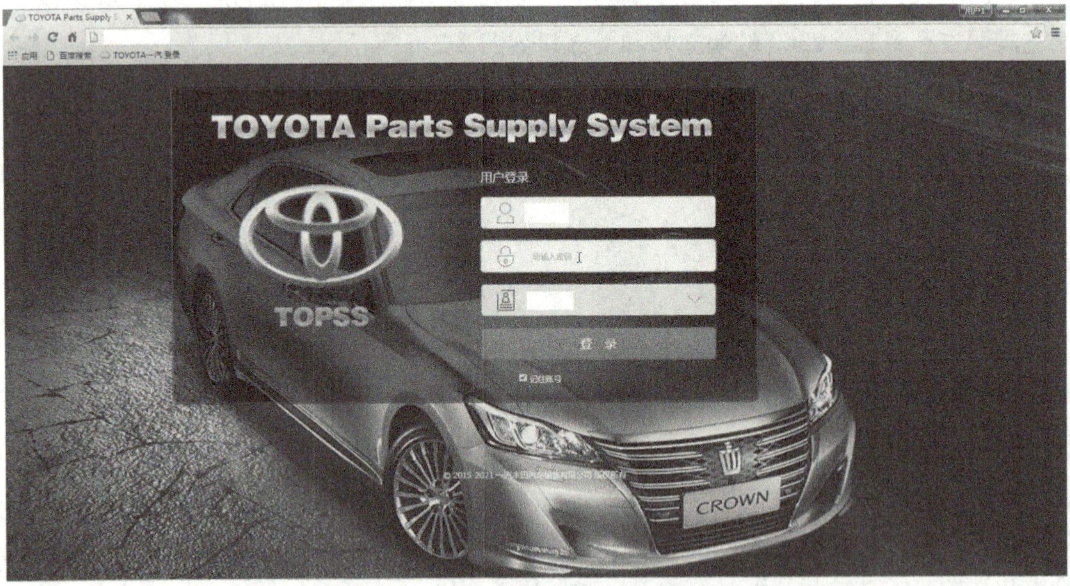

图 2-218　登录一汽-丰田仓储管理系统

图 2-219　进入“仓管”菜单

图 2-220　进入“现场管理”菜单

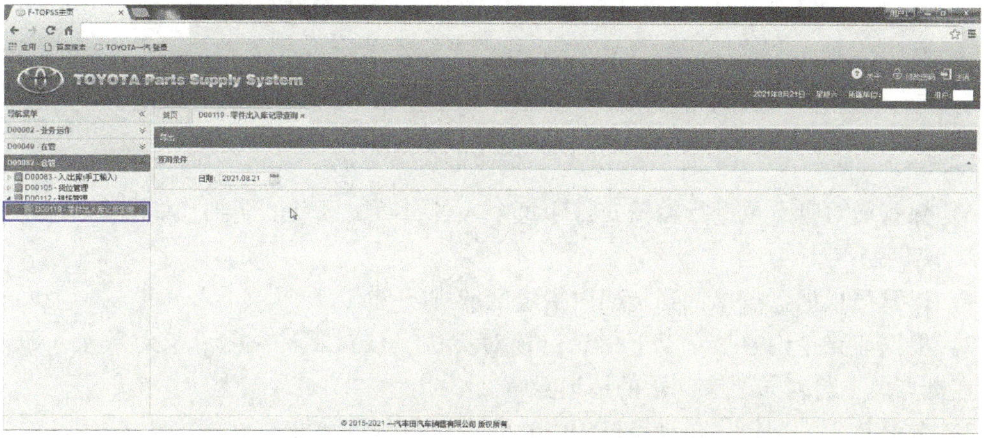

图 2-221　进入“零件出入库记录查询”菜单

5）导出前一日出入库数据，如图 2-222 和图 2-223 所示。

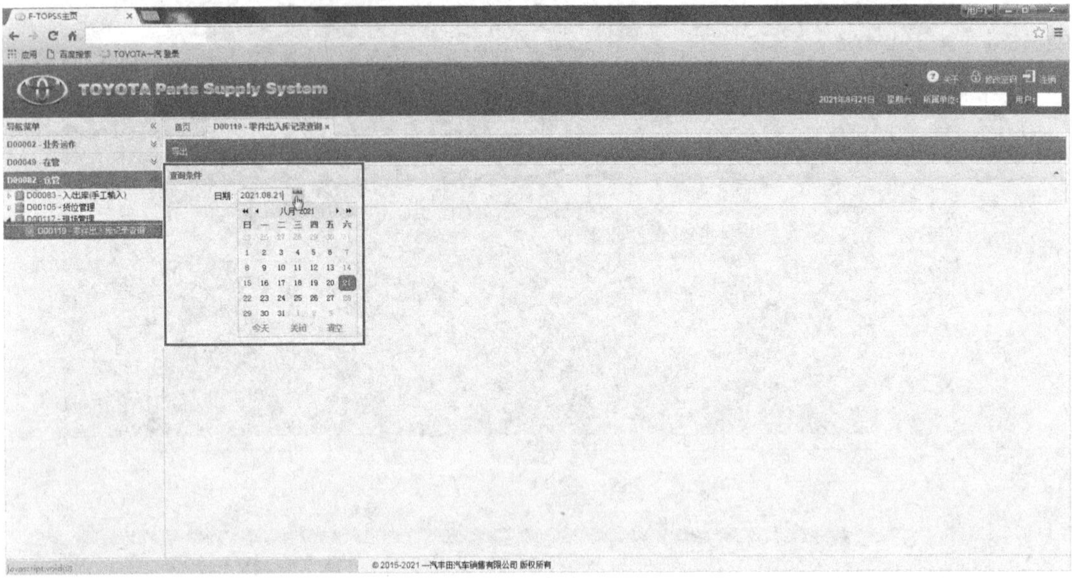

图 2-222　选择导出日期

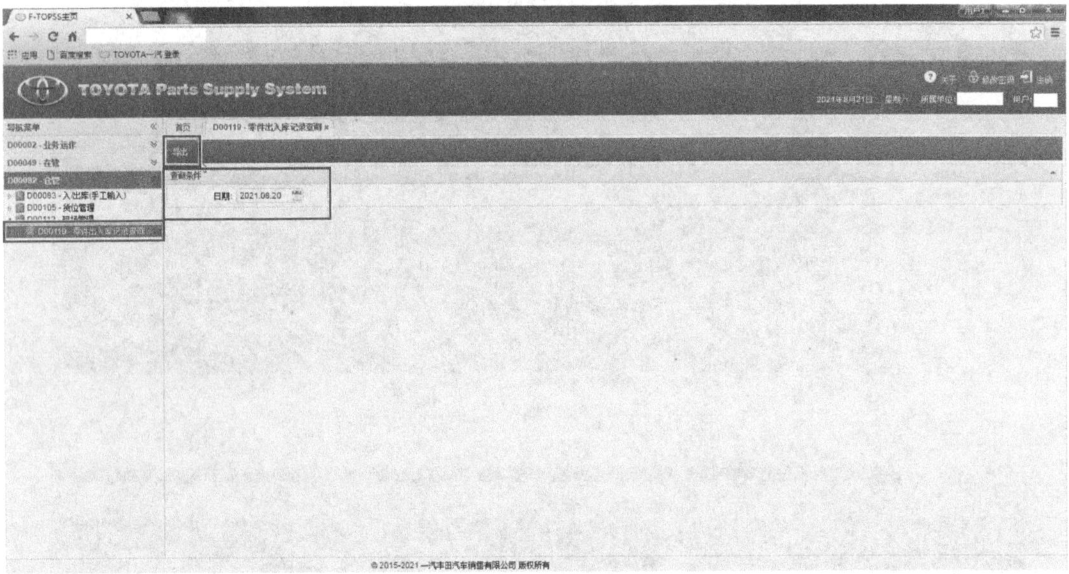

图 2-223　导出前一日出入库数据

6）保管员对盘点单进行编辑，打印每个人各自负责区域的明细，如图 2-224 所示。

2. 现场盘点

1）保管员根据盘点单，到货架内指定区域进行盘点。

2）根据盘点单内容核对以下信息：核对货位、核对零件编号、核对数量。没有问题的在盘点单上打对号，有问题的标记异常。

3）数量较大的配件，在盘点过程中直接进行打包计数处理。

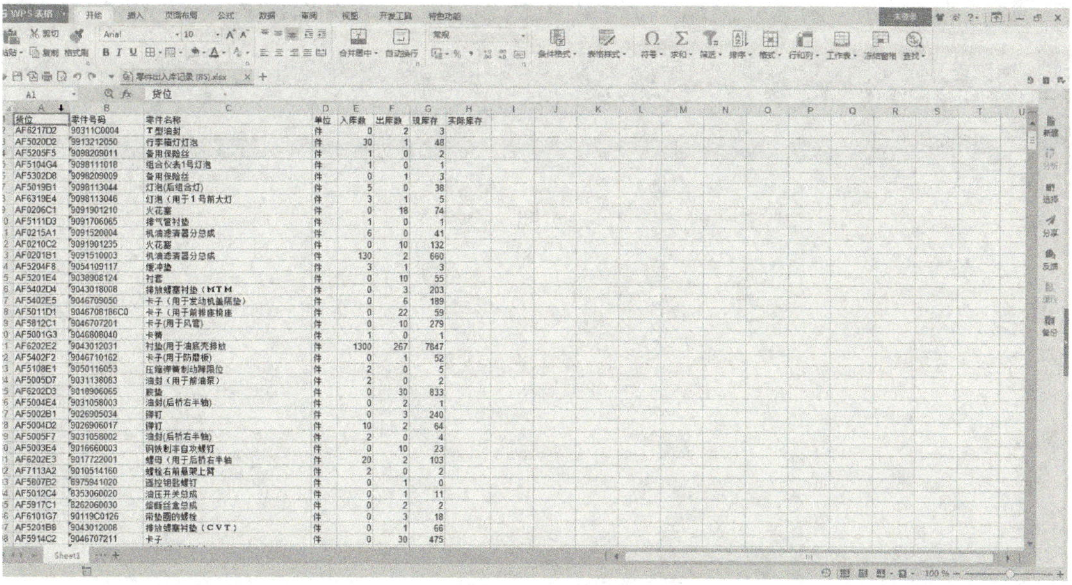

货位	零件号码	零件名称	单位	入库数	出库数	现库存	实际库存
AF6217D2	90311C0004	T型油封	件	0	2	3	
AF5020D2	9913212050	行李箱灯灯泡	件	30	1	48	
AF5205F5	9098209011	备用保险丝	件	1	0	2	
AF5104G4	9098111018	组合仪表1号灯泡	件	1	0	1	
AF5302D8	9098209009	备用保险丝	件	0	1	3	
AF5019B1	9098113044	灯泡(后组合灯)	件	5	0	38	
AF6319E4	9098113046	灯泡（用于1号前大灯	件	3	1	5	
AF0206C1	9091901210	火花塞	件	0	18	74	
AF5111D3	9091706065	排气管衬垫	件	1	0	1	
AF0215A1	9091520004	机油滤清器分总成	件	6	0	41	
AF0210C2	9091901235	火花塞	件	0	10	132	
AF0201B1	9091510003	机油滤清器分总成	件	130	2	660	
AF5204F8	9054109117	缓冲垫	件	3	1	3	
AF5201E4	9038908124	衬套	件	0	10	55	
AF5402D4	9043018008	排放螺塞衬垫（MTM	件	0	3	203	
AF5402E5	9046709050	卡子（用于发动机盖隔垫）	件	0	6	189	
AF5011D1	9046708186C0	卡子（用于前排座椅座	件	0	22	59	
AF5812C1	9046707201	卡子(用于风管)	件	0	10	279	
AF5001G3	9046808040	卡箍	件	1	0	1	
AF6202E2	9043012031	衬垫(用于油底壳排放	件	1300	267	7847	
AF5402F2	9046710162	卡子(用于防擦板)	件	0	1	52	
AF5108E1	9050116053	压缩弹簧制动降限位	件	2	0	5	
AF5005D7	9031138083	油封（用于前油泵）	件	2	0	2	
AF6202D3	9018906065	胶垫	件	0	30	833	
AF5004E4	9031058003	油封(后桥右半轴)	件	0	2	1	
AF5002B1	9026905034	铆钉	件	0	3	240	
AF5004D2	9026906017	铆钉	件	10	2	64	
AF5005F7	9031058002	油封(后桥右半轴)	件	2	0	4	
AF5003E4	9016660003	钢铁制非自攻螺钉	件	0	10	23	
AF6202E3	9017722001	螺母（用于后桥右半轴	件	20	2	103	
AF7113A2	9010514160	螺栓右前悬架上臂	件	2	0	2	
AF5807B2	8975941020	遥控钥匙螺钉	件	0	1	0	
AF5012C4	8353060020	油压开关总成	件	0	1	11	
AF5917C1	8262060030	熔断丝盒总成	件	0	2	2	
AF6101G7	90119C0126	带垫圈的螺栓	件	0	3	18	
AF5201B8	9043012008	排放螺塞衬垫（CVT）	件	0	1	66	
AF5914C2	9046707211	卡子	件	0	30	475	

图 2-224　打印盘点单

4）全部盘点完成后，核对系统数据，查找异常原因。

3. 核对系统数据，查找异常原因。

1）进入一汽-丰田仓储管理系统。

2）单击“超级零件查询”菜单，如图 2-225 所示。

图 2-225　单击“超级零件查询”菜单

3）核对异常零件的数量，是否有报价保留、B/O 保留、F/O 保留及总成保留等情况，如图 2-226 和图 2-227 所示。

4）有报价保留的零件，将查询的保留原因登记在盘点单上。

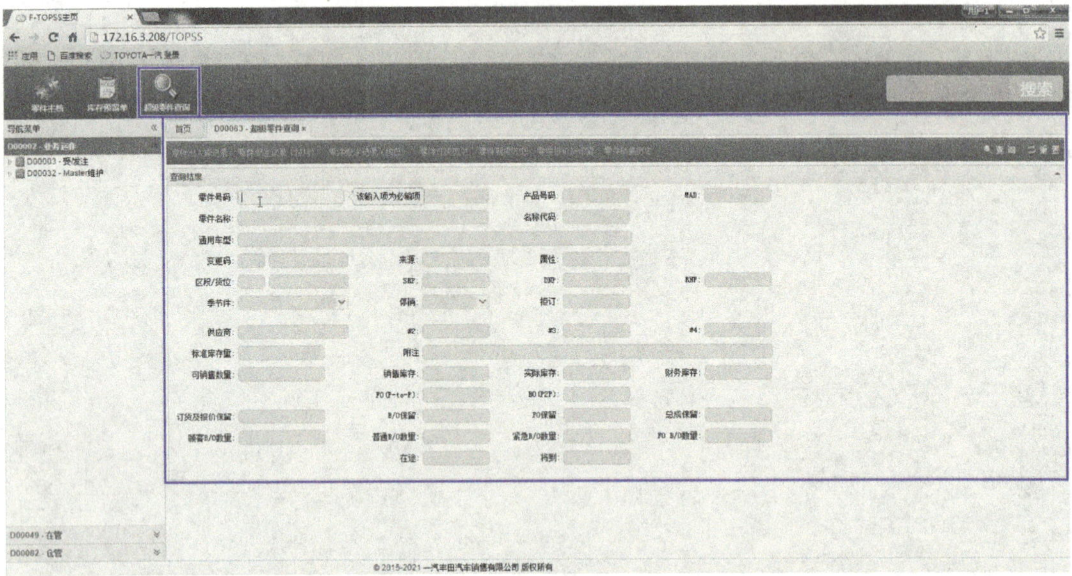

图 2-226　输入异常零件号码

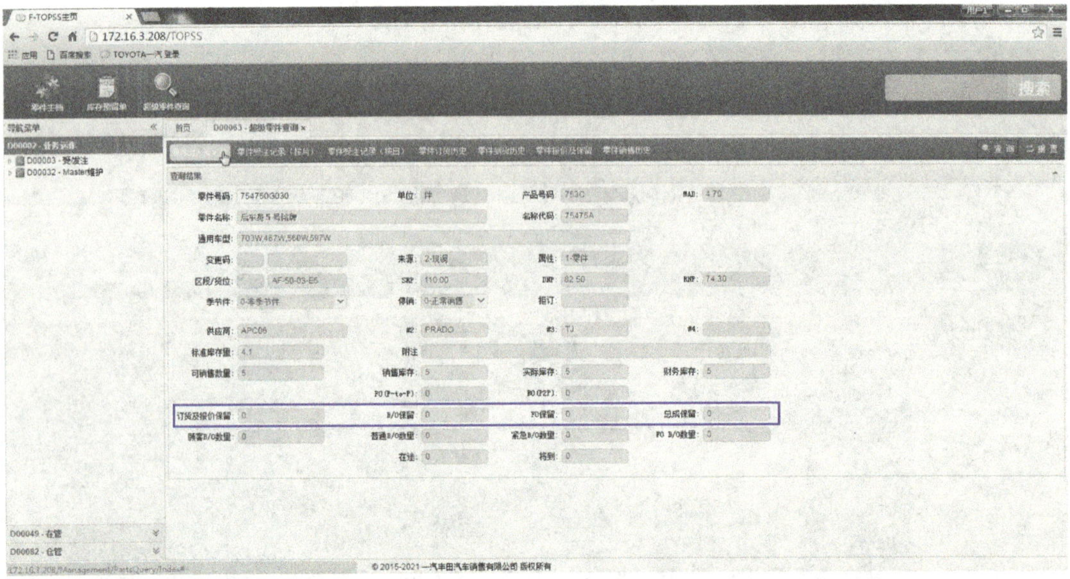

图 2-227　核对异常零件是否有保留

4. 单据归档

盘点完毕后，及时将盘点单据归档，并按照时间顺序，分月进行装订，妥善保管。

5. 6S 现场整理

出库作业结束，例行 6S 现场整理。

三、对盘点结果进行处理

盘点结束后，需要进行库存调整，通过调整系统数量，使系统库存数量与实物库存数量保持一致，并记录调整量。不同的盘点结果，要根据企业规定履行相应的申请处理手续。

1. 合理储耗的处理

合理储耗是指对易挥发、潮解、融化、散失、风化等物品，允许有一定的储存损耗。凡在合理储耗标准以内的，由配件仓管员填报“合理储耗单”，经批准后，即可转财务部门核销。正常储耗的计算，一般一个季度进行一次，其计算见式（2-1）~式（2-3）。

$$\text{合理储耗量}=\text{保管期平均库存量}\times\text{合理储耗率} \tag{2-1}$$

$$\text{实际储耗量}=\text{账存数量}-\text{实存数量} \tag{2-2}$$

$$\text{储耗率}=\frac{\text{保管期内实际储耗量}}{\text{保管期内平均库存量}}\times100\% \tag{2-3}$$

实际储耗量超过合理储耗量的部分做盘亏处理，凡因人为的因素造成配件丢失或损坏的，不得计入储耗内。

2. 盈亏的处理

1）盘盈即仓库内实际库存配件的种类、数量多于账面配件记录的数量。

2）盘亏即仓库内实际库存配件的种类、数量少于账面配件记录的数量。

3）无论是盘盈还是盘亏，都要反复落实，并查明原因，明确责任。经核实无误的盈亏结果，由配件仓管员填报“库存物品盘存报告单”，经配件部门负责人审签后，按规定报主管领导审批。

3. 呆滞配件的判定及处理

（1）呆滞配件　当仓库内配件的库存时间超过一定时间而未能销售出库时，这类配件称为呆滞配件。呆滞配件的出现是不可避免的，但过量的呆滞配件会造成配件部门资金积压，更严重的是配件无法出库就不能收回资金。

（2）造成呆滞配件的主要原因　一种情况是因库存不合理而造成的呆滞配件。如单次订货量过大，造成超过一年时间该次订货的配件未全部出库；一些特殊性的配件或季节性配件在有需求的时候进货量大，剩余部分一年内无需求所造成的呆滞。另一种情况是由于车型老化或停产而造成的呆滞配件。有些车型已经老化或车型已经停产，原来库存的配件就有可能难以出库。还有一种情况就是为客户专订的配件，但是由于种种原因到货后客户未更换或未取货而造成的呆滞配件。

（3）呆滞配件的处理　对呆滞配件的处理原则主要是尽量减少因呆滞配件的过量出现而给企业带来经济损失，在选择处理方式时应优先采用折价销售或向其他经营企业销售的方式。呆滞配件的处理方式主要有：报废处理和低价销售。对于一些存储时间过长、使用性能已受到影响的配件，可以汇报财务申请报废处理。对于一些使用性能未受到影响的呆滞配件，可以低价或打折处理给其他同品牌的配件经营企业或一些修理厂。

4. 事故处理

如果配件仓库所处地区发生了水灾、地震等不可抗力的自然灾害，或者仓库被盗或发生火灾，或因配件仓管员失职，致使保管的配件数量和质量受到损失时，应作为事故向主管领导报告，按相关规定进行处理。

库存差异能够直观反映仓库的日常管理水平，及时做好盘点结果的处理，是保证账物相符，提高库存准确率的重要环节，为仓库管理下一个循环的数据准确性提供了保障。

• 项目总结 •

本项目主要结合丰田汽车哈尔滨零件中心现场管理的典型工作任务，介绍了汽车配件的入库验收、保管、出库和盘点作业的流程。通过本项目任务的实训完成了汽车配件的入库验收作业，货位设定及配件科学保管作业，出库作业和日常盘点作业。

• 实训项目 •

实训一　完成配件入库验收作业。

完成如图 2-228 所示装箱单的到货配件的入库验收。

装箱单

订单编号：730182081

箱号	03	日期	2021.8.1	
序号	配件名称	配件编号	数量	单位
1	火花塞	90919-02100	1	盒
2	高位制动灯总成	81570-60070	1	个
3	燃油滤清器	23100-06020	1	个
4	玻璃水	4309733	2	桶
5	外后视镜总成	87940-33010-C0	1	个
6	机油	08885-01110	1	桶
7				
8				

图 2-228　到货配件装箱单

实训二　完成配件货位整理作业。

A 货架和 B 货架各有 16 个货位，货位号已标明，其中 A 货架距离工作台较近，放置常用配件；B 货架纵向划分为发动机、底盘、电器和新能源专用件四个系统分区，放置非常用配件；C 货架为危险品专用货架。某车型配件 36 种，其中 16 种常用配件，16 种非常用配件（每个系统各 4 个），4 种危险品配件。目前，36 种配件乱序放置在货架上，放置现状如图 2-229 所示。

实训三　完成配件出库作业。

完成如图 2-230 所示维修领料单中配件的出库作业。

危险品	发动机	底盘	电器	新能源	常用件			
C-04-01	B-04-01	B-04-02	B-04-03	B-04-04	A-04-01	A-04-02	A-04-03	A-04-04
传动带	凸轮轴位置执行器电磁阀总成	制动储液罐总成	进气调相器	动力蓄电池冷却泵总成	节气门清洗剂	卡扣	U形针	灯泡
C-03-01	B-03-01	B-03-02	B-03-03	B-03-04	A-03-01	A-03-02	A-03-03	A-03-04
空调泡沫清洗剂	前照灯水平调节开关总成	制动助力器真空泵总成	高位制动灯总成	高压维修开关	火花塞	节温器及壳体总成	制动片	曲轴后油封
C-02-01	B-02-01	B-02-02	B-02-03	B-02-04	A-02-01	A-02-02	A-02-03	A-02-04
喷油嘴清洗剂	排气歧管垫	前轮轮毂轴承	鼓风机总成	慢速充电枪	空气滤清器	燃油滤清器	空调滤清器	机油滤清器
C-01-01	B-01-01	B-01-02	B-01-03	B-01-04	A-01-01	A-01-02	A-01-03	A-01-04
制动液	排气凸轮轴总成	前下控制臂总成	外后视镜总成	车载充电机	机油	防冻液	发动机外部清洗剂	玻璃水

图 2-229 配件放置现状

维修领料单

工单号	No 1234	维修类型		开单日期	2021.8.1
车牌号	黑 A606WH	车主	张三	VIN	
序号	配件名称	配件编号		单位	数量
1	防冻液	08880-12370		桶	1
2	灯泡	90981-13010		个	1
3	机油滤清器	90915-YZZJ4		个	1
4	空气滤清器	17801-02070		个	2
5	刮水器	85212-12430		个	2
6	排气凸轮轴总成	13502-33010		根	1
7	空调滤清器	87139-0N030		个	1
合计				金额	

图 2-230 维修领料单

实训四 完成配件盘点作业。

完成实训一和实训三的入库和出库作业后，完成盘点作业。

项目三 ▶ 汽车配件销售管理

学习目标

1. 能够按照流程完成订单处理。
2. 能够按照流程完成汽车配件销售业务。
3. 能够根据客户需求和配件情况，选择合理的推销模式进行产品推销。
4. 树立以客户需求为导向的服务意识。
5. 锻炼与客户沟通交流的能力。
6. 养成依据工作流程进行汽车配件销售的习惯。

任务 1 汽车配件日常销售

任务解析

本任务主要学习按照流程完成订单处理；按照流程完成汽车配件销售业务。

知识链接

一、汽车配件销售特点

1. 较强的专业技术性

现代汽车是融合了多种高新技术的产物，具有复杂的机械、液压、电子控制技术。汽车的每一个零部件都具有严格的型号、规格、工况标准。要在不同型号汽车的成千上万个零件品种中为客户精确、快速地查找出所需的配件，就必须有高度专业化的人员，并由计算机管理系统作为保障。从业人员既要掌握商品营销知识，又要掌握各种汽车配件专业技术知识，学会识别各种汽车配件的车型、规格、性能、用途以及配件质量的检验知识。

2. 经营品种多样化

一辆汽车在整个运行周期中，约有3000种零部件存在损坏和更换的可能，所以经营某一个车型的零配件就要涉及许多品种规格的配件。即使同一品种、规格的配件，由于国内有许多厂家在生产，其质量、价格差别也很大，甚至还存在假冒伪劣商品。因此，作为销售人员要为客户推荐其所需要的货真价实的配件，也不是一件很容易的事。

3. 较大的库存支持

由于汽车配件经营品种多样化以及汽车故障发生的随机性，迫使经营者必须有一定的库存储备，才能应对客户需求。于是，经营者将大部分资金用于库存储备和配件在途的资金储备，这给企业的经营带来较大压力。

4. 配件销售的季节性

在春雨绵绵的季节里，为适应车辆在雨季行驶，各种车上的遮雨布、雨挡、各种车窗玻璃、车窗玻璃升降器、电动刮水器、刮水臂及刮水片、挡泥板等配件的需求量较多。炎热的夏季，因为气温高，发动机机件磨损大，火花塞、气缸垫、进排气门、风扇传动带及冷却系等配件的需求特别多。尤其是空调系统在高温环境下长时间工作，压缩机的磨损及发热量特别大，因此空调系统的配件就容易出现故障而需要更换，冷媒的需求也迅速增加。寒冷的冬季，气温较低，发动机起动困难，对蓄电池、预热塞、起动机齿轮、飞轮齿环、防冻液、各种密封件等配件的需求量就会增多，这种情况在北方则更加明显。由此可见，汽车配件的销售有明显的季节性。调查资料显示，这种季节性需求规律所带来的汽车配件销售额占总销售额的30%~40%。

5. 配件销售的地域性

我国国土辽阔，地形复杂多样，交错分布，并且不少地区海拔高度悬殊，正是因为这种地理环境，给汽车配件销售市场带来了地域性的不同需求。在大中型城市，因人口稠密、运输繁忙、道路拥堵，汽车的起动和停车制动频繁，配件磨损较大，其所需起动、离合、制动、电器设备及机械部件的数量就较多。在山地高原，因山路多、弯道急、坡度大、颠簸频繁，汽车的减振弹簧易失去弹性，减振器也易损坏，制动总泵、制动分泵也容易损害，制动片磨损更快。因此，地理环境因素给汽车配件的销售带来地域性差异。

二、汽车配件消耗的规律

1. 汽车配件消耗的规律性

汽车配件的消耗是有一定规律的。汽车按照行驶里程，有各级维护和修理的规定，各种类型的维修需要更换若干种配件。例如，汽车在正常使用寿命期，零配件的损坏是随机的、偶发性的，如果其设计和制造质量较好，损坏率一般很低。又如，活塞一般是在发动机大修时才需要更换，如某车型的新发动机平均大修里程是24万km，那么有一半左右的发动机在这个里程之前，需要镗缸换活塞；但也有少数的发动机因质量不好，不足10万km就需要大修、更换活塞。随着行驶里程的增加，活塞的需求量就会增加。经大修后的发动机，其大修间隔里程便大大缩短，维修配件需求量就会增加。掌握了汽车配件消耗的规律性，即可根据市场需求，在汽车配件销售活动中采取有效的营销措施。

但是这种规律性不是一成不变的，尤其是近年来许多单位和部门的车辆，实行了承包经营或进行了车辆使用改革，打破了原来的采购配件的一些规律，因此要根据实际发展情况，不断搜索新的规律性。

2. 汽车配件消耗规律的变化

近年来，维修市场的配件消耗规律发生了一些变化：

（1）小总成换件增加　维修中经常更换的小总成件有分电器、空气压缩机、发电机、起动机、水泵、汽油泵、制动蹄片、离合器摩擦片等。遇有小总成故障，客户大多要求更换新总成，旧件换下维修后作为备件用。与之相应，这些小总成件的需求增加，而组成这些小总成的零配件消耗就急剧减少。

（2）组合件、成套件的大量使用　如活塞带环带销，活塞带环带销并且带连杆，精加工成各级修理尺寸，不用刮、搪、拉，装上就用的曲轴轴瓦等，越来越受到客户和修理工的青睐。相应的这类单件或未经加工的品种就遭受冷遇。

（3）车辆维修维护时涉及的各种修理包受到青睐　在车辆维修维护中必换的密封件，如离合器、制动总泵和制动分泵的皮碗、胶圈、油封，以及气缸垫、油底壳垫等密封垫片，一般都集中包装制成各种修理包。由于这种修理包囊括了维修维护项目中涉及需要更换的各部分密封件，使用时非常方便，因此受到客户，尤其是修理工的欢迎。

（4）小规格容器包装的润滑油（脂）、特种液的需求增加　如容量1L的润滑油，因其具有携带加注方便、较少废弃的优点，尤其适合单台车辆使用，而且随着个人用车的增加，其销量逐渐增加。虽然小规格的产品价格高于大规格的产品，但客户也乐于购买。

3. 配件消耗规律变化的原因

（1）客户时间观念的更新　在激烈的市场竞争中，时间就是效益、时间就是金钱的观念在人们思想深处牢牢扎根。为了争取时间，客户要求尽量缩短在修日，最大限度地提高在用车辆利用率。维修厂家为了满足客户要求，也想方设法筹措以上配件，以缩短维修时间，提高维修效率，尽快交车给客户。

（2）维修质量标准提高　随着汽车工业和零部件制造业的发展，以及现代汽车对维修质量的高标准，要求维修配件具有配合精密、使用维修方便、搭配合理、可靠性高等特点。在国产新型汽车和进口汽车的配件需求上，这些特点表现得最为明显。

4. 适应汽车配件消耗规律变化的措施

如何采取积极措施，合理调整库存结构，以适应这一变化了的市场需求，是配件部门应当研究解决的问题。

1）认真研究汽车维修配件消耗规律的变化，及时组织适销对路的品种供应市场。不再批量组织滞销品种（如组成各类小总成的零配件），防止产生积压。

2）对组成各类小总成的库存零散件，适当采取一定的促销措施，较少库存积压，对于有能力的企业，将其装配成质量合格的小总成件供应市场更佳。

3）委托工厂将单件加工组合成配套件或尺寸精确的装配件供应市场。

4）将零散密封件分门别类组合成修理包供应市场，如总泵、分泵维修包、发动机修理包等，既满足了用户需求，又降低了库存压力。

5）按经营车型的容器规格组织维护用润滑油（脂、液）的库存，对大容量规格的润滑油（脂、液）封装成车辆维护所必换的容量规格，以供应客户。

三、汽车配件零售方式

1. 按零售店经营的产品品种、数目分类

按零售店经营的产品品种、数目分类，主要有三种形式：

（1）专卖店　这种配件销售店专门经营某一个汽车公司或某一种车型的汽车配件。国外多数汽车公司的配件都实行专卖。专卖店要么属于汽车公司，要么同汽车公司或其他经销店、代理商是合同关系。目前，我国汽车配件市场中的销售店以专卖店为主。

（2）混合店　这种配件销售店一般直接从各生产厂家或汽车公司进货，经营品种涉及各个汽车厂家各种车型的配件。

（3）超级市场　这种市场不仅规模大、品种全、价格合理、知名度高，而且还从事批发业务。这类市场的辐射力很强，形成以超级市场为中心的经营网络。在汽车用品领域，超级市场的形式是非常有利于销售、迎合消费者需求的一种形式，如图 3-1 所示。

2. 按零售店的经营权分类

按零售店的经营权分类，一般零售店都是独立的，但有一类叫作“连锁店”。这类汽车配件经销店一般同汽车配件主渠道——汽车配件公司连锁，由汽车配件公司对其进行规划、管理、技术指导、提供信息，并优惠供应配件。连锁店可以挂汽车配件公司的牌子，但必须只向汽车配件公司进货。

图 3-1　汽车用品超市

图 3-2　蓝霸汽配连锁超市

世界最大的汽车配件及汽车用品销售商 NAPA 进入中国，开启了汽车配件行业“超市中的沃尔玛、连锁中的麦当劳”式的服务，解决了目前中国汽配市场的流通模式落后于消费需求，汽车用户有时担心质量保障、有时又忧心昂贵的价格的顾虑，如图 3-2 所示。

蓝霸（NAPA-中国）汽配连锁超市有限公司推出的“超市中的沃尔玛”是指产品齐全、价格合理、质量有保障，其零配件几乎覆盖中国市场全部车型系列。“连锁中的麦当劳”即店面标准化、服务标准化、管理流程标准化，将采用直营店和特许加盟的方式发展营销渠道网络。这种“世界品牌、成功模式、强势培训、退换货制度”等优势将影响我国汽配行业的流通格局。

3. 按零售店的集中程度分类

按零售店的集中程度分类，有两种零售形式：

（1）分散形式　这类汽车配件零售店一般分散在各个地方，周围可能只此一家汽车配件经销店。

（2）汽车配件一条街或汽配城　这种一条街或汽配城在我国许多城市都存在，一般位于较有实力和影响的配件批发商附近，或在汽车贸易公司、汽车企业销售机构附近的地区。各品牌多家零售店汇聚在一个区域，形成一定规模，为消费者选购所需零配件提供方便。

四、汽车配件销售渠道

产品从生产者到消费者（或用户）的流通过程，是通过一定的通道或途径实现的。它由一系列相互依赖的组织机构组成。由于生产者同消费者（或用户）之间存在着时间、地点、数量和所有权等方面的差异和矛盾，只有克服这些差异和矛盾，才能在适当时间、适当地点，按适当数量和价格，将产品转移到消费者（或用户）手中。一般而言，这个流通过程的主要内容就是销售渠道，它是构成企业营销总体策略的重要内容。

1. 什么是汽车配件销售渠道

汽车配件的销售渠道，即指汽车零配件从其生产领域（汽车零配件制造商）向消费领域（汽车维修厂或车主）转移时所经过的路线。

这个过程所经过的途径有直接的，也有间接的，是构成汽车零配件生产企业和客户之间关系的桥梁和纽带。

2. 汽车配件销售渠道效用

（1）时间效用　销售渠道能够解决商品产需在时间上不一致的矛盾，保证客户的需求，能够在必要的时间提供必要的汽车零配件。

（2）地点效用　销售渠道能够解决商品产需在空间上不一致的矛盾，保证客户能够就地、就近购买到所需要的汽车零配件。

（3）所有权转移的效用　销售渠道能够解决商品所有权在生产者和消费者之间不一致的矛盾，顺利实现商品所有权由生产者向消费者的转移。

销售渠道效用的实现，是借助于一定的组织机构来实现的，主要包括批发商、代理商、零售商等中间商，其起点是生产商，终点是消费者。

五、汽车配件经销店销售业务流程

目前我国汽配市场上，汽车配件经销店的形式仍在各城市普遍存在，他们多数集中在当地的汽配市场、汽车配件一条街、汽配城、汽车城中。汽车配件销售是这类汽车配件经销店的主营业务，他们专门经营几个车型、几个品牌的零配件。在汽车配件经销店中，销售业务流程如图 3-3 所示。

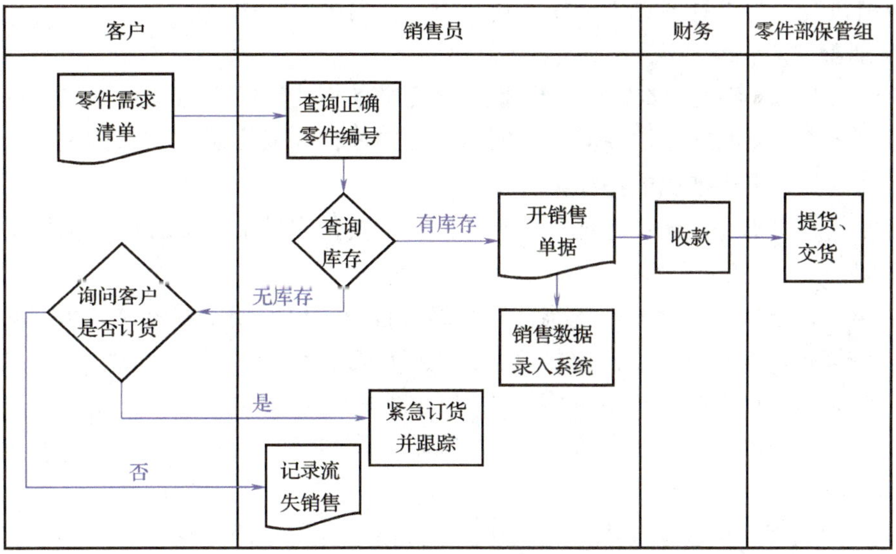

图 3-3　汽车配件经销店销售业务流程

1. 需求信息接收

本地客户到店内购买所需要的零件，外地客户则将零件需求的清单通过电子邮件、QQ、微信等方式发送给配件经销店。

2. 查询零件编号

根据需求信息查询正确的零件编号。

3. 查询零件库存

根据零件编号查询零件库存情况。

4. 开销售单据

查询零件库存后，有库存的零件开销售单据，单据交客户到财务办理交款，外地客户则要求其办理汇款。交款后，保管组进行出库、交货等作业。

5. 缺货处理

查询零件库存后，如没有库存，立即联络客户，询问客户是否进行订货处理。如客户拒绝订货，将此未完成的销售记录为流失销售，为库存改善积累数据。如客户接受订货，则立即进行紧急订货，并进行跟踪。

6. 数据录入

将已销售零件进行销售系统的数据处理，实现数据信息的快速共享，为财务结算提供数据，为订货业务提供数据的积累。

六、汽车 4S 店配件销售业务流程

1. 4S 店配件销售业务类型

目前我国 4S 店的零配件销售业务大体分为内销和外销两部分。所谓内销，即零配件的销售对象为厂内的在修车辆，零件部将零配件送交车间内维修人员即可，由维修人员进行安装。外销，则是零配件的销售对象为非厂内在修车辆，零配件的安装在 4S 店以外的场所进行，零件部要将零配件交付或发运给购买者。

2. 4S 店配件内销业务流程

当 4S 店内在修车辆经过维修人员检查，发现有相关零配件需要更换时，即产生了配件需求，维修接待与客户协商同意更换后，即向零件部发出配件需求的信息，零件部便根据此信息为其提供准确的零配件。

虽然各品牌主机厂在流程管理上各有不同，但配件内销业务流程应包括以下必要的步骤，如图 3-4 所示。

（1）需求信息接收　接收厂内维修车辆经过检查发出的相关零配件更换信息。

（2）查询零件编号　根据需求信息查询正确的零件编号。

（3）查询零件库存　根据零件编号查询零件库存情况。

（4）开销售单据　查询零件库存后，有库存的零件开销售单据，转交保管组进行出库、送货等作业。

（5）缺货处理　查询零件库存后，如没有库存，立即联络维修接待，询问客户是否进行订货处理。如客户拒绝订货，将此未完成的销售记录为流失销售，为库存改善积累数据。如客户接受订货，则立即进行紧急订货，并进行跟踪。

（6）数据录入　将已销售零件进行销售系统的数据处理，实现数据信息的快速共享，为财务结算提供数据，为订货业务提供数据的积累。

3. 4S 店配件外销业务流程

4S 店零件部对非在厂维修车辆的零件销售即为 4S 店的配件外销业务。这种外销业务的销售流程如图 3-5 所示。

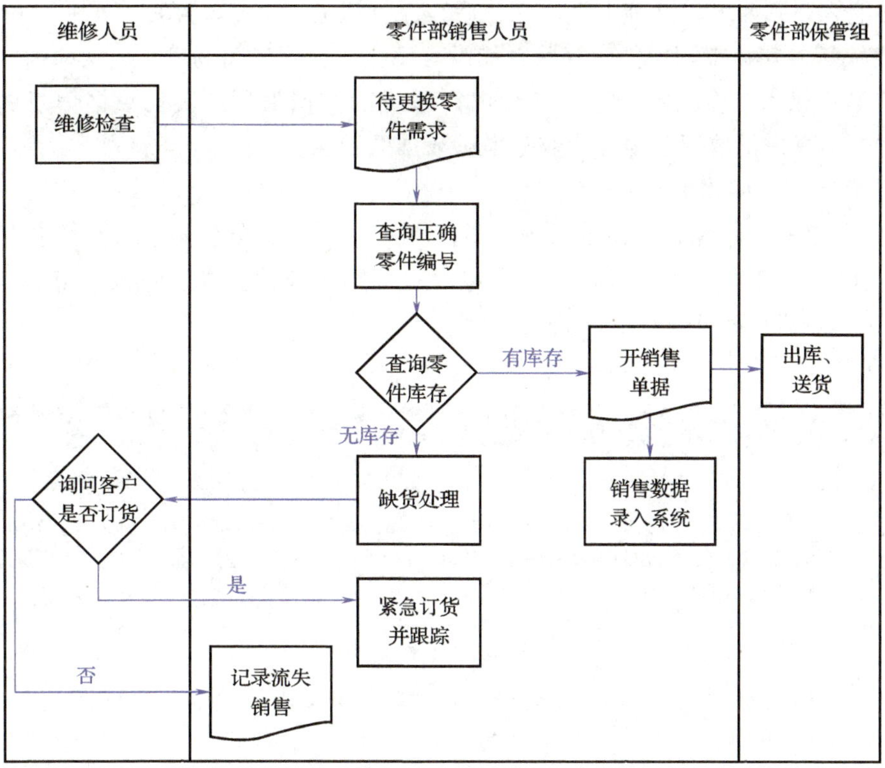

图 3-4　4S 店零配件内销业务销售流程

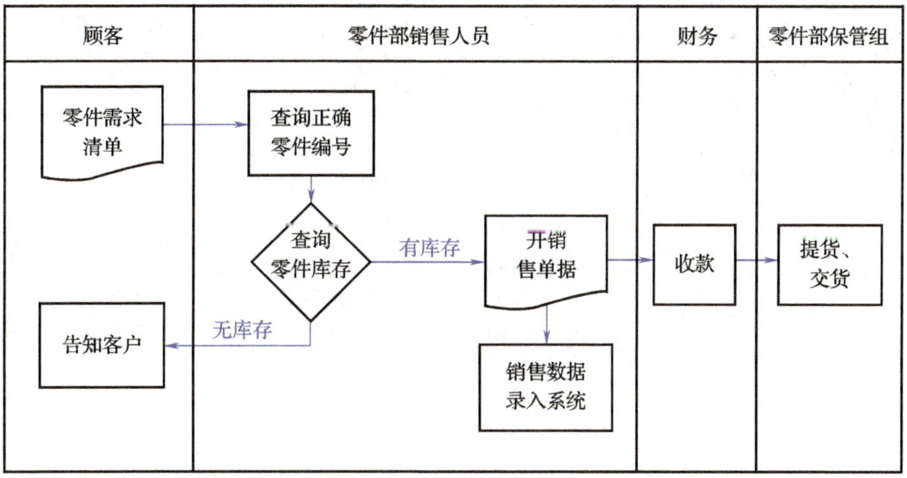

图 3-5　4S 店零配件外销业务销售流程

（1）需求信息接收　客户到店内购买所需要的零件，外地客户将零件需求的清单发送给零件部。

（2）查询零件编号　根据需求信息查询正确的零件编号。

（3）查询零件库存　根据零件编号查询库存情况。

（4）开销售单据　查询库存后，有库存的零件开销售单据，单据交客户到财务办理交款，外地客户则要求其办理汇款。交款后，保管组进行出库、交货等作业。

（5）缺货告知　查询零件库存后，如没有库存，立即告知客户，建议到别处购买。

（6）数据录入　将已销售零件进行销售系统的数据处理，实现数据信息的快速共享，为财务结算提供数据，为订货业务提供数据的积累。

4. 各品牌主机厂的零配件外销政策

针对4S店配件销售业务，各品牌主机厂均有不同的商务政策。各品牌主机厂在对旗下4S店的配件业务的各项考核中，也包含对外销业务的要求和考核。市场上各品牌零配件4S店外销政策及现状举例见表3-1。

表3-1　各品牌的外销政策及现状举例

政策	现状举例		
禁止外销	广汽本田		
	厂家会根据每个4S店上一年的销售情况、店面销售车辆情况给4S店制订订货的上下限。如果超过上限则认为有向外出售备件的倾向，如果低于下限则认为有当地采购外厂件倾向。这时，厂家会对4S店进行询问、调查		
允许零售	上汽通用		
	客户可自行安装的零备件，如液体类（防冻液、润滑油等）、灯泡等，可以以指导价出售给客户，但是外销零件要填单，不允许对外批发		
默许批发，实际零售不多	一汽-大众	上汽大众	北京现代
	允许以指导价对外销售，但由于价格高销量并不多	允许批发但控制相当严格，将紧缺件批发给汽配城时，价格应不低于零售价的80%。由于价格高利润低，销售情况并不好	厂家虽然禁止4S店外卖，但4S店配件外流在个别地区十分严重
鼓励批发	一汽丰田	东风雪铁龙	东风日产
	允许零件外销，但只能卖给维修厂。给维修厂的价格是正常价格的8~9折	允许配件批发或零售，除了汽配城、维修厂，还向没有权利直接向厂家订货的3S店、2S店供应	原来是可以对外销售的，而且鼓励外销，但是2021年由于出现了某些弊端，日产正在采取措施控制配件外销

七、地区零件配送中心销售业务流程

汽车制造厂为了保证客户的利益和自己的品牌声誉，在汽车配件供应上开辟了新的渠道。以物流配送的形式，向本品牌的汽车4S店供应原厂纯正配件，形成多元一体化的物流服务体系。在这个体系中，在4S店上游的即为所在地区的零件配送中心。

1. 各品牌地区零件配送中心的分布

各品牌主机厂在充分考虑地理区域、配送线路、配送效率等因素后，会在全国设置多个汽车零件配送中心，以满足旗下4S店的配件需求，为4S店提供物流配送及物流索赔等服务。各品牌汽车零件配送中心分布见表3-2。

表 3-2　各品牌汽车零件配送中心分布

品牌	数量	分布
奔驰	5	北京、上海、广州、扬州、成都
宝马	3	北京、上海、佛山
路虎	1	苏州
广汽本田	6	广州、北京、上海、成都、郑州、沈阳
上汽通用	4	上海、烟台、广州、天津
一汽丰田	7	北京、上海、天津、成都、西安、广州、哈尔滨
一汽-大众	11	长春、北京、西安、广州、济南、无锡、成都、武汉、新疆、上海、大连
东风日产	9	广州、武汉、北京、南京、沈阳、上海、成都、天津、济南

2. 汽车零件配送中心销售流程

各品牌汽车零件配送中心的主要销售对象为所负责区域内的4S店。配送中心根据区域的内截单时间、4S店的订单类型来分批次处理订单，开展销售业务，其销售流程如图3-6所示。

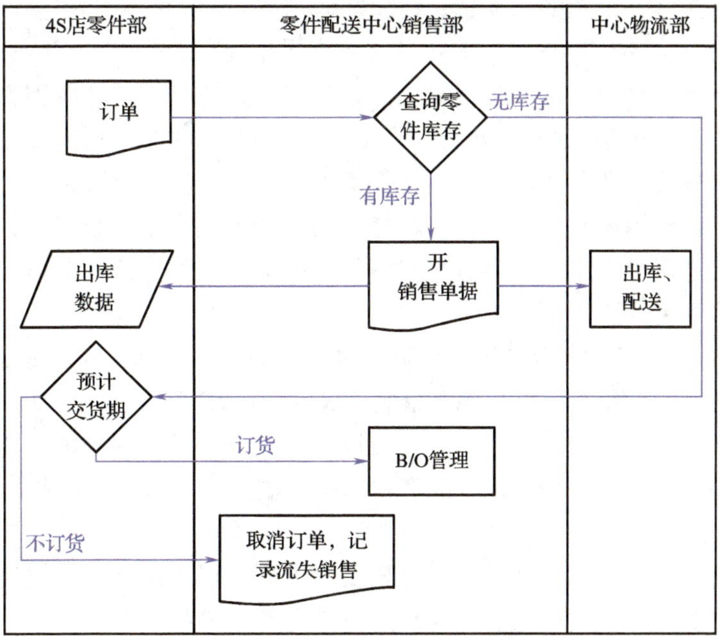

图 3-6　零件配送中心销售流程

（1）订单接收　接收负责区域内4S店零件部的订单，包括库存补充订单和紧急订单，按照订单的紧急程度和截单时间的顺序进行订单处理。

（2）查询零件库存　将订单导入销售系统，检查零件库存情况。

（3）开销售单据　查询零件库存后，有库存的零件开销售单据，单据交物流部出库、点验并按照物流线路进行配送。

（4）出库数据回复　将出库数据回复给4S店零件部。

（5）报告预计交货期　无库存的零件向4S店零件部报告预计交货期。

（6）进行B/O管理　4S店根据预计交货期决定继续订货的零件，开始进行B/O管理。

（7）记录流失销售　将 4S 店不订货的订单取消，并记录为流失销售，为库存改善积累数据。

任务实施

［任务实施一］　根据资料，总结概括汽车配件销售渠道构成、分类及多元化发展情况。按小组进行交流学习，制作 PPT 演示文稿。各小组推选代表进行 PPT 演示宣讲，其他小组进行相互点评。

一、汽车配件销售渠道分析

1. 销售渠道构成

销售渠道由长度结构、宽度结构和广度结构构成。

（1）长度结构　长度结构又称为层级结构，是指汽车零配件从生产企业流向最终客户的整个过程中，所经过的中间层次的层次数或环节数，是按渠道层级数量的多少来定义的。中间层次越多，渠道的长度越长；反之，则越短。

（2）宽度结构　宽度结构是根据每一层级渠道中间商的数量的多少来定义的。渠道的宽度结构受产品的性质、市场特征、用户分布以及企业分销战略等因素的影响。渠道的宽度结构分成三种类型：密集型分销渠道，是指制造商在同一渠道层级上选用尽可能多的渠道中间商来经销自己的产品的一种渠道类型；选择性分销渠道，是指在某一渠道层级上选择少量的渠道中间商来进行商品分销的一种渠道类型；独家分销渠道，是指在某一渠道层级上选用唯一的一家渠道中间商的一种渠道类型，这种渠道结构多出现在总代理或总分销一级。

（3）广度结构　广度结构实际上是渠道的一种多元化选择。也就是说，许多公司实际上使用了多种渠道的组合，即采用了混合渠道模式来进行销售。比如，有的公司针对大的行业客户，公司内部成立大客户部直接销售；针对数量众多的中小企业客户，采用广泛的销售渠道；针对一些偏远地区的客户，则可能采用邮购等方式来覆盖。

2. 销售渠道分类

通常情况下，按照汽车配件销售渠道长度的不同，根据包含渠道层级的多少，可以将一条销售渠道分为零级、一级、二级和三级渠道等，如图 3-7 所示。

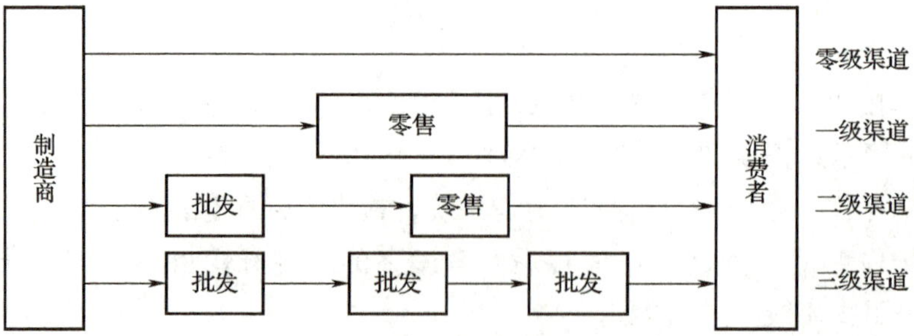

图 3-7　销售渠道分类

（1）零级渠道　又称为直接渠道，是指汽车配件生产企业将产品直接供应给客户，没有渠道中间商参与的一种渠道结构。这是最简单、最直接、最短的销售渠道。零级渠道，也可以理解为是一种分销渠道结构的特殊情况。零级渠道的典型形式是：

汽车零配件生产企业→客户

（2）一级渠道　是指汽车配件生产企业利用经销商将产品供应给客户，包括一个渠道中间商，中间商介入交换活动。这种形式中间环节少，销售渠道短，有利于企业充分利用经销商的力量，扩大销路，提高经济效益。一级渠道的典型形式是：

汽车零配件生产企业→经销商→客户

目前我国许多汽车生产企业在整车销售中多采用以下这种销售渠道模式：

汽车生产企业（主机厂）→各地区品牌4S店→客户

（3）二级渠道　是指汽车配件生产企业先把产品批发销售给地区总经销商或批发商，再由批发商将其转卖给经销商，之后，再由经销商将汽车配件销售给客户。这是经过两道中间环节的渠道模式，中间环节较多，渠道较长，有利于汽车配件生产企业的批量生产，有利于经销商节约进货时间和费用，缩短到货时间，降低库存压力。二级渠道的典型形式是：

汽车零配件生产企业→总经销商（批发商）→经销商→客户

目前我国各大汽车生产企业对其品牌的售后服务供应体系中的零部件供应采用二级渠道模式。汽车生产企业首先将市场划分成几个大的区域，在各区域设立零件供应中心，主机厂将售后的零配件销售给各区域的零件供应中心，区域的零件供应中心将零配件销售给区域内的4S店，再由4S店销售给客户。

汽车生产企业（主机厂）→地区零件供应中心→各地区品牌4S店→客户

（4）三级渠道　是指汽车配件生产企业先委托并把产品提供给总经销商或总代理商，由其向批发商销售，批发商再转卖给经销商，最后再由经销商将配件销售给客户。这是经过三个中间环节的渠道模式，其典型形式是：

汽车零配件生产企业→总经销商（总代理商）→批发商→经销商→客户

目前我国汽车配件流通市场上，进口配件的销售多采用三级渠道模式。如丰田汽车的进口零配件即由日本的丰田汽车公司销售给国内的丰田汽车（中国）投资有限公司，再由丰田汽车（中国）投资有限公司销售给各区域的零件供应中心，区域的零件供应中心将零配件销售给区域内的4S店，再由4S店销售给客户。

二、汽车售后配件市场销售渠道多元化分析

随着全球各大汽车零配件厂商在中国的布局，汽车零配件售后市场的格局正在悄然发生变化。在开拓传统的零配件销售渠道的同时，很多零配件厂商正在进行新的产品销售渠道的探索，零配件销售渠道正在向多元化方向发展。

1. 传统的零配件销售渠道

大多数零配件厂商会在国内重点城市或中心城市设立产品批发商，或与各地有实力的汽车零配件批发商合作，由这些批发商代理销售自己的产品，这是传统的零配件销售渠道，目前这种销售渠道仍然占据主流地位。

零配件批发商会在自己的区域内发展零售商或将产品推向汽车修理厂，如果零配件厂

商在同一区域设立多个批发商或零售商，这些商户之间就很容易出现价格竞争，或因为经销商的层层批发导致价格混乱。如果零配件厂商不能对批发商进行有效控制，不同区域批发商还会出现窜货或跨区域销售的情况。另外，大部分批发商会同时代理多个零配件品牌，会根据产品的利润情况调整销售业务的重点，从而出现只销售高利润产品的情况。

2. 零配件品牌专营店渠道

为了避免产品层层批发带来的价格混乱，并树立零配件品牌的良好形象，一些零配件厂商设立了零配件品牌专卖店或授权经销商。由全国汽配市场联合会的主要理事单位共同出资组建的中联汽配，是内地摒弃传统的批发分销方式，率先在汽配界引入了特许经营专卖体制的专营店。

3. 汽车修理厂渠道

汽车修理厂渠道包括汽车厂家设立的4S店或特约服务站和一般修理厂。4S店或特约服务站实力较强，服务规范，但由于零配件主要由汽车厂家供应，因此4S店或特约服务站一直存在零配件价格偏高的情况。

4. 汽修连锁店渠道

汽车维修连锁店是集汽车维修、零配件销售和快速养护为一体的综合型修理厂。近年来，汽车服务连锁企业在国内迅速发展，例如德国博世、美国AC德科等知名汽修连锁品牌都加紧在中国的布局。通过汽修连锁店，销售零配件厂商不仅可以使自己的产品有了稳定的销路，而且可以在汽车售后服务市场站稳脚跟。

5. 共享销售渠道

2007年1月，全球轮胎科技领导者固特异在厦门与壳牌（中国）有限公司、杜邦中国集团有限公司、德尔福汽车系统（中国）投资有限公司、辉门集团公司等世界顶级汽车养护产品及零配件公司签署了零售合作框架协议，从而使上述知名品牌的优质产品及服务顺利进入固特异覆盖全国250个城市的近700家授权服务中心。

当然，这种销售渠道共享一般只限于不会出现产品冲突的零配件厂商之间，而且零配件厂商一般只会将其他公司的销售渠道作为自己销售渠道的补充和尝试。通过利用其他公司的销售渠道，零配件厂商可以节省一部分开拓销售渠道的资金，同时可以扩大产品的销售渠道。对于提供销售渠道的零配件厂商（如固特异），一方面可以通过销售其他品牌的零配件产品来增加自己和渠道商的利润来源；另一方面，通过其他零配件厂商贴牌来定制自己的产品来销售也是有可能的。

目前，这种共享渠道模式也正在汽车售后服务领域进行拓展。广汽菲亚特、广汽三菱和广汽传祺在配套、物流、售后服务上已经达成了共享的共识，成为第一家应用这种模式的企业，如图3-8所示。

6. 汽车配件网络销售渠道

目前，互联网高速发展，改变了人们的生活，同时也改变了各种商务模式。现如今，各行各业纷纷进行企业信息化升级，应用电子商务解决方案。汽车配件行业也不例外，已经有非常多的汽车配件生产商、汽车配件经销商、汽修厂从网络营销中获益，如图3-9所示。网络销售因成本低，而且不受时间、地域限制，展示形式多样等特点，日益受到越来越多企业的关注。

图 3-8　广汽三菱+广汽传祺+广汽菲亚特共享维修网络

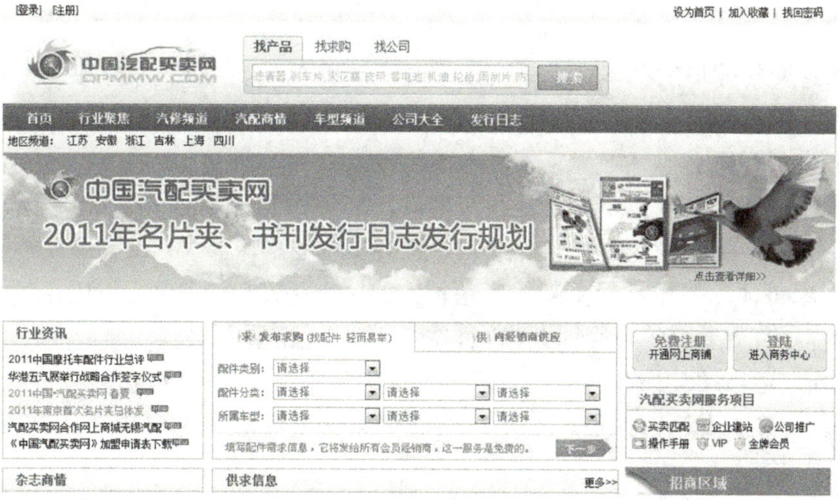

图 3-9　汽车配件网络销售

网络销售的另一个层面是企业内部建立的管理网络。绝大多数汽车配件经销商都引入了计算机管理系统，其管理网络涵盖汽车配件经营的全过程，从产品订货、入库、确定销售价格、按车型及编号等方式分类管理、零配件出库、结算到销账等各环节。

[任务实施二]　按照日常售货流程，完成日常汽车配件销售。

一、接待与拜访客户

汽车配件日常销售之接待与拜访客户

售货流程是指以手工操作为基本售货方式的零售企业，销售人员在一天的售货接待过程中，依次进行的工作步骤。

1. 售前准备

在一天的销售工作开始之前，要做好充分的售前准备工作。准备工作是围绕商品销售进行的。主要内容有商品的准备、售货用具的准备、营业场地的清理、销售人员的仪容和仪表的准备等方面。

2. 接待服务

接待服务是销售人员的基本职责。按步骤一般分为迎客和接触。

1）迎客。迎客即迎接客户，是客户光临店面或柜台的准备阶段。基本要求是随时准备、主动迎客。

2）接触。接触即接近客户并打招呼。

3. 展示与介绍商品

1）展示。展示就是将商品从柜台、货架上取出，向客户展示商品的全貌、性能和特点，便于客户对商品进行鉴别、挑选，激发客户的购买欲望。

2）介绍。介绍就是销售人员向客户推荐介绍商品。基本要求是：实事求是，维护客户利益；因人而异，尊重客户；态度诚恳，语言准确鲜明；介绍商品要和展示商品结合起来。

4. 开票与收款

通常情况下，客户持销售人员开具的销售凭证到收银台交款，然后回到原售货地点取货。

5. 递交与道别

将商品递交给客户的基本要求是主动递交、准确礼貌。道别即送别客户，基本要求是亲切自然、用语恰当。

6. 接待与拜访礼仪

销售人员无论是接待客户，还是拜访客户，都要做到形象得体、举止适度、尊重客户，能够使双方关系有一个良好的开端，并且突出企业形象。

（1）形象得体　要做到形象得体，销售人员必须注意以下四方面问题：

1）衣着。着装要合体、合时，做到自然、整洁、庄重和协调。

2）装饰。适当的装饰有时能给客户留下深刻的印象，但不宜过多。

3）化妆。作为女销售人员，恰到好处的化妆既可增添女性风采，又可表现出对客户的尊重。

4）整洁。保持个人卫生清洁，服装整齐。

（2）举止适度　销售人员做到举止适度、“站有站相，坐有坐相”，遵守进退礼节，避免不礼貌、不文明的举止。

（3）尊重客户　在接待与拜访客户的过程中，应该做到尊重客户，这是做好销售工作的前提。销售人员无论是接待客户，还是拜访客户，都要合理使用社交语言，为交谈创造和谐融洽的气氛，用语言塑造良好的自我形象。

（4）合理使用社交语言

1）运用正确恰当的称呼。

2）掌握适当的寒暄方式。

3）善于运用真诚的赞美。

4）学会恰当的拒绝方式。

总之，大方有礼、亲切热情、真诚友善的第一印象，将为销售打开良好的开端。

二、汽车配件介绍与咨询

1. 商品咨询服务的内容

销售人员在汽车配件销售过程中的咨询服务内容包括：

（1）介绍商品的来源　市场上常见的配件来源一般有：原厂件、配套件、许可生产件、其他件、拆车件和翻新件。不同来源的配件质量不同，销售人员应明确地向客户介绍所经销配件的来源。

（2）介绍商品的质量　汽车配件种类繁多，其用途、性能、技术参数和质量评价指标各不相同，要针对具体商品的特性进行介绍。如发动机的质量主要取决于它的动力性、经济型、可靠性，介绍其质量时应着重介绍这些方面。

汽车配件日常销售之配件介绍

（3）介绍商品的特点　汽车配件具有车型多、品种多、专用性强的特点，销售人员要清楚地向客户介绍所经销配件的通用互换情况，介绍同一车型、不同代产品的配件能否通用的情况。

（4）介绍商品的使用及保修规定　客户购买配件时，并不十分清楚所购买配件在使用过程中的注意事项，销售人员应详细地向客户介绍该配件的性能特点及使用方法，必要时还需要亲自示范或让客户亲自试用。同时还要介绍所购买配件的质量保修规定，如保修年限、保修范围等。

（5）介绍商品的原料构成及生产工艺　每种配件的原料构成和生产工艺水平的高低对该种配件的质量、性能和使用寿命都有重大影响。销售人员应详细了解所销售配件的材料构成和生产工艺，必要时可向客户详细介绍。

（6）向客户提供有关的市场信息　面对激烈的市场竞争，销售人员应知己知彼，要了解与所经销配件相关的市场信息，既可以为客户购买提供参考，促成销售，又可以在本企业不能满足客户需求时，为客户提供帮助。

2. 咨询服务方式

咨询服务主要有以下三种方式：

（1）现场咨询　现场咨询即在销售活动中，销售人员现场解答客户提出问题的服务方式。销售人员与客户面对面交流，信息反馈迅速，有利于双方的交流与沟通。另外，客户所提的问题都是围绕销售人员所销售的商品，因此，销售人员可以通过展示、表演、示范、操作商品等方式，解答客户的疑问，使客户全面、充分地了解商品，并加深客户对商品的良好印象。

（2）电话咨询　电话咨询高效、迅速，并且在销售工作中起到越来越大的作用。但是由于销售人员和客户不能见面，使得双方的交流及沟通受到很大影响。

（3）信函咨询　即销售人员以信函的形式，为客户解答疑问的一种咨询服务方式。

3. 咨询服务的注意事项

销售人员在提供咨询服务时，要热情周到，能为客户解决实际问题；不要随便许诺提供不能兑现的服务，否则会让客户有上当受骗的感觉，引起客户不满，也会影响企业形象；在介绍商品时，既要全面介绍企业的售后服务政策，以吸引客户购买，也要交代清楚注意事项，避免日后产生纠纷。

4. 客观介绍企业的售后服务

随着各大汽车公司技术水平的不断提高和生产设备的不断完善，汽车产品的性能、质量、价格也趋于一致，导致市场竞争的焦点都在向产品的售后服务方面转移。因此，企业售后服务工作的好坏，直接影响到产品的市场占有率。销售人员在介绍商品的同时，要全面介绍企业的售后服务政策，以吸引客户购买。

三、谈判与成交

1. 谈判前的准备工作

谈判是一项非常复杂的工作，谈判形势多变，要适应这种局势并在错综复杂的局势变化中掌握谈判的发展方向，使己方处于有利地位，谈判人员就要“打有准备之仗”。

在谈判前，要做好两方面准备工作：一是尽量详细地收集相关资料；二是根据这些资料、信息，分析谈判可能出现的各种情况，准备应对方案，即信息准备和决策准备，其中信息准备是关键。

首先，谈判人员要全面掌握己方情况，包括：己方的经济实力、己方的谈判目标及己方对谈判的准备情况。

全面掌握己方情况的同时，还要了解谈判对手的情况，包括对手的经济实力、信用和真正需求。但这些信息很难获得，通常需要依靠分析对手近阶段的经营情况、财务状况及通过在谈判中小心试探获得。除此之外，还应了解对手的谈判诚意、谈判人员决策权限和谈判风格等信息。

在了解了己方和对手的情况后，还要对拟销售商品的市场情况及竞争情况做到全面了解，包括市场需求情况、市场供应情况、市场销售情况和市场竞争情况等，这与谈判成功与否有密切关系。

除了解己方和对手的情况和拟销售商品的市场情况及竞争情况，还需要了解与谈判及交易相关的环境情况，主要包括当地的政策法规、交通运输能力、社会文化背景及商业习惯等。

2. 制订谈判方案

所谓谈判方案就是有关谈判应达到的谈判目标、应遵循的原则及为达到谈判目标而确定采取的步骤等的总和。谈判方案是谈判的指南，决策正确才能促进谈判成功。

3. 谈判的基本方法与技巧

在销售过程中，了解客户心理，投其所“好”，投其所“需”，有利于促成交易。可以通过仔细观察、询问和交谈来揣摩客户心理，了解客户的购买动机、性格和购买心理。在与客户交谈时，营造和谐融洽的气氛，会增加成交的可能性。既要热情礼貌、谦虚文雅，又要自信、可信。

4. 克服谈判障碍，引导谈判走势

谈判中会出现异议、争论，甚至发展到僵局，这种僵局就是谈判障碍。谈判者应学会克服谈判障碍，并引导谈判向有利于己方的方向发展。实践证明，克服谈判障碍应注意遵循对事不对人、尽可能满足双方利益的原则。根据出现僵局的原因，选择采取感情缓解、期限缓解、改变话题缓解、休会缓解、换将缓解等方法，冷静、灵活地应对，努力克服谈判障碍，以促成利于己方又不损害对方利益的交易。

5. 灵活运用谈判技巧

在谈判中常用的技巧有以下几种：提问与聆听、不轻易亮底牌、报价的艺术、时间期限战术、伺机喊“暂停”、适当使用施压、出其不意、额外奉送、沉默与耐心、折中

调和战术、谈判中权利的运用等。在实际谈判过程中，这些技巧绝不是孤立的，只有掌握运用各种技巧的时机和分寸，巧妙地利用各种技巧，才能成功。

6. 妥善处理客户意见分歧

在店堂接待客户和拜访客户时，都可能出现与客户发生意见上的分歧或异议。作为销售人员必须正确地对待这种意见分歧，应本着为客户利益着想、不回避意见分歧、尊重客户意见、永不争辩等原则来对待或处理与客户的意见分歧。

7. 成交

客户在接受推销的过程中，会有意无意地流露出各种成交意向，销售人员必须善于观察客户的言行，捕捉各种成交信号，及时促成交易。客户在听取了销售人员的说明后，若表现出认真的神情，提出降低价格的要求，要求详细说明使用方法、注意事项及售后服务，主动将销售人员介绍给他人，主动出示有关产品的情报和资料，对正在使用的其他厂家产品表示不满，对销售人员态度明显好转等，都是常见的成交信号，此时销售人员可以向客户询问购买意向。

四、货款结算

结算是各经济单位间由于商品交易、劳务供应和资金调拨等经济活动而引起的货币收付行为。配件货款结算即配件交易中的货币收付行为。

1. 正确计算货款

在货款结算时首先要正确计算货款。计算货款的基本要求是：一准、二快、三清，即销售人员在计算货款时要准确、迅速，并将计算结果清晰地告知客户。为了避免误会，计算货款的整个过程要当着客户的面进行。如果客户对货款计算有疑问，销售人员要耐心地重新计算，并礼貌地做好必要的说明和解释。

结算方式种类繁多，按支付手段分，有现金结算和转账结算。

现金结算是指通过现金收付进行资金往来清算的办法，适用于个人、个体工商户等。在现金结算时，买卖双方同时在场，交货与付款同时进行，钱物当面两清，手续简便。

转账结算是指通过银行票据的传递进行资金划拨的清算方法，主要用于经济组织、事业单位、行政机关之间的资金往来清算。

伴随电子商务的飞速发展，从网上支付平台将款项从付款单位账户划转到收款单位账户的方式也属于转账结算。

为保证商品交易和结算业务正常进行，我国结算制度中规定办理结算必须遵循以下三条原则：

（1）钱货两清　即卖方要按期发货，买方要按规定付款，不得拖欠货款和无理拒付货款。

（2）维护收付双方的正当权益　收付双方要严格履行合同的有关条款，执行结算制度的规定，维护收付双方的正当权益。

（3）银行不予垫款　银行为企业提供结算服务，只负责把款项从付款者账户转入收款者账户，不能代垫款项。企业委托银行付款时，必须在银行账上备有足够的资金；委托银行收款时，必须等待款项收妥后才能支用。

2. 正确填写发票

客户交付完货款后，要给客户购买的商品出具正规的发票。发票是原始凭证，必须正确填写。填写发票时不能出现以下问题：

①字迹潦草，使人看不清。

②填写栏目颠倒、漏填、涂改。

③价格计算错误。

④没有复核，内容前后矛盾。

⑤没有做好复写，或一联一联分开填写，第一联与以后几联内容不一致等。

结合丰田汽车哈尔滨零件中心销售业务实际，按照汽车配件销售流程，完成客户订单处理。

1）登录销售系统，进入“零件部门订单下载”菜单，如图 3-10 所示。

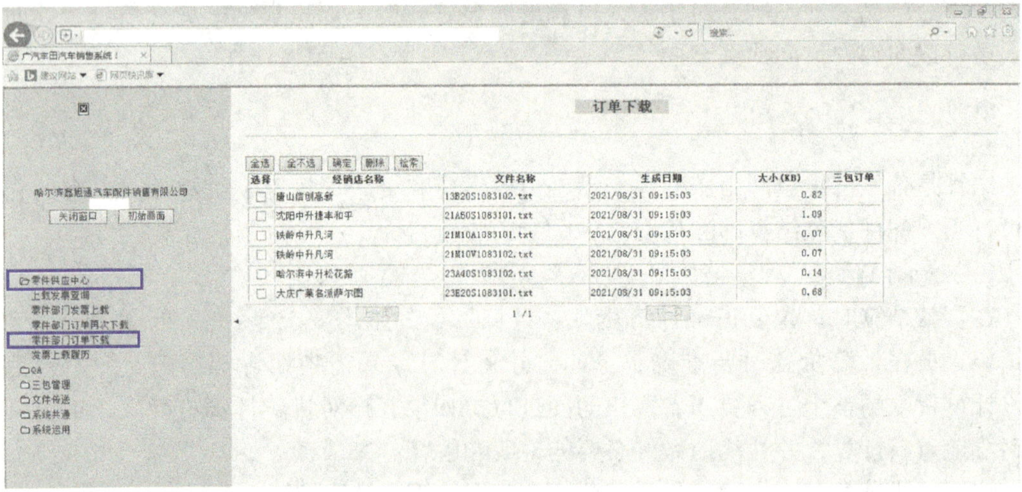

图 3-10　进入“零件部门订单下载”菜单

2）勾选需要下载的订单，如图 3-11 所示。

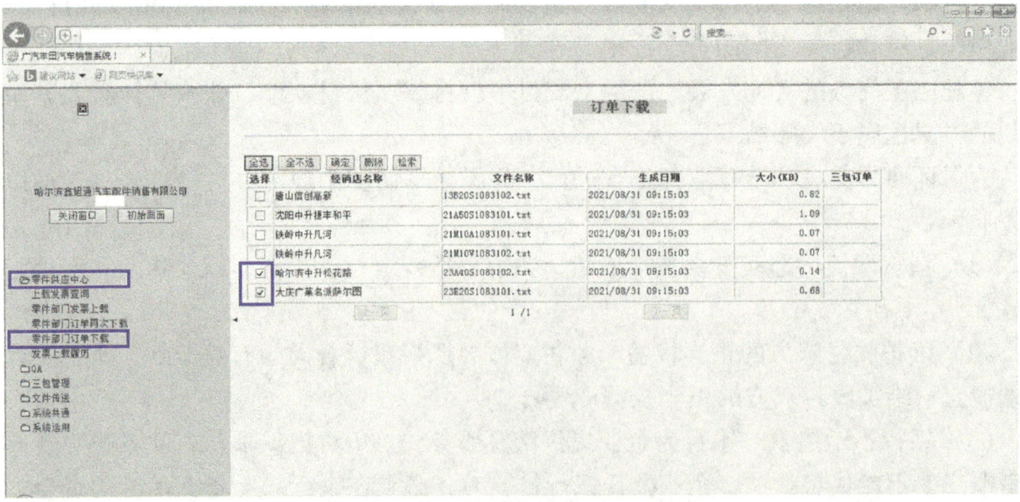

图 3-11　勾选需要下载的订单

3）单击“订单下载确认”，如图 3-12 所示。

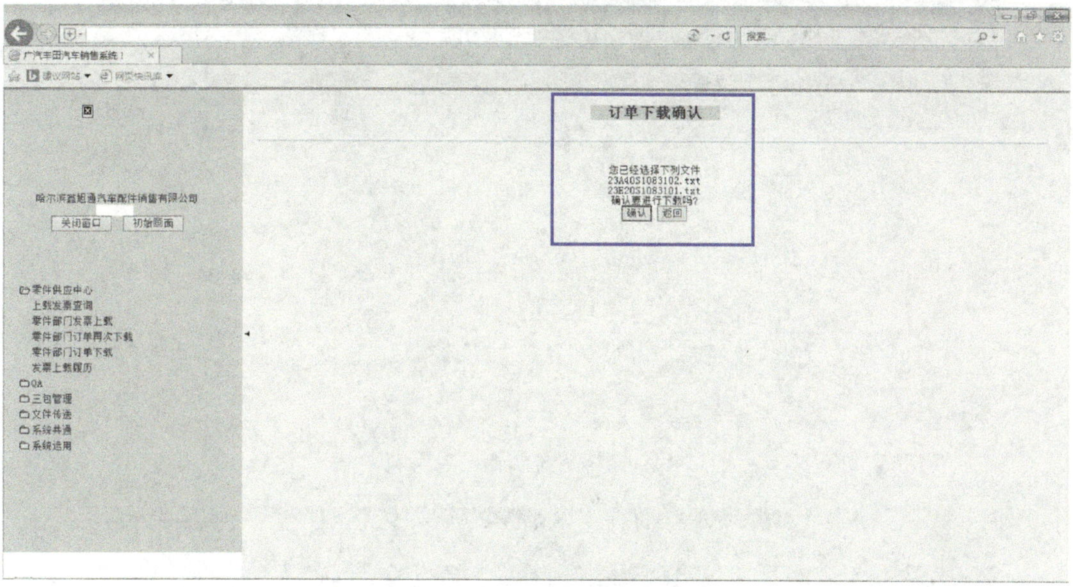

图 3-12　订单下载确认

4）单击“确认”按钮，保存下载的订单，如图 3-13 所示。

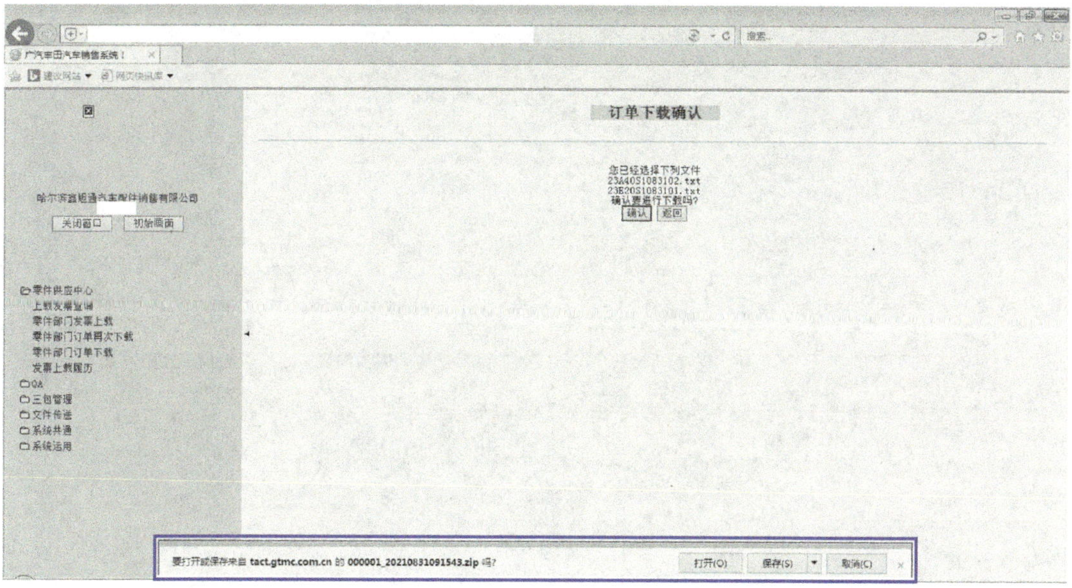

图 3-13　保存下载的订单

5）进入 TOPSS 系统，选择“经销商订单”菜单，如图 3-14 所示。

6）单击“新增”按钮，选择“导入经销商订货档”菜单，如图 3-15 所示。

7）选择已下载的经销商订单，导入系统，如图 3-16 所示。

8）显示导入结果，如图 3-17 所示。

9）切换到“销售发票”界面，如图 3-18 所示。

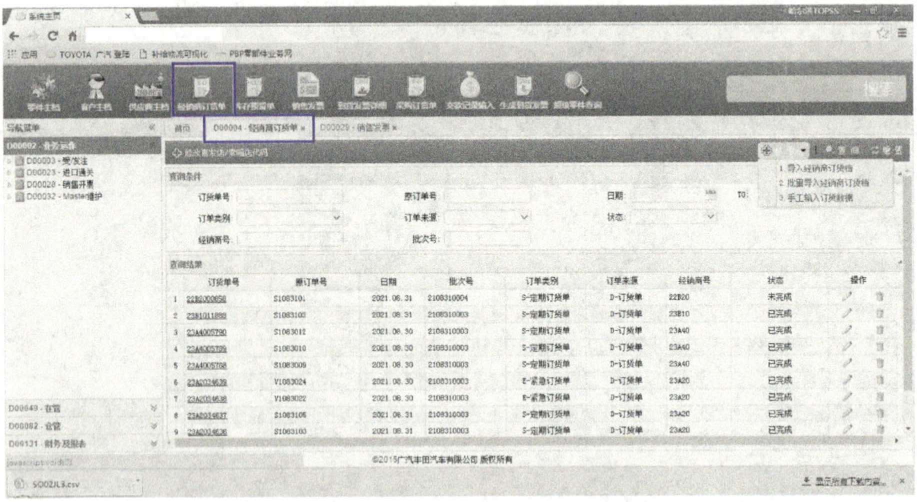

图 3-14　选择“经销商订单”菜单

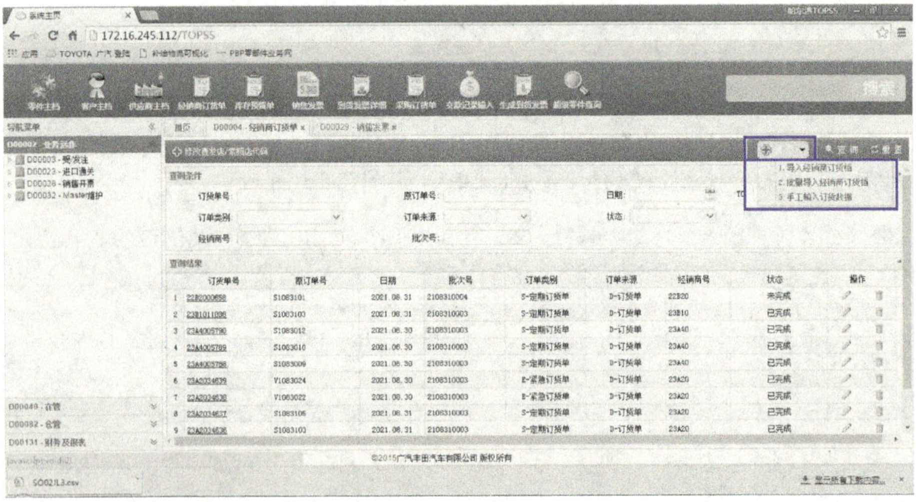

图 3-15　单击“新增”按钮，选择“导入经销商订货档”菜单

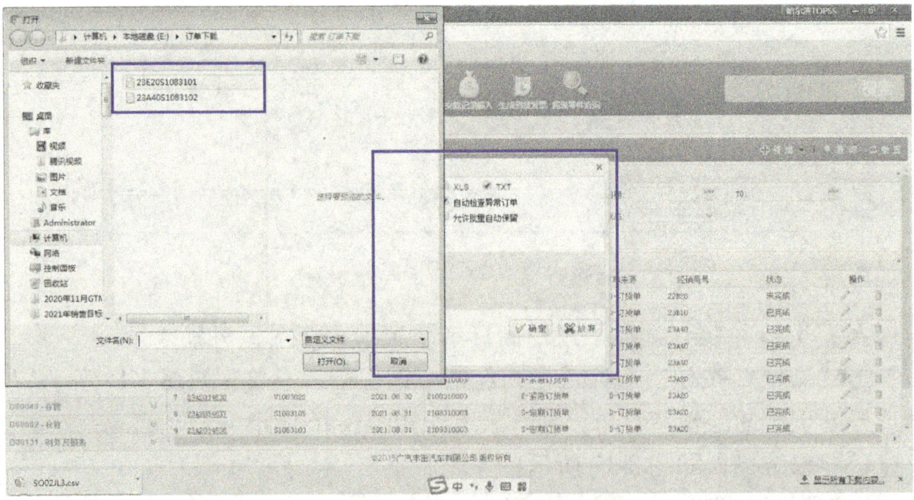

图 3-16　选择已下载的经销商订单，导入系统

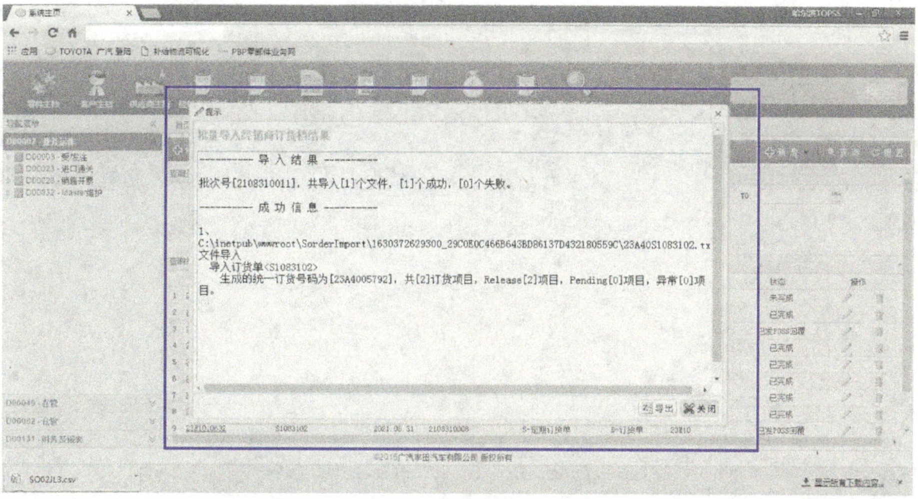

图 3-17 显示导入结果

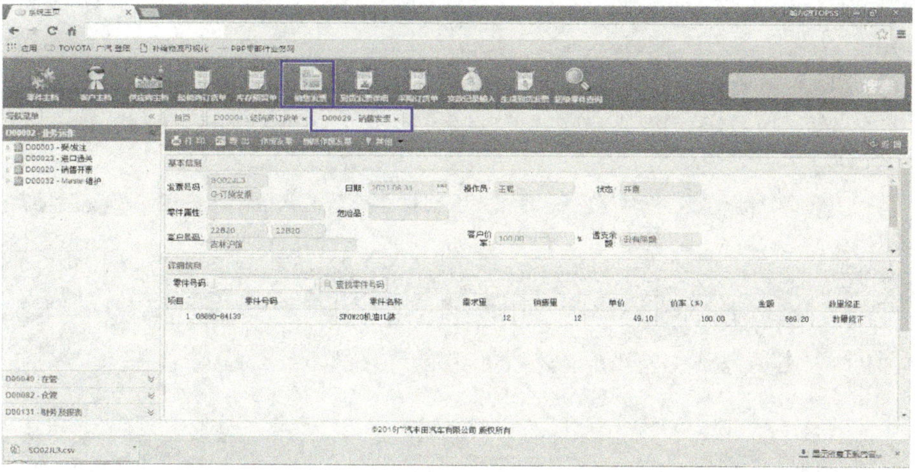

图 3-18 切换到“销售发票”界面

10）单击“创建发票”按钮，如图 3-19 所示。

图 3-19 单击“创建发票”按钮

11）弹出“销售发票生成”窗口，如图 3-20 所示。

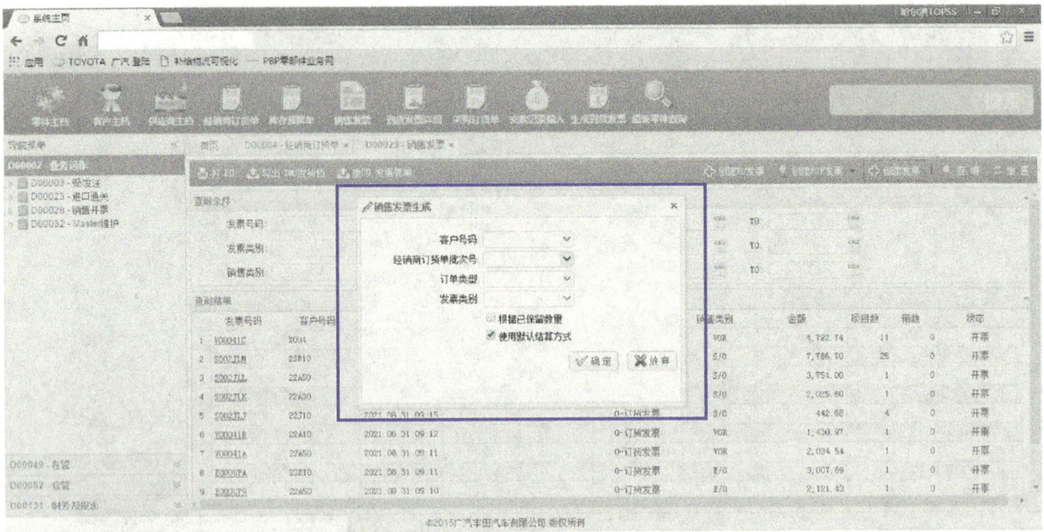

图 3-20 弹出“销售发票生成”窗口

12）选择“经销商订货单批次号”，如图 3-21 所示。

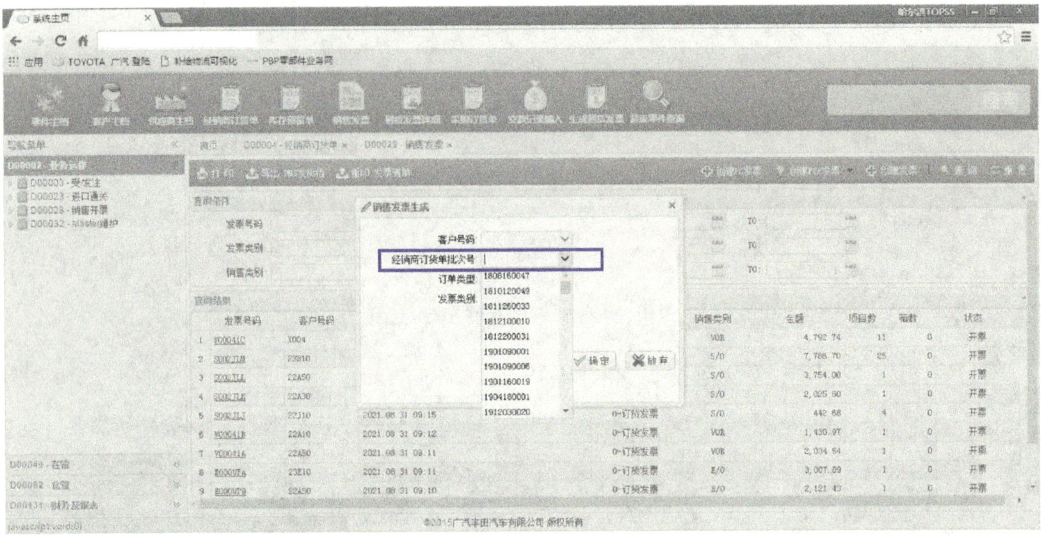

图 3-21 选择“经销商订货单批次号”

13）单击“确定”按钮，显示“创建发票结果”并显示“生成发票信息”，如图 3-22 所示。

14）单击选中生成的发票信息，如图 3-23 所示。

15）显示选中发票的具体内容，包括发票号码、客户号码、零件号码、零件名称、需求量、销售量、单价、价率及金额等详细信息，如图 3-24 所示。

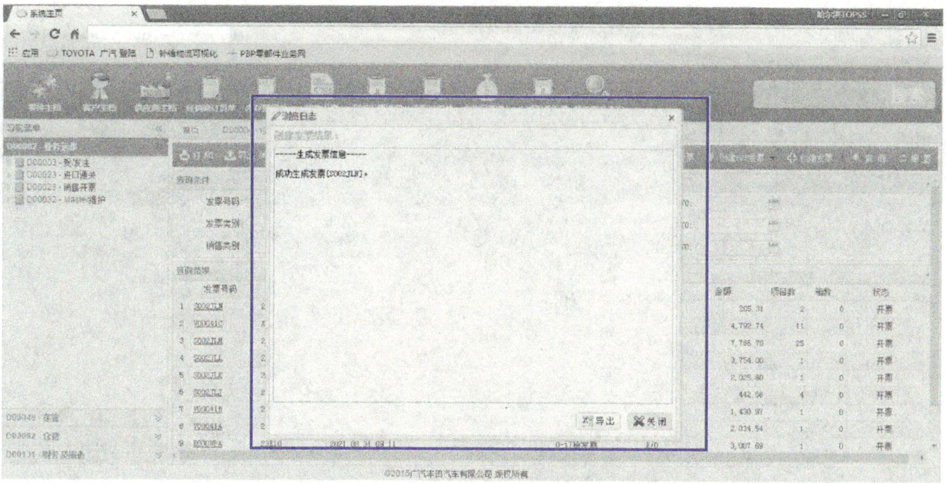

图 3-22　显示“生成发票信息”

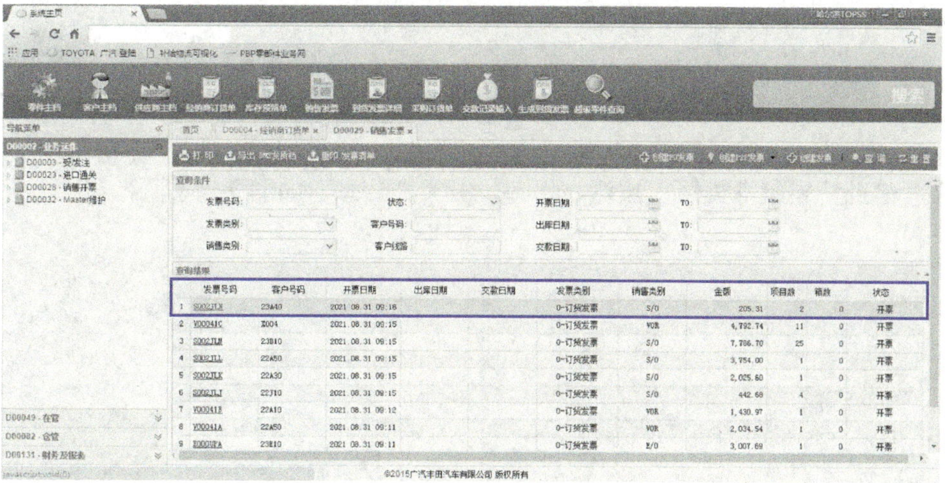

图 3-23　单击选中生成的发票信息

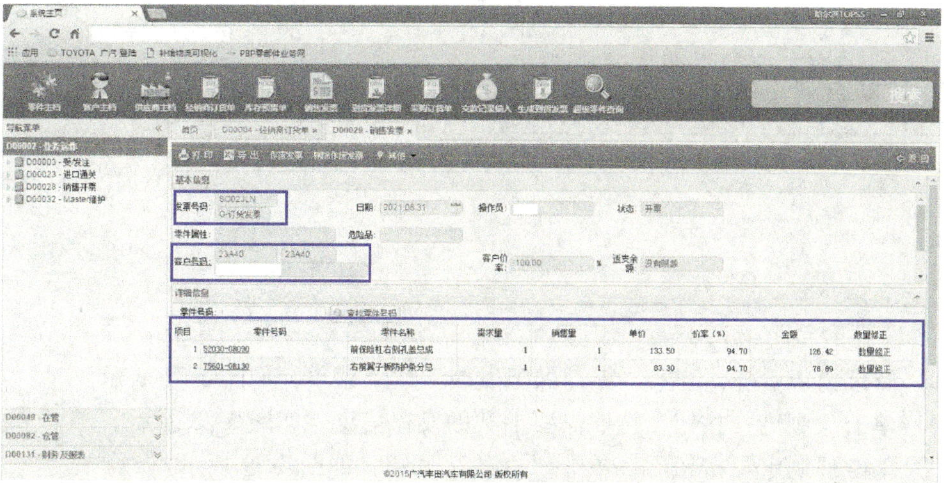

图 3-24　显示选中发票的具体内容

16）单击“其他”按钮，如图 3-25 所示。

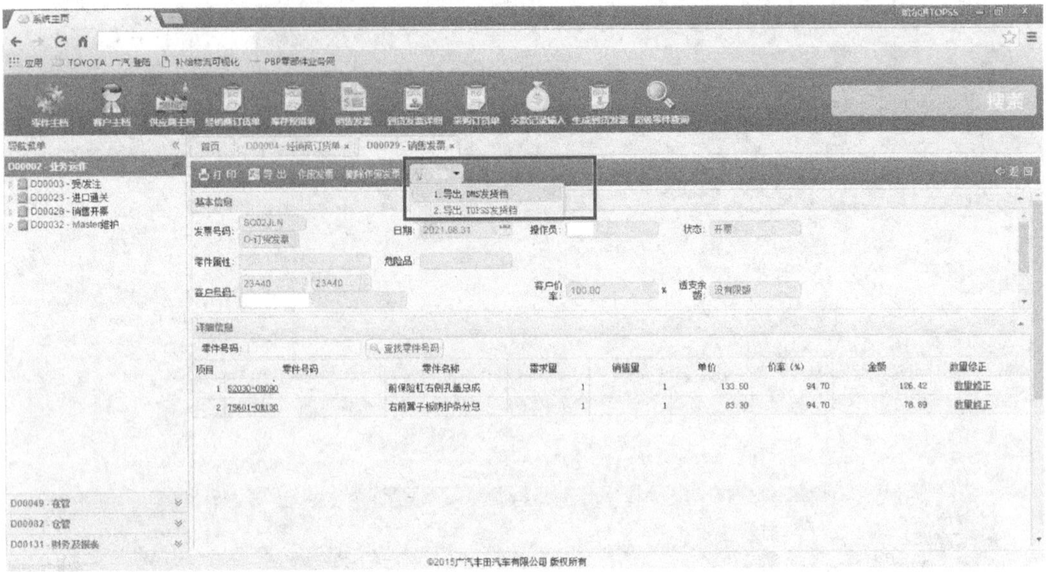

图 3-25　单击“其他”按钮

17）单击“导出发货档”按钮，保存发货文档信息，如图 3-26 所示。

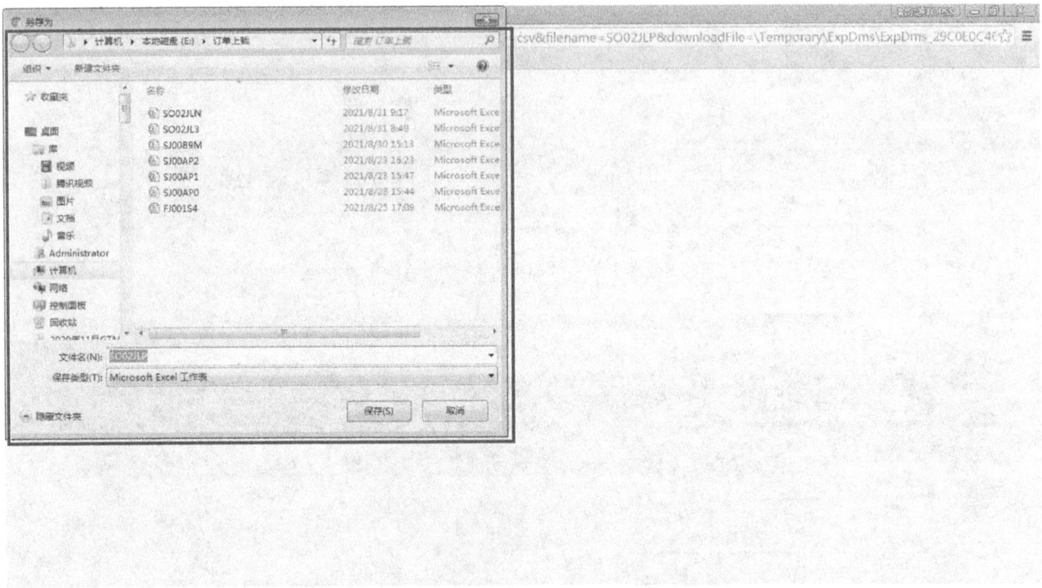

图 3-26　单击“导出发货档”按钮，保存发货文档信息

18）登录销售系统，进入“零件部门发票上载”菜单，如图 3-27 所示。

19）单击“浏览”按钮，选取需要上载的发票信息，如图 3-28 所示。

20）单击“确定”按钮后，单击“上载”按钮，如图 3-29 所示。

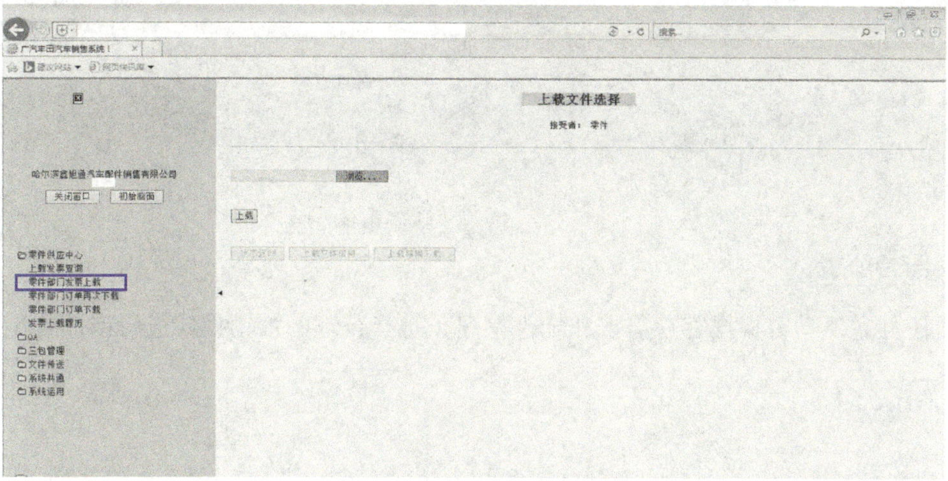

图 3-27　进入“零件部门发票上载”菜单

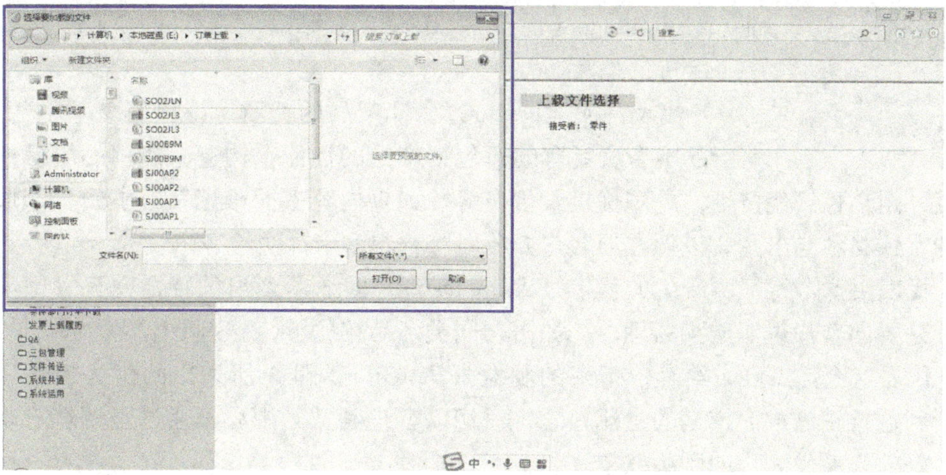

图 3-28　选取需要上载的发票信息

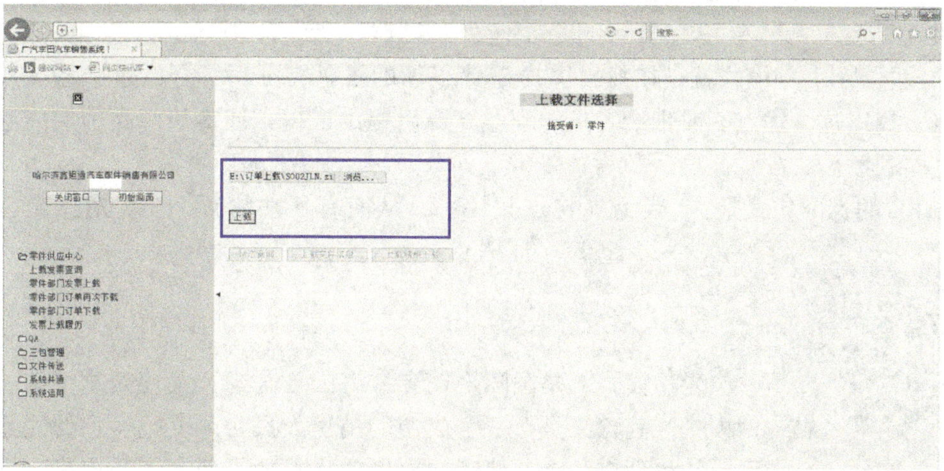

图 3-29　单击“上载”按钮

任务 2 汽车配件推销模式应用

任务解析

本任务主要学习根据客户需求和配件情况，选择合理的推销模式进行产品推销。

知识链接

推销模式应用之费比模式

一、费比模式

“费比”是 FABE 的译音，FABE 则是英文字母 Feature（特征）、Advantage（优点）、Benefit（利益）、Evidence（证据）的第一个字母的缩写。

F 代表特征（Feature），即产品的特质、特性等最基本的功能，是产品本身所具有的，包括产品的性能、构造、使用的简易性及方便程度、耐久性、经济性、外观优点及价格等。如果内容多而难记，应事先打印成广告形式的宣传材料与卡片，以便在向客户介绍时将材料和卡片交给客户。

A 代表由这个特征所产生的优点（Advantage），即 F 所列出的特性究竟发挥了什么功能，是要向客户说明购买的理由，如需与同类产品相比较，要列出比较优势。

B 代表这个优点能带给客户带来的利益（Benefit），即 A 所列出的优势带给客户的好处。利益推销已成为推销的主流理念，一切以客户利益为中心，通过强调客户得到的利益、好处来激发客户的购买欲望。

E 代表证据（Evidence），包括技术报告、客户来信、报刊文章、照片、示范、销售数据等。销售人员应用最真实的数据、案例、实物等证据解决客户的各种疑虑，促使客户购买。

费比（FABE）模式就是在找出客户最感兴趣的各种特征后，分析这个特征所产生的优点，找出这个优点能够带给客户的利益，最后提出证据，证实该产品确实能给客户带来这些利益。

FABE 的标准句式是：“因为（特点）……，从而有（功能）……，对您而言（好处）……，您看（证据）……”。

推销模式应用之爱达模式

二、爱达模式

爱达模式，是国际推销专家海因兹·姆·戈德曼总结的一种推销模式。其含义是，一个成功的销售人员必须要把客户的注意力吸引或转移到产品上，使客户对销售人员所介绍的产品产生兴趣，进而促使其购买行为，达成交易。

爱达（AIDA）模式中，A 为 Attention，即引起注意；I 为 Interest，即诱发兴趣；D 为 Desire，即刺激欲望；A 为 Action，即促成购买。

吸引注意力、诱发兴趣、刺激购买欲望这三个阶段，需要发挥销售人员的聪明才智，要根据具体的销售环境与对象策划自己的销售行动。

运用爱达模式过程中，吸引客户注意力是非常关键的问题。面对客户时，保持与客户的目光接触，利用“实物”或“证物”，赠送新颖别致的小礼物等，都可能起到抓住客户注意力的效果。

如果客户满怀“兴趣”地在听介绍，那说明销售人员向成功迈进了一步，已经引起了客户的兴趣和认同。

要选对客户，向需要所销售产品的客户推销。主动前来问价的客户，显然对产品已经有了“需要”，要快速找出他们的“需要”到底是什么，并强化他们的需要，引起他们对产品的兴趣和认同。许多客户的“需要”必须靠销售人员自己发觉。向客户问问题，是发觉客户“需要”的好方法；熟练的示范表演、客户的亲身体验都是“引起客户兴趣和认同”的好方法。“引起客户的兴趣和认同”，属于推销的第二个阶段，它与第一个阶段“集中客户的注意力”相互依赖；先要集中客户的注意力，才能引起客户的兴趣；客户有了兴趣，他们的注意力才会愈来愈集中。

当客户对购买产品所获得的利益有充分的认识，并且认识到自己有某种需求，而销售人员销售的产品刚好能满足他的这种需求，销售人员还能用充分的理由和证据让客户知道他的购买决策是正确的。这时，客户就会产生“购买的欲望”。

推销的最终目的是促成客户“购买”商品。如何促使客户采取购买行动呢？假设成交法和选择成交法，都很奏效。例如，“先生，给您加满吗？”“先生，您加一个鸡蛋还是两个鸡蛋？”抖出一些“紧急情况”，如“下星期一，就涨价了”“只剩最后一个了”等“紧急情况”，都可能让客户及早采取购买行动。

爱达模式不仅适用于店堂销售，也适用于一些易于携带的生活用品和办公用品的推销，还适用于新销售人员以及面对陌生客户时的推销。

三、迪伯达模式

推销模式应用之迪伯达模式

迪伯达模式被认为是一种创造性的推销模式，是以需求为核心的现代推销学在推销实践中的突破与发展，被誉为现代推销法则。

“迪伯达”是六个英文字母 DIPADA 的译音。这六个英文字母分别为六个英文单词的首字母。它们表达了迪伯达模式的六个推销步骤：

第一步，准确地发现（Definition）客户的需要与愿望。

第二步，把推销产品与客户需要结合（Identification）起来。

第三步，证实（Proof）所推销的产品符合客户的需要与愿望。

第四步，促进客户接受（Acceptance）所推销的产品。

第五步，激起客户的购买欲望（Desire）。

第六步，促成客户采取购买行动（Action）。

1. 准确地发现客户的需求与愿望

大量的推销实践证明，推销真正的障碍来自需要和愿望得不到满足。客户的需要可能同时有许多种，既有明显的、可言说的，又有隐蔽的、不可言说的。客户的一些隐蔽的需求和愿望，需要推销人员去挖掘、去求证；多个需要都要考虑到，尽量同时满足。

准确地发现客户的需求与愿望，是有效推销的基础和保证。

2. 把推销的产品与客户需要结合起来

FABE 模式的 Feature（特征）、Advantage（优点）、Benefit（利益）就是这个阶段很好的诠释。紧紧围绕产品给客户带来的利益，展开推销活动。

3. 证实所推销的产品符合客户的需要和愿望

即销售人员用各种手段与证据，证明产品的确能满足客户的需求。帮助客户寻求购买的理由和佐证。从证据的提供者划分，包括：人证、物证和例证，如：

人证——权威人士（如领导、明星等）。

物证——权威部门提供的证据（如检测报告、报纸、照片等）。

例证——购买产品取得效益的单位和个人。

从证据的获取渠道划分，包括：生产现场证据、销售与使用现场证据、客户经验介绍证据。例如：

生产现场证据——如参观、录像、图片等。

销售与使用现场证据——如样品。

客户经验介绍证据——如讲话、文字。

4. 促进客户接受所推销的产品

坚持以客户为主，引导客户前进。

（1）提问法　“如果您对我们产品的质量没有了疑问，那我们来讨论一下交货问题好吗？”

（2）总结法　“通过前面的讨论和分析，可以看出，我们的产品是您明智的选择。”

（3）示范检查法　示范产品，检查效果，进一步地说服。

（4）试用法　工业产品推销中广泛使用。

（5）诱导法　层层深入，由小到大，由浅入深。

5. 刺激客户的购买欲望

在推销过程中，仅仅使客户把他的需要和推销的产品联系起来是远远不够的，还应该使客户认识到：他必须购买销售人员推销的产品，因为这就是他需要的。因此必须激发客户的购买欲望，这一步骤与爱达模式的“激发客户购买欲望”相同。

6. 促成客户采取购买行动

这是迪伯达模式的最后一个步骤，这个步骤的关键是销售人员要主动提出成交请求。许多销售人员失败的原因仅仅是因为他们没有开口请求客户订货，就好像瞄准了“目标”却没有“扣动扳机”一样。这个步骤与爱达模式的第四个阶段“促成购买”是相同的。

迪伯达模式适用于对老客户及熟悉客户的销售，适用于保险、技术服务、咨询服务、信息产品等无形产品的销售，适用于客户属于有组织购买即单位购买者的销售。

四、埃德帕模式

埃德帕模式是“迪伯达”模式的简化形式，它适用于有着明确的购买愿望和购买目标的客户。埃德帕模式（IDEPA）概括了五个阶段，即：

1）把推销的产品和客户的需要与愿望结合（Identification）起来。

2）向客户示范（Demonstration）推销的产品。

3）淘汰（Elimination）不宜推销的产品。

4）证实（Proof）客户所做出的产品选择是正确的。

5）促使客户接受（Acceptance）推销的产品，做出购买决定。

推销模式应用之埃德帕模式

1. 把推销的产品和客户的需要与愿望结合起来

一般来说，人们总希望从购买活动中获得一定的利益，销售人员应对上门主动求购的客户热情接待，主动介绍商品，使客户认识到购买商品所能获取的利益，紧紧扣住客户的心弦，使其欲罢不能，只好接近销售人员，这种效果是其他接近方法所无法达到的。

在实际推销工作中，普通客户很难在销售人员接近时立即认识到购买商品的利益，同时为了掩饰求利心理，也不愿主动向销售人员打听这方面的情况，而往往装出不屑一顾的神情。如果销售人员在接近客户时主动提示商品利益，可以使商品的内在功效外在化，尽量满足客户需求。

在向客户展示利益时，销售人员应该注意的问题是：商品利益必须符合实际，不可浮夸。在正式接近客户之前，销售人员应该进行市场行情和用户情况调查，科学预测购买和使用产品可以使客户获得的效益，并且要留有一定余地。

2. 向客户示范推销的产品

证实的常用办法是示范。所谓示范就是当着客户的面展示并使用商品，以显示出推销的产品确实具备能给客户带来某些好处的功能，以便使客户产生兴趣和信任。

熟练地示范推销的产品，不仅能吸引客户的注意力，更能使客户直接对产品发生兴趣。示范最能给人以直观的印象，示范效果如何将决定推销成功与否。因而，示范之前必须周密计划。

3. 淘汰不宜推销的产品

有些产品不符合客户的愿望，在向客户推销产品的时候，应及时筛选出那些与客户需要不吻合的产品，使客户尽量买到合适的产品，但也不能轻易淘汰产品，要做一些客观的市场调研及分析。

4. 证实客户所做出的选择是正确的

用案例证明客户已选的产品是合适的，该产品能满足他的需要。

5. 促使客户接受推销的产品，做出购买决定

销售人员应针对客户的具体特点和需要进行促销工作，并提供优惠的条件，以促使客户购买推销的产品。

在采用埃德帕模式时，不必去发现和指出客户的需要，而是直接提示哪些产品符合客户的购买目标，这一模式比较适合于零售推销。

无论是中间商的小批量进货、批发商的大批量进货，还是厂矿企业的进货，也无论是采购人员亲自上门求购，还是通过电话等通信工具询问报价，只要是客户主动与销售人员接洽，都是带有明确的需求目的的，都可以采用埃德帕模式。

任务实施

一、利用费比模式进行长城 FD-2A 型防冻液的推销

客户马先生到旭通汽车配件商店购买防冻液，销售员小李向他推荐了长城 FD-2A 型防冻液，如图 3-30 所示。马先生想买 3 桶防冻液，希望产品质优价廉，单价控制在百元内。小李向马先生推荐的产品比长城 FD-1 型防冻液贵 10 多元，如图 3-31 所示。长城 FD-2A 型防冻液和 FD-1 型防冻液产品信息见表 3-3。

图 3-30 长城 FD-2A 型防冻液

图 3-31 长城 FD-1 型防冻液

表 3-3 长城 FD-2A 型防冻液和 FD-1 型防冻液产品信息表

项目	长城 FD-2A 型防冻液	长城 FD-1 型防冻液
品牌	长城	长城
型号	FD-2A	FD-1
主要成分	乙二醇	乙二醇
净含量	4L	4L
冰点	-45℃	-25℃
沸点	108℃	106℃
特性	优异的冷却性能、防冻性能 优良的缓蚀性能、阻垢性能	防冻、防沸、防锈
价格	78 元	62 元

销售员小李：您好，欢迎光临旭通汽配。我是销售员小李，有什么可以帮您的？

客户马先生：我想买 3 桶防冻液。

销售员小李：您想买什么牌子的？

客户马先生：品质好，价格便宜的，最好在 100 元以内。

销售员小李：马先生，我们销售的长城 FD-2A 型防冻液非常适合您的车。这款防冻液防冻保护达-45℃，沸点达 108℃，冷却性能、防冻性能、缓蚀性能、阻垢性能优良，能全年全天候保护您的汽车发动机。近一个月，这款防冻液已经销售 300 多桶了。

客户马先生：好，买 3 桶，开票吧。

二、利用爱达模式进行购车贷款业务推销

某客户欲全款购买奥迪 A6 轿车，4S 店销售员向其推荐贷款。

客户：车我付全款，我不想做贷款，不划算！

销售员：我明白您的心情，奥迪 A6 全款购车只能享受车价 10%优惠，但是做 1~3 年贷款可以享受厂家专案贴息即 0~3.88%的低利率贷款，更可以享受车价 12%优惠，很划算！况且，几乎所有来我们这里的客户都是做的贷款购车。

客户：听起来不错，不过我觉得贷款好麻烦，手续又繁杂，又要来回跑。

销售员：这样吧，我们可为您做全款转贷款，先收您全款，资料备齐了其他的贷款事情就交给我们做，贷款我们跑下来了钱再返还到您账户上，您既享受爱车的同时还能享受贷款为您带来的好处。

客户：嗯？这样也行？给我做一年的贷款吧，利息少。

销售员：请问您一定是做生意的吧？

客户：是呀！怎么了？

销售员：贷款期间部分车款还是留在您手里的，还可以做其他投资或者周转，其升值空间可是要比您做贷款购车所产生的利息多，何乐而不为呢。推荐为您做一汽金融 3 年的厂家贷款专案享受 3.88%低利率，首付为您做 50%，资金占用少，按月慢慢还。做贷款要收一定的手续费，但和带来的好相处比就不算什么了，给您算笔账……

客户：嗯，有道理……那就做 3 年的吧。

销售员：咱们先交款及办理贷款前期手续，以方便提车，同时为您办理相应的全款转贷款手续。

分　析

1）引起注意：价格吸引，全款只能优惠 10%；做贷款可以优惠到 12%。

2）诱发兴趣：强调客户贷款不麻烦。可做全款转贷款，跑贷款的事情由店里来做。

3）刺激欲望：推荐为客户做 3 年的 50%首付，享受厂家 3.88%的低利率政策，占用资金少。为生意留资金可周转，升值的空间大。

4）促成购买：收资料，马上为客户做全款提车，方便给客户做全款转贷款业务。

三、利用迪伯达模式进行汽车产品推销

一对夫妻想换辆新车，国庆节前一天，两人到某 4S 店看车。销售员请两位坐下并倒好茶水，然后简单地自我介绍并递交名片。

销售员：“您好，欢迎光临！请问二位现在用什么车啊？”

先生："威驰。"

销售员："很不错啊，买的时候也不便宜吧？"

太太："可不是，全办下来也差不多17万元呢，换成现在，加点钱都能买凯美瑞了。"

销售员："早买早享受啊！那这次打算是换车还是再买一辆呢？"

先生："想换一辆。"

销售员："那这次买车是用于商务活动还是代步或旅游呢？"

先生："我们家喜欢旅游，节假日想举家出游，现在一辆车不够用，父母、岳父母两家只能有一家随行。"

太太："是啊，所以这次买车，主要解决坐的问题，最好一辆车把两家都带出去，而且所有人都要坐得舒舒服服。"

销售员："那我顺便问一下，二位家里几口人呢？"

先生："我们暂时没有孩子，加起来6个人吧。"

销售员："哦，那也就是说现在要同时乘坐6人，以后有孩子就可能是7人了。"

太太："对，出去玩的时候可能还要装些东西。"

销售员："好的，明白了。那平时主要是谁开车啊？"

太太："平时我老公开，顺便接送我上下班。"

销售员对先生："那您对车辆的操控、配置等有什么需要吗？"

先生："其实我没有太多的要求，只要比现在那个车好一些就行。关键是希望以后节假日再出去旅游可以把两家老人都带上。"

销售员："是，您考虑得非常周到，那除了要空间大还有其他什么要求呢？"

太太："还要坐着舒服，老人年纪大了，腿脚都不灵便了，血压也不稳定，所以坐起来一定要稳、要舒服。"

销售员："是！您说得一点都没错，老人家在车上可不能有个闪失，安全性也要好吧？"

太太："那是必须的，一定要够安全才行。"

销售员："好的，那两位看看，还有什么特别要注意的吗？"

先生："不要太贵，全办下来别超过30万元。"

太太："重点就是要让老人坐得舒服、安全、满意！"

销售员："我明白了。两位此次购车主要是关注两家老人的乘坐，所以空间要大、车辆的舒适性要好，特别要适合老年人乘坐，安全性能高，动力操控要比以前那辆车好，性价比要高。对吗？"

太太："没错！"

分　析

准确地发现客户的需求与愿望，这一步非常重要。可采用"提问了解法"准确地了解客户的真实需求，同时注意礼仪问题，除了让客户在店里感觉舒服外，还要把握语言适度。

销售员："综合这些情况，我认为新一代奥德赛舒适版非常适合，我给二位详细介绍一下吧！”

分　析

把推销品与客户需求结合起来。

销售员带领客户来到车旁。

销售员：“二位此次购车最为看重的就是老人的乘坐空间。请看，这款新一代奥德赛轴距达2830mm，甚至比雅阁还要长出30mm，超长的轴距带来宽裕的乘坐空间，真正做到了源于轿车而高于轿车。”

先生：“是吗？比雅阁还长啊？”

销售员和客户一起来到车前，打开后车门：“车内空间的提升，不仅是在长度上有所增加，还有一个就是车内的高度，设计师通过扁平化设计，在不降低车身离地间隙和适度降低车身高度的前提下，室内高度反而进一步提升。您看，车内空间多大啊。”

太太探头进入车厢：“嗯，还真是不小。不过看上去最后那排座椅好像比较小啊。”

销售员：“您不必担心，为了所有人的乘坐舒适，第三排膝部空间比老款提高了15mm，长途乘坐也不易疲劳。而且增加了第二排座椅滑移释放踏板，从此下车不求人。”

太太：“嗯，里面地方是不小，那老人坐进去舒服性怎么样呢？”

销售员：“这款车在各个方面都在追求最舒适化。比如说它采用四门平开的轿车化设计，使后门开口增大了40mm，配合低地板设计，无论是肥胖还是腿脚不便的老人，都可以不用弯腰屈膝，只要轻松抬脚就可上下车。二位可以试一试。”

先生很高兴地尝试：“嗯，还不错！”

销售员打开后车门，请客户坐在第二排：“这台车最多可以坐7个人。您看，第一排是顶级操作席，第二排我们称为头等舱座，座椅垫的厚度和高度都适当加大，二位可以感觉一下，包覆感和舒适感都非常好，中间有宽大的扶手，左右、前后座位之间空间非常富裕，完全没有一般轿车那种拥挤的感觉。”

太太：“嗯，感觉不错。”

销售员：“长幼有序，宽大而软硬适中的座椅，配合第二排大型中央扶手，尽显长者尊贵，有头等舱的感觉；再说老人惜物，每次出行，他们随身不离的茶杯都可居中而立，伸手可及。”

丈夫：“你还别说，我爸爸到哪儿都要带着他那个茶杯，以后就可以放在这里了。”

销售员：“可放倒的第二排中央扶手，形成无隔阂的交流氛围，前后沟通其乐融融。”

太太坐到第三排座椅，伸直了脑袋往前看：“我试试。还真是，整个车内、车外都看得清清楚楚。”

销售员：“还有，老人既怕吵，但又不甘寂寞，难得一聚，希望在车中宁静交流，为此，新一代奥德赛在车身、发动机和底盘实施了彻底的隔音、防振处理，高速行驶时也可清晰对话、享受音乐，实现了中高档轿车出色的安静性。”

太太：“老公，你把车门都关上，我听听。”

先生将门窗关闭，太太：“嗯，还真是很安静，不错。”

指引观看后排空调出风口，销售员：“新一代奥德赛的三区域独立空调好似三个不同区域的温室，让老人尽享舒适空间。另外，老人通常血压不稳定，车辆行驶不稳定的话很容易晕车，新一代奥德赛的制动性能平顺，有效弱化制动冲击，灵敏而柔和的制动，使有老年病的老人，不感到头晕、心慌，心情平和舒畅。”

太太：“这个不错啊，和我们家那个车一样。坐惯了我家的威驰，总觉得公司里的那些车刹车的时候冲头冲脚，一点也不舒服。”

销售员：“那也有您先生车开得好的原因在里面啊。我们再到驾驶室看看吧。”

邀约客户进入前排，销售员：“全家出行，安全至上，G-CON 车身能有效吸收冲击能力，保护驾乘人员安全；配合 6 个安全气囊，尤其还有侧气帘。”

先生：“你刚才说有几个气囊？”

销售员：“6 个啊，主副驾各一个，两个侧气囊和两个侧气帘。”

太太：“咱们那辆威驰有几个？”

先生：“就两个。这高一个级别的车就是不一样。”

销售员：“这高的可不止是一个级别。这款车还配有 VSC 车辆稳定性控制系统，如遇特殊情况或湿滑路面，可以纠正转向不足或转向过度，即保证了全家的安全，又可使老人们免受扭腰之苦。要知道，就是再往威驰上面升一级，如卡罗拉也是没有这样的先进配置的。”

先生：“还真是的。”

销售员：“您再看这边。”

指引前排车窗，销售员：“偶遇阴雨或寒冷冬季，分水型前窗与车门板出风设计，保证了车速在 40km/h 时也依旧清晰；而采用亲水型镜片和电加热功能的加大后视镜，像水过无痕的明镜，一目了然。极大提升了在恶劣条件下的行驶安全性。”

先生：“那在动力性和操控性能上是不是也比我们原来那台车好？”

分 析

证实所推销的产品符合客户的需要。因为是现场的汽车销售，可以将“把推销品与客户需求结合起来”和“证实所推销的产品符合客户的需要”两部分结合起来做。在此销售人员对产品的全面了解是很重要的，否则不能给客户全面地介绍，会使客户感觉产品满足不了自己的需求，从而失去销售机会。

销售员：“当然，而且还是好很多。2.4L 的排气量 59kW 的动力输出、5 速自动变速器、VGR 速比可变转向，前后独立悬架……和威驰根本不是一个级别啊。要不，咱们去试试车？”

先生：“试车啊……”

先生看向太太：“你觉得我们今天有必要去试吗？”

太太：“不用了，明天把你我爸妈都接来，我们一起试多好，如果大家都喜欢，那就直接订啦。不过……”

太太扭头对销售员：“你可要给我们优惠啊！”

分　析

视情况将推销环节推进一步，不要一直停留在介绍产品的环节，促进客户接受所推销的产品。

销售员："放心，只要老人家对车满意了，价格不是问题，一定包您满意。而且明天开始就是国庆节大酬宾的第一天啦，有很划算的优惠哦！"

太太："好，那明天上午我们来找你。"

销售员："好嘞，我在展厅恭候二位！"

分　析

提出马上成交享受的优惠，激起客户的购买欲望，尽量让客户尽快成交。

第二天试车顺利，老人家非常满意，订单顺利成交。

分　析

促成客户采取购买行动。

这就是一个迪伯达模式的应用，这个模式虽然比爱达模式复杂、步骤多，但针对性强，推销效果较好，因而受到销售人员的重视。

四、利用埃德帕模式进行产品推销

李先生来到智能车机的销售区，端详着展柜中的各款智能一体机。销售员小张迎上前。

小张："您好，欢迎光临，请问您是想买一台一体机吗？"

李先生："是的。"

小张："我们这里有很多款智能车机，您是什么车上用呢？"

李先生："丰田卡罗拉。"

小张："好的，请问您对智能一体机的主要功能有哪些需求呢？是需要音响效果好一些还是倒车后视清晰一些或者是360°全景的？操控是触控的还是声控的？需要行车记录和停车监控吗？需要智能手车互联吗？"

李先生："我是新驾驶员，主要想买一款倒车后视360°全景，有行车记录和停车监控的。"

分　析

通过对话了解客户的需求，在摸清客户需求的基础上可以更好地推销产品。主动上门购买的李先生是带着明确需求而来的，李先生走进智能车机销售区，很明显是需要购买智能车机，因此推销人员在热情接待的同时应按照李先生的需求，为李先生提供尽可能多的选择性。

小张："好的，我给您选了这三款智能车机，都比较符合刚才您说的要求，您可以看一下，我们在实车上安装有样机，您可以上车体验一下。”

李先生到实车上对三款样机都进行了体验。

李先生：“嗯，还行。”

小张：“好的，那您觉得这几款的价位合适吗？哪款您最喜欢呢？”

李先生：“这三款都什么价格？”

小张：“先生，您预算的价格大概是多少呢？”

李先生：“3000 元左右吧。”

分 析

向客户展示产品，增加客户的购买欲望。在示范时应注意：首先应按照客户的需要示范产品；其次，销售人员应通过示范的方法进一步了解客户的需求。

小张：“嗯，好的。其实这一款是 3280 元，比较符合您的要求；这一款是 2680 元，也没有超过您的预算。我觉得这两款智能车机都非常适合您，从价位到功能。您看您更喜欢哪一款呢？”

分 析

淘汰不宜推销的产品。由于销售人员在之前向客户提供的推销品较多，其中一部分可能与客户的需求目标距离较大，因此需要把这部分不适合的产品筛选掉，把推销的重点放在适合客户需要的推销品上。

李先生比较了一下：“嗯，那就要这款能手车互联的吧。”

小张：“嗯，好的。李先生您真有眼光，这款是我们店卖得最好的一款，是其他几款产品销量的三倍。它既符合您的功能需求又能手车互联，使用更加方便。我马上就帮您试机。”

分 析

证实客户的选择正确，有助于坚定客户的购买信心。因此销售人员应注意针对不同类型的客户，用具有说服力的例证证明其选择的正确性，并及时予以赞扬。如案例中客户确定需要这款智能车机之后，销售人员用销量进一步肯定他的选择是正确的。

李先生：“嗯，试好就开票吧。”

分 析

促使客户接受推销品，做出购买决定。

一般来说，埃德帕模式适用于对有明显的购买愿望和购买目标的客户进行推销。当客户主动与销售人员接洽时，都是带着明确的需求目的，他们可能会明确提出要购买的产品。埃德帕模式中比较重要的环节是示范合适的产品和淘汰不合适的产品。

项目总结

本项目主要介绍了汽车配件销售的特点及消耗规律；汽车配件的零售方式及销售渠道；不同类型经销商的销售流程。通过本项目任务的实训，按照流程完成汽车配件销售业务，根据客户需求和配件情况，选择合理的推销模式进行产品推销，促成销售。

实训项目

实训一　完成下述配件订单的处理，客户订单见表3-4。

表3-4　客户订单

序号	配件名称	配件编号	单位	数量
1	防冻液	08880-12370	桶	1
2	灯泡	90981-13010	个	1
3	机油滤清器	90915-YZZJ4	个	1
4	空气滤清器	17801-02070	个	2
5	刮水片	85212-12430	瓶	2
6	排气凸轮轴总成	13502-33010	根	1
7	空调滤清器	87139-0N030	个	1

实训二　客户王先生到旭通汽配店购买奔驰S级四门轿车的两种配件，分别是机油泵和机油滤清器。销售员小李接待了王先生，准备进行配件介绍工作。选用合理的推销模式向王先生介绍这两种配件。

项目四 ▶ 汽车配件售后服务管理

学习目标

1. 能够建立客户档案。
2. 能够与客户顺畅沟通交流，跟踪回访客户。
3. 能够受理客户索赔。
4. 能够按照流程帮助客户进行索赔。
5. 能够正确处理客户对配件质量索赔的抱怨和投诉。
6. 具备较强的责任感和严谨的工作作风。
7. 树立服务客户的工作意识。

任务 1 客户关系管理

任务解析

本任务主要学习建立客户档案的方法，能够建立客户档案；掌握与客户联系的方法，能够跟踪回访客户，维护客户关系。

知识链接

客户关系管理是企业为提高核心竞争力，利用相应的信息技术以及互联网技术协调企业与客户间在销售、营销和服务上的交互，从而提升其管理方式，向客户提供创新式的个性化的客户交互和服务的过程。其最终目标是吸引新客户、保留老客户以及将已有客户转为忠实客户，增加市场份额。

一、客户关系管理的任务

1. 建立客户档案

客户档案是企业在与客户交往过程中所形成的客户资料、企业自行制作的客户信用分析报告，全面反映企业客户资信状况的综合性档案材料。建立合格的客户档案是企业信用管理的起点，属于企业信用管理的基础性工作。

客户档案原始资料是客户档案的基础内容，常见的客户档案原始资料主要有：客户名称、地址、邮政编码、联系电话、法定代表人姓名、注册资金、生产经营范围、经营状况、信用状况、与我方建立关系年月、往来银行、历年交易记录、联系记录等。现在汽车配件经销商一般都采用计算机管理客户档案，可以及时、快速、准确地查找所需信息。在对客户档案资料进行保管分析的过程中，各类原始资料的保管和整理是最基本的工作。

2. 客户分类

在建立客户档案，并对客户进行调查分析的基础上，对客户进行分类。一般的客户关系管理系统对客户的分类主要是依据以下内容：

（1）客户的信用状况　统计客户最近一年的付款情况是否及时，是否有拖延及拖延的天数与原因，然后根据这些因素，来判定客户的级别。

（2）客户的下单金额　统计近一年或者两年的客户下单金额，然后，按照其下单量从大到小进行排序。下单量可以从下单的金额进行考核，也可以从下单的数量进行考核。

（3）客户的发展前景　这主要针对新客户，企业通过考察、了解等手段，挖掘客户的潜在价值，然后，人为地判断其重要性。新客户因为没有历史交易的情况，所以很难用具体的数据来支持企业的决策，只有通过主观的判断，指定客户的优先级别。

（4）客户对企业利润的贡献率　这种方法不但从客户下单的金额考虑，还涉及其购买产品的成本与利润问题。统计一年内客户的销售订单量及其购买产品的利润率，然后算出该客户给企业创造了多少利润，再以这个利润的大小进行优先级的排名。

（5）综合加权　以上几个指标都只是从一个方面进行衡量，不免有点偏颇。为此，现在很多企业都喜欢从多个角度来衡量客户的价值，把以上各个指标按一定的比例进行加权，如“客户的信用状况”占 10%，“客户的下单金额”占 30%，“客户对企业利润的贡献率”占 60%，以 100 分为基础，然后按分数从高到低进行排列，对客户进行分级。

据此可以将客户归纳为 A、B、C 三大类，见表 4-1。

表 4-1　客户归纳分类

客户类型	特征
A 类客户	资信状况好，经营作风好，经济实力强，长期往来成交次数多，成交额较大，关系比较牢靠的基本往来户
B 类客户	资信状况好，经济实力不太强，但也能进行一般交易，完成一定购买额的一般往来户
C 类客户	资信状一般，业务成交量较少，可作为普通联系客户

这种分类方法是随情况变化而调整的，C 类客户有可能上升为 A 类客户，也有 B 类客户降为 C 类客户的。对于不同类别客户，要采取不同的策略，优先与 A 类客户成交，在资源分配和定价上适当优惠；对于 B 类客户要“保持”和“培养”；对 C 类客户则积极争取，加强联系，迅速了解。

3. 跟踪回访客户

客户回访是企业用来进行产品或服务满意度调查、客户消费行为调查、进行客户维系的常用方法，由于客户回访往往会与客户进行比较多的互动沟通，更是企业完善客户数据库，为进一步的交叉销售、向上销售做铺垫的准备，认真地策划就显得尤为重要。

二、4S 店常用的客户分类方法

汽车 4S 店按照所能够掌握的客户群体依据不同的特征或标准，如客户使用车型、客户职业、客户对汽车 4S 店的利润贡献等，划分成为不同的客户集合，属于同一客户集合的客户群体，在某些方面彼此相同或相似。汽车 4S 店依据所掌握的客户信息的深度和与客户接触频次的不同，采取不同的客户分类管理标准。基于对客户进行的分类管理，汽车 4S 店能够依据自身有限的资源，为不同的客户提供有目的性和个性化的服务，从而有效提高客户的满意度和汽车 4S 店资源分配的合理性。

1. 按车龄分类

（1）保修期内的客户　此类客户对车辆的关注度非常高。对汽车 4S 店的依赖度也相当高，大部分的车辆维护与维修基本上都是在汽车 4S 店进行，是汽车 4S 店最基本的目标客户，4S 店需要做的就是引导和固化客户消费习惯，培养客户消费意识，建立信赖的客户关系基础。

（2）三包期限内的客户　在此期间的客户，定期维护的积极性逐年降低，但随着车龄的增长，车辆的故障率也在逐年增加，维修费用占了很大比例。在服务时客户关注较高的是服务质量、清晰的服务过程和费用，对消费积分或其他服务优惠活动表现出浓厚的兴趣；这一类客户是汽车4S店关注的重点目标客户，理应积极地接触沟通，提供高质量的服务，培育客户忠诚度。

（3）三包期限外的客户　随着车辆老旧，逐步进入淘汰期，客户的消费欲望降到最低值，但一旦车辆出现大的故障或出险，客户仍然会首选到汽车4S店维修；汽车4S店不应轻易放弃客户，需要有针对性地开发客户新的兴趣点，深入挖掘客户的深层需求，在特殊政策的支持下，尽力留住该客户群体。

2. 按车辆用途分类

（1）私家车　此类客户在消费时，对质量和价格非常敏感，希望得到清晰的服务，同时也希望在情感方面得到汽车4S店服务人员的理解与尊重，汽车4S店创新服务形式和提供个性化的服务是赢得此类客户的关键。

（2）公务车　此类客户对车辆维修质量的关注度是最高的，同时，对于服务环境、服务享受、服务顾问的礼仪等方面也比较在意；细致的维修作业、严格的质量检验、多项的车辆检测、紧密的私人交往等是对待此类客户必不可少的方式方法。

（3）营运车　价格、时间、效率是此类客户接受服务时的三大考虑因素，相反，对服务态度、礼仪、环境等服务质量的不足的容忍度较高；对此类客户的服务应体现在快速和适当的价格上，在维修过程的交接车上要压缩时间，在维修质量上要更加关注，在价格上要适当给予优惠，但是，对于满意度，他们可能不会给予较高的分值。

3. 按售后管理系统中车辆进厂作业项目分类

（1）首保客户　此类客户都是新车销售客户，在售后管理系统中有明确的分类，客户处于蜜月期，对品牌和4S店新鲜感和依赖性较强，对于汽车和品牌有着超出一般客户的喜爱和信心，对汽车4S店有着很好的信任。此类客户，需要汽车4S店客服人员在新车交车后7日回访时要及时，态度要积极，与客户之间建立起良好的开端，同时，首保提醒要跟进，持续到客户进站为止。

（2）定期维护客户　售后管理系统中，到期维护提醒中可以识别客户群体档案，根据维护时间和下一次维护里程，客服人员可以导出客户群体档案，每月底导出到期维护客户群体档案，由客服和前台进行跟踪维护，邀约进站维护，完善客户进站资料，确保客户维护能够按照规定的时间和里程完成。

（3）一般维修客户（事故车）　售后管理系统中，一般维修的客户清单也是可以识别出来的，只要根据上月进厂信息就可以识别客户群体档案；客服人员只要能够坚持做好3日回访和日常的客户关怀识别和跟进，邀约客户进厂应该不是问题。

4. 按客户所在区域分类

（1）市区内客户　客户距离汽车4S店较近，相对进厂的次数较多，各项厂家的服务活动和汽车4S店组织的活动，均能参与，相对忠诚度较高；这类客户需要4S店重点维护，市区内的免费救援，多开展服务活动、店头活动，组织自驾游，爱车讲堂和年底的答谢晚宴等活动，以稳定客户，让客户产生依靠专卖店的习惯。

（2）县城　相对较远，一般维护和小的维修不会进站，服务活动参与较低，忠诚度相对较低。面对此类客户，4S 店可建立服务网点，完善服务网点的硬件和软件，网点的服务活动与总部保持一致，才能让此类客户感觉服务是享受的 4S 店的待遇，而不会轻易流失。

（3）乡镇　地区相对偏远，收入相对较低，对服务的要求相对偏低，成本意识较高，一般不会进站做维护和维修，偏重于社会修理厂。汽车 4S 店可以采取服务下乡、上门服务、优惠政策等以吸引客户，避免客户流失。

5. 按照客户价值分类

随着汽车 4S 店的发展，客户资源稳定增加，汽车 4S 店所掌握的客户信息越来越深入，客户对汽车 4S 店的价值差异逐步显现。汽车 4S 店这个阶段的主要任务是：将不同价值的客户区分开来，为能够创造更多价值的客户提供持续的、高质量的服务，同时促使不同价值客户向更高价值客户转变。

根据“二八原则”，20%的客户可能会贡献 80%的利润，而 80%的客户可能只贡献 20%的利润。通过客户分类将真正对汽车 4S 店有价值的客户甄别出来。

汽车 4S 店根据客单价、回站次数和回站周期三个要素划分客户的等级。其中客单价和回站次数建议以有偿服务即客户付费服务为准。汽车 4S 店认真分析本店客户分类的要素，确保客户分类以后的客户数量比例符合各级别的比例。建议先按照车型（或车系）划分，同系列的可按照同一标准划分。不同车型（或车系）的客单价要素划分标准不同，回站次数和周期可相同。汽车 4S 店客服人员只要在售后管理系统中的客户消费排行查询中，导出需要查询的客户信息，对筛选出的客户进行分类管理即可。

6. 按照客户年龄段分类

（1）20 世纪 60 年代后出生的客户群体　该客户群体相对思想比较保守，对于购买车辆之前就很谨慎，对于购车后的服务要求更为仔细。该类客户群体消费观念不强，对于车辆的维修过程很难放心，对汽车 4S 店信任度也会较低。汽车 4S 店可以结合一些实际的案例，采取一些切身实际的方法才能取得客户信任，同时，要及时办理会员积分等可以优惠的政策吸引此类客户。

（2）20 世纪 70 年代出生的客户群体　该客户群体相对成熟，对于服务有一定的认识，在考虑问题的过程中相对理智，面对可能产生的涉及车辆和人身安全的问题，能够听取 4S 店的建议；对于 4S 店开展的活动也能积极参与，并经常携家带口地参与。

（3）20 世纪 80 年代出生的客户群体　注重消费形式，重在表里之间，既要修好车，也要省钱，同时也要体面，愿意尝试新鲜的东西，乐于接受 4S 店的建议，对精品和养护的购买，更加积极。

（4）20 世纪 90 年代出生的客户群体　个性化的消费意识超强，车辆改装和外饰件的安装需求较明显，对于服务的要求也很特别，更多愿意参加自驾游活动，较少愿意听“爱车讲堂”之类的信息。该群体不愿麻烦，出现问题时直接授权专卖店给予处理即可，追求结果的倾向比较明显。

7. 按工作性质分类

（1）公务员　工作时间比较稳定，进厂做维护的时间也比较有规律，在周末时间维护的较多，对于服务的要求不是太强烈，不会轻易与4S店计较得失，小的问题一般不会与4S店产生摩擦，轻易也不会投诉4S店。对于此类客户，4S店要重点维护。

（2）企事业单位上班族　企事业单位的客户群体和公务员类似，但是，又有不同。其有稳定的收入，有着固定的消费观念和进厂规律，但是，对于消费的金额上会比较计较，同时，对于服务的要求比较苛刻，对于不满意的问题，采取的投诉渠道比较多元化。这类客户是4S店的中坚力量，也是最需要重点关注的群体，需要有灵活的政策和标准的流程等应对。

（3）务工人员　相对单纯，成本意识很高，进站率不是太高，对于服务的要求不是太强烈，只要能满足其基本的需求即可，超出其期望值的服务，可能换来的更多的是此类客户丰厚的回报。

（4）农民　相当传统，买车不易，修车花钱更艰难，哪里便宜去哪里，对4S店的认识就是“高大上”的理解，是高消费的地方，不愿意进站是其特点，偏重于修理厂的较多。此类客户要想吸引回厂，一定的赠券和维护产品、礼品等是吸引其回厂的方法。

8. 按传统定义的客户分类

（1）忠诚客户　消费金额高，消费频次高，对品牌的忠诚度较高，对汽车4S店信任度高，对质量问题、消费价格能接受，自身的素质较高，并能长期进站，是这类客户界定的依据。这类客户，4S店要进行一对一的专人服务，对客户进站要第一时间接待，安排技师、工位、备件和人员服务等，对于每次的服务活动和政策享受，要给予优先待遇，并做好口碑维护。

（2）一般客户　与4S店接触时间较少，对于品牌和4S店认识不足，还存有疑虑，没有形成忠诚度，尚在挖掘时期。这一类客户，4S店要想留住他们，需要在自身的硬件设施、服务环境、专业能力和规范的业务流程体现上征服客户。

（3）准流失客户　能够接受4S店的服务和关怀，理解4S店的工作形式，但是，在一些消费观念和服务感受上不认同4S店，或者与4S店存在摩擦，连续超过半年未进站的客户。此类客户，4S店要定期举办免费检测活动，提供维护等特色服务套餐，在加强客户关怀上下功夫，定期举行自驾游等活动，积累客户回厂，避免客户流失。

（4）流失客户　过保修期的客户、价格比较敏感的客户、对于服务要求比较苛刻的客户，一旦流失，基本不会回厂。4S店需要宣传自己的硬软件实力，定期上门回访客户，定期采取上门一对一服务免费检查和工时优惠政策，以及翻新自己的服务的方法，丰富客户俱乐部活动，有针对性的邀请客户参与一些本店开展的公益活动、联谊会等来吸引客户回厂。

三、客户关系管理岗位职责

1. 客户关系专员的岗位职责

1）协助客户关系主管制订客户服务的各项制度，为制度的合理性提供数据支持。

2）收集、整理客户需求信息并对信息进行分析，提出改善服务的具体建议和措施。

3）接待来访客户，协助处理客户提出的一般问题、要求。

4）建立客户资料管理系统，收集、录入客户资料，建立客户资料数据库。

5）实施客户满意度调查，了解客户对企业的满意程度及评价，为企业决策提供依据。

6）实施客户提案工作，负责客户提案的整理、汇总。

7）记录客户维修服务要求，及时安排相关人员做好维修。

2. 客户关系主管的岗位职责

1）负责建立有关客户服务的各项制度，如售后服务管理制度、客户资料管理制度等。

2）组织、监督客户服务的各项制度的实施，并对相关人员进行考核。

3）准备和实施政策、预算及目标，控制担保和信誉支出。

4）根据企业政策协议和预算结构，建立和发展客户服务项目。

5）保持和发展适当的数据，对客户服务项目做出计划和分析。

6）为经销商和下属确定培训项目，准备和提出其所需的相关资料。

7）制订销售、市场和售后部门工作程序及项目，提高企业形象，保证客户的忠诚度。

8）为售后服务员工包括售后区域经理提供指导，实施企业信誉政策。

9）培训和支持客户关系专员，指导下属工作并实施考核。

10）处理客户投诉案件及客户抱怨事件。

11）制订并组织实施客户提案制度。

四、客户关系管理工具

1. 客户满意度（CS）

客户满意度（Consumer Satisfaction，CS），也叫客户满意指数。客户满意度是对服务性行业的客户满意度调查系统的简称，是一个相对的概念，是客户期望值与客户体验的匹配程度。换言之，就是客户通过对一种产品可感知的效果与其期望值相比较后得出的指数。

美国论坛公司用近 10 年的时间对全美零售业、信用卡、银行、制造业、保险业、服务维修等 14 个行业的近万名客户服务人员和这些行业的客户进行了细致深入的调查研究，发现一个可以有效衡量客户服务质量的 RATER 指数。RATER 指数是五个英文单词的缩写，分别代表 Reliability（信赖度）、Assurance（专业度）、Tangibles（有形度）、Empathy（同理度）、Responsiveness（反应度）。而客户对于企业的满意程度直接取决于 RATER 指数的高低。

（1）信赖度　是指一个企业是否能够始终如一地履行自己对客户所做出的承诺，当企业真正做到这一点的时候，就会拥有良好的口碑，赢得客户的信赖。

（2）专业度　是指企业的服务人员所具备的专业知识、技能和职业素质，包括提供优质服务的能力、对客户的礼貌和尊敬、与客户有效沟通的技巧。

（3）有形度　是指有形的服务设施、环境、服务人员的仪表以及服务对客户的帮助和关怀等有形表现。服务本身是一种无形的产品，但是，如整洁的服务环境、餐厅里为幼儿提供的专用座椅、餐厅里带领小朋友载歌载舞的服务小姐等，都能使服务这一无形产品变得有形起来。

(4) 同理度　是指服务人员能够随时设身处地地为客户着想，真正地同情理解客户的处境、了解客户的需求。

(5) 反应度　是指服务人员对于客户的需求给予及时回应并能迅速提供服务的愿望。当服务出现问题时，马上回应、迅速解决能够给服务质量带来积极的影响。作为客户，需要的是积极主动的服务态度。

经过深入调查研究发现，对于服务质量这五个要素重要性的认知，客户的观点和企业的观点有所不同：客户认为这五个服务要素中信赖度和反应度是最重要的，这说明客户更希望企业或服务人员能够完全履行自己的承诺并及时地为其解决问题；而企业则认为这五个服务要素中有形度是最重要的。

2. 客户忠诚度（CL）

客户忠诚度（Customer Loyal，CL）又称为客户黏度，是指客户对某一特定产品或服务产生了好感，形成了“依附性”偏好，进而重复购买的一种趋向。

客户忠诚度主要通过客户的情感忠诚、行为忠诚和意识忠诚表现出来。其中情感忠诚表现为客户对企业的理念、行为和视觉形象的高度认同和满意；行为忠诚表现为客户再次消费时对企业的产品和服务的重复购买行为；意识忠诚则表现为客户做出的对企业的产品和服务的未来消费意向。这样，由情感、行为和意识三个方面组成的客户忠诚营销理论，着重于对客户行为趋向的评价，通过这种评价活动的开展，反映企业在未来经营活动中的竞争优势。

忠诚的客户对企业是最有价值的；客户忠诚度的小幅度增加会引起利润的大幅度增加。建立客户忠诚度是实现持续的利润增长的最有效方法。

建立客户忠诚度的关键因素：

(1) 服务质量　包括：产品质量，服务水平，技术能力。

(2) 服务效果　即客户内心感受的满足度，可以参考消费需求心理的诸多指标。

(3) 客户关系维系　包括：互动的同理心态，相对的盟友关系。

(4) 理念灌输　包括：产品（品牌）本身确认，服务（供应）商的确认。

(5) 持续的良性心理刺激及增值感受。

3. 客户终生价值（CLV）

客户终生价值（Customer Lifetime Value，CLV）指的是每个购买者在未来可能为企业带来的收益总和。研究表明，如同某种产品一样，客户对于企业利润的贡献也可以分为导入期、快速增长期、成熟期和衰退期。

每个客户的价值都由三部分构成：

1）历史价值，即到目前为止已经实现了的客户价值。

2）当前价值，即如果客户当前行为模式不发生改变的话，将来会给公司带来的客户价值。

3）潜在价值，即如果公司通过有效的交叉销售可以调动客户购买积极性，或促使客户向别人推荐产品和服务等，从而可能增加的客户价值。

任务实施

2021 年 1 月，新里程汽车售后服务维修站在旭通汽车配件公司购进了一批汽车防冻液和玻璃水。对于新客户，请建立一份客户档案。

在对客户档案资料进行保管分析的过程中，各类原始资料（即客户档案的原始资料）的保管和整理是最基本的工作，可将资料记入表 4-2 中。

表 4-2　客户档案

日期：________年_____月_____日　　　　　　　　　　　　　　　　　　填写人：

<table>
<tr><td rowspan="9">客户信息</td><td>消费者姓名</td><td></td><td>年龄</td><td></td><td>性别</td><td></td><td>职业</td><td></td></tr>
<tr><td>电话</td><td colspan="3"></td><td>电子邮件</td><td colspan="3"></td></tr>
<tr><td>手机</td><td colspan="3"></td><td>传真</td><td colspan="3"></td></tr>
<tr><td>部门</td><td colspan="3"></td><td>信用状况</td><td colspan="3"></td></tr>
<tr><td>公司名称</td><td colspan="3"></td><td>银行账号</td><td colspan="3"></td></tr>
<tr><td>公司法人</td><td colspan="3"></td><td>公司经营范围</td><td colspan="3"></td></tr>
<tr><td colspan="4">与我公司建立关系日期　　年　　月</td><td>其他联系人</td><td colspan="3"></td></tr>
<tr><td colspan="4" rowspan="2">详细地址</td><td>电话</td><td colspan="3"></td></tr>
<tr><td>邮编</td><td colspan="3"></td></tr>
<tr><td rowspan="9">交易记录</td><td colspan="4">第一次　　年　　月　　日</td><td colspan="4">交货日期　　年　　月　　日</td></tr>
<tr><td colspan="8">货物名称</td></tr>
<tr><td colspan="4">总货款</td><td colspan="4">付款日期　　年　　月　　日</td></tr>
<tr><td colspan="4">第二次　　年　　月　　日</td><td colspan="4">交货日期　　年　　月　　日</td></tr>
<tr><td colspan="8">货物名称</td></tr>
<tr><td colspan="4">总货款</td><td colspan="4">付款日期　　年　　月　　日</td></tr>
<tr><td colspan="4">第三次　　年　　月　　日</td><td colspan="4">交货日期　　年　　月　　日</td></tr>
<tr><td colspan="8">货物名称</td></tr>
<tr><td colspan="4">总货款</td><td colspan="4">付款日期　　年　　月　　日</td></tr>
<tr><td rowspan="6">联系记录</td><td colspan="4">第一次　　年　　月　　日</td><td colspan="4">对方联系人</td></tr>
<tr><td colspan="8">沟通内容及处理意见</td></tr>
<tr><td colspan="4">第二次　　年　　月　　日</td><td colspan="4">对方联系人</td></tr>
<tr><td colspan="8">沟通内容及处理意见</td></tr>
<tr><td colspan="4">第三次　　年　　月　　日</td><td colspan="4">对方联系人</td></tr>
<tr><td colspan="8">沟通内容及处理意见</td></tr>
</table>

客户档案管理是对与客户有关的材料及其他技术资料加以收集、整理、鉴定、统计、保管和对变动情况进行记载的一项专门工作。客户档案应由专人负责，档案的建立与保管要注意以下几点：

1）档案内容必须完整、准确。

2）档案内容的增减变动必须及时。

3）档案必须完整无损，要注意防火、防盗、防潮、防霉、防蛀、防污损变质。

4）档案的查阅、改动必须遵循有关规章制度。

5）要确保某些档案及资料的保密性。

在一次空调配件供货结束后，配件销售员小王对新里程汽车售后服务维修站进行回访，回访情况要记入客户回访表。

1. 客户回访

配件销售员不但要分类登记管理各种配件及其相应的客户资料、对客户的信息进行查询统计，而且还要对重要客户跟踪回访。客户购买配件后的一定时间内，要回访客户一次，提醒客户按说明书使用并适时维护，同时询问有无异常情况，及时帮助客户解决难题。例如客户购买了空调配件，换季时要提醒客户进行日常维护。这样做既让客户感到销售员的周到服务，同时又能建立长期稳定的销售网络。表 4-3 是一张简单的客户回访表样例。

表 4-3　客户回访表样例

客户名称		电话	
地址			
回访日期	年　月　日	时间	时　　分
别种配件品质		客户对本公司配件和别种配件的比较	
同业销售政策动向及市场情况		对本公司配件的希望及意见	
推销及其他活动情况		备注	

2. 与客户保持联系

（1）与客户保持联系的方法　经常翻阅客户档案，打电话询问客户所购买配件的使用情况，询问是否需要其他帮助。对于基本往来客户可定期或不定期召开座谈会，也可在节日时邮寄贺卡或礼品，或邀请他们参加本企业的一些庆典和文化娱乐活动。所有这些，都是为了加深与客户的感情，以保持今后的业务往来。

（2）与客户联系时应遵循的原则

1）给客户叙述的机会，请客户提出他的要求。

2）专心听取客户的要求并做出答复。向客户表现出热心、真诚的态度，并理解他们的处境。当客户叙述时，不要打断他们。这样做有利于客户提供正确的信息，并取得客户的信任。

3）多提问题，确保完全理解客户的需求。

4）总结客户要求。

任务 2　汽车配件索赔管理

任务解析

通过完成本任务，能够界定客户抱怨的问题配件是否属于索赔范围，能按照流程帮助客户进行索赔。

知识链接

一、售后配件索赔

1. 汽车售后配件索赔的含义

汽车售后配件索赔是指汽车4S店售出的车辆，在保修期内出现零部件的质量问题，由索赔员代替客户与厂家协商，给予配件的维修或更换，其相关费用（材料费+工时费等）由厂家支付，从而维护厂家及消费者的权利，这一过程称为“索赔”。

2. 汽车售后配件索赔的目的

索赔的目的是对产品质量的担保，使客户对汽车企业的产品满意，对汽车企业的售后服务满意，以树立汽车企业形象，维护汽车企业信誉，进一步完善汽车配件供应体系，从而以优质的服务赢得客户的信赖。

3. 汽车售后配件索赔的原则

汽车配件索赔工作中应遵守的原则是：诚信正直、公平公正、相互信赖、认真负责。

4. 汽车售后配件索赔直接影响到四方面的利益

1）客户的利益——是否可以办理索赔。

2）4S店的利益——是否可以得到厂家的赔付。

3）生产厂家的利益——是否向4S店赔付。

4）配套厂家的利益——是否接受零件的索赔。

二、4S店向主机厂索赔

1. 可索赔的范围

1）委托发运的汽车配件，到达4S店后，包装没有破损情况下的短缺、多余、误件及破损。

2）委托发运的汽车配件，到达4S店后，因厂家配件包装质量不合格而造成的损坏和丢失。

3）委托发运的汽车配件，到达4S店后，包装破损情况下的多余件和误件。

4）4S店使用汽车配件时发现的质量不合格的配件。

5）因厂家提供的零件目录错误，而使4S店错订的不适合车型的汽车配件。

2. 不可索赔的范围

1）非厂家配件部门提供的汽车配件。

2）4S店来人或指定人员自提所发生的短缺件、多余件、误件及破损件。

3）4S店在修车使用配件时，因违反装配工艺而造成的损坏。

4）凡在运输途中因外包装原因或因被窃而造成的损失，4S店可根据保险赔偿规定与运输部门协商解决，厂家可提供有关证明材料。

3. 索赔规定及费用

1）严禁4S店将不属于索赔范围的汽车配件报赔。

2）4S店向厂家配件部门提出的短缺件、多余件、误件及破损件索赔，有严格的时间限制。一般规定在收到配件15天之内将索赔清单和有关材料寄送厂家配件部门。

3）4S店向厂家配件部门发出汽车配件质量问题报赔，应对发现的问题立即进行初步鉴定，并自发现起一周内将索赔清单和有关材料寄送厂家配件部门。

4）汽车配件因损坏或质量不合格，4S店提出索赔时，如果不需要更换总成，只要换个别零件就可以达到技术要求，厂家配件部门只对个别零件进行赔付；如果某些汽车配件通过维修，不需要更换就能达到技术要求，厂家配件部门将不予赔付。

5）索赔件赔付后，原件归厂家配件部门所有。

6）玻璃、塑料件等易碎件原则上不予赔付。

4. 索赔鉴定

1）由4S店自行鉴定，索赔员如实填写汽车配件索赔申请单并申报。

2）由厂家售后服务科的现场代表到现场进行鉴定，写出鉴定报告和处理意见。

3）4S店索赔员将索赔件返回厂家，由厂家配件部门有关人员及现场代表进行鉴定，写出鉴定报告和处理意见。

4）会同有关专家鉴定，写出鉴定报告和处理意见。

5. 索赔表单填写

索赔表单由4S店索赔员填写，要完整、清晰、真实。索赔表单应附有简要的说明和必要的照片，4S店领导签字并加盖公章，经厂家配件部门销售员、计划员、仓储管理员及索赔负责人员核实无误，厂家配件部门负责人签字，方可生效，予以赔付。

三、客户向4S店索赔

由于诸多无法预料的原因，汽车及零配件在使用过程中可能会出现质量问题，为维护消费者利益，树立品牌形象，各厂家均设立了索赔服务，并由4S店直接负责实施。

1. 保修索赔期

（1）整车保修索赔期　我国《家用汽车产品修理、更换、退货责任规定》（简称汽车“三包”法规）第十七条中规定：家用汽车产品包修期不得低于3年或者行驶里程60000km，以先到者为准；家用汽车产品三包有效期限不得低于2年或者行驶里程50000km，以先到者为准。家用汽车产品包修期和三包有效期自销售者开具购车发票之日起计算。

目前，国内汽车生产商都各自规定了产品质量问题索赔期，部分车企对传统能源整车保修期和新能源汽车保修期规定有所不同，部分品牌整车及关键部件保修期举例见表4-4。

表4-4　部分品牌整车及关键部件保修期举例

品牌	整车保修索赔期	新能源汽车关键部件
梅赛德斯-奔驰	3年不限公里（V级车/威霆为3年或60000km，以先到者为准）	8年或16万km/8年或12万km/6年或10万km，先到者为准

（续）

品牌	整车保修索赔期	新能源汽车关键部件
宝马	3年或者10万km，以先到者为准	8年或12万km/8年或10万km/8年或16万km，先到者为准
奥迪	3年或10万km，以先到者为准	8年或16万km/8年或12万km，以先到者为准
路虎	3年或10万km，以先到者为准	PHEV蓄电池的原厂质保期为8年或16万km，以先到者为准，并且蓄电池健康状态至少达到70%
雷克萨斯	4年或10万km，以先到者为准	8年或16万km/8年或12万km，以先到者为准
一汽丰田	3年或10万km，以先到者为准	8年或20万km，以先到者为准
一汽-大众	3年或10万km，以先到者为准	8年或16万km，以先到者为准
广汽本田	3年或10万km，以先到者为准	8年或15万km，以先到者为准
特斯拉	4年或8万km，以先到者为准	8年或24万km/8年或16万km/8年或19.2万km，以先到者为准
蔚来	终身	终身
小鹏	3年或6万km，以先到者为准	8年或16万km/8年或15万km，以先到者为准

不同车型的保修索赔期不同，具体情况可参照使用说明书或向4S店进行咨询。

（2）配件保修索赔期　在整车保修期内由4S店免费更换安装的零配件，其保修索赔期为整车保修索赔期的剩余部分，即随整车保修索赔期结束而结束。

由用户付费并由4S店更换和安装的零配件，从车辆修理结束交付客户验收合格之日和当时里程数计算，其保修索赔期为2年或4万km，以先到者为准。在此保修期内，因为保修而免费更换的同一零配件的保修索赔期为其付费配件保修索赔期的剩余部分，即随付费配件的保修索赔期结束而结束。

2. 保修索赔条件

1）必须是在规定的保修索赔期内。

2）客户必须遵守保修维护手册的规定，正确驾驶、定期维护、正确存放车辆。

3）所有保修服务工作必须由汽车制造厂设在各地的4S店实施。

4）必须是由4S店售出并安装或原车装配的零配件。

3. 保修索赔范围

1）在保修索赔期内，车辆正常使用情况下整车或零配件发生故障、修复故障时发生的材料费、工时费属于保修索赔范围。

2）在保修索赔期内，因产品质量问题每次修理时间（包括等待修理备用件时间）超过5日的，应当为消费者提供备用车，或者给予合理的交通费用补偿。

3）在保修索赔期内，车辆发生故障无法行驶，需要4S店外出抢修，4S店在外出抢修中的交通、住宿等费用属于保修索赔范围。

4. 非保修索赔范围

1）因未按保修维护手册规定使用和维护车辆引起的损失。

2）因客户私自改装汽车或换装不属于本公司提供的零配件而引起的损失。

3）常用消耗品（如润滑油、制动液、冷媒）和易损件（空气滤清器、汽油滤清器、机油滤清器）。

4）排气系统的锈蚀。

5）在非正常温度环境下存放或使用车辆、汽车超载引起的零配件损坏。

6）由于客户选用不当的燃油、润滑油、防冻液、制动液或维护中没有使用规定的材料而造成的故障。

7）由于发动机吸入水分或进水造成的故障。

8）在新车运送、交付、保管过程中，因不正确的操作造成零配件丢失、锈蚀、碰撞等损失。

9）对于变色、褪色、气孔、裂纹、凹痕、锈蚀和喷漆板件、内外饰件、橡胶制品等因日晒雨淋老化的情况，客户在提车时要检查好，如有上述情况立即提出索赔，否则将不予索赔。

10）在保修索赔期内，客户车辆出现故障后未经厂家或4S店同意继续使用车辆而造成进一步损坏，厂家只对原故障损失负责，其余损失不在索赔范围。

11）在保修索赔期内，车辆未经厂家许可在非4S店修车发生的费用及随之产生的损坏。

12）客户不能提交保修维护手册或证明所购车辆身份的有关凭证。

13）随车工具不予索赔。

14）因不可抗力造成的损坏。

四、4S店索赔员的职责

汽车制造厂家要求每个4S店必须配备一名专职索赔员，专职从事保修索赔、免费维护和质量信息反馈工作。

1. 对索赔员的要求

根据索赔的工作性质，对专职索赔员提出以下具体要求：

1）具有必备的汽车专业理论知识。

2）具有丰富的现场维修经验，有对汽车故障进行检查和判断的能力。

3）有较强的语言表达能力，善于沟通。

4）为人正直，工作仔细认真。

5）具有计算机基本应用能力。

6）通过汽车制造厂的专职索赔员培训，考核合格并授予上岗证书。

2. 索赔员的工作职责

每一位专职索赔员都是汽车制造厂家保修索赔工作的代表，其工作职责如下：

1）充分理解保修索赔政策，熟悉汽车制造厂家保修索赔工作的业务知识。

2）对待客户要热情礼貌、不卑不亢，认真听取客户的质量报怨，实事求是地做好每一辆提出索赔申请故障车的政策审核和质量鉴定工作。

3）严格按照保修索赔政策为客户办理索赔申请。

4）准确、及时地填报汽车制造厂家规定的各类索赔表单和质量情况报告，完整地保管和运送索赔旧件。

5）积极向客户宣传和解释保修索赔政策。

6）积极协助客户做好每一次免费维护和例行维护。

7）在客户的保修维护手册上记录好每一次保修和维护情况。

8）严格、细致地做好售前检查。

9）及时准确地向汽车制造厂家索赔管理部提交质量信息报告。重大质量问题及时填写“重大故障报告单”，并在第一时间传真给汽车制造厂索赔管理部。

任务实施

2021 年 1 月，新里程汽车售后服务维修站在旭通汽车配件经销处购进了一批汽车防冻液和玻璃水。在验收入库时，发现到货的防冻液和玻璃水存在破损的情况，入库验收人员立即与索赔专员联系，申请索赔。

一、汽车配件索赔类别判定

1. 短缺件、多余件、误件索赔判定

以采购零件 A 为例，短缺件、多余件、误件索赔的判定如图 4-1 所示。

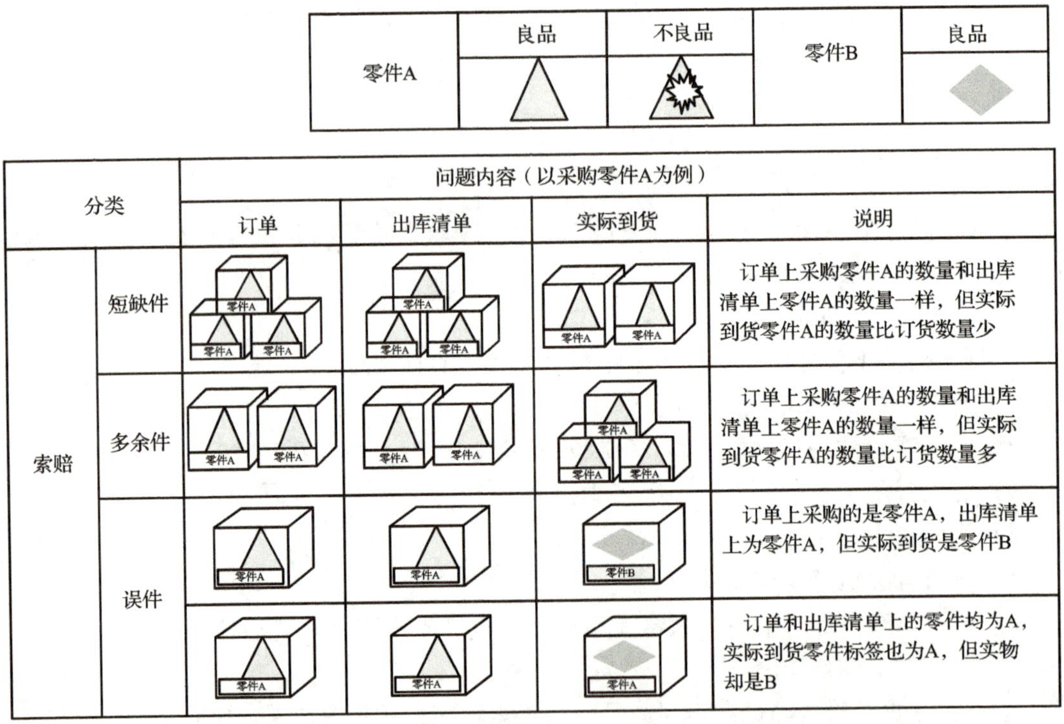

图 4-1　短缺件、多余件、误件索赔的判定

2. 质量索赔判定

以采购零件 A 为例，质量索赔的判定如图 4-2 所示。

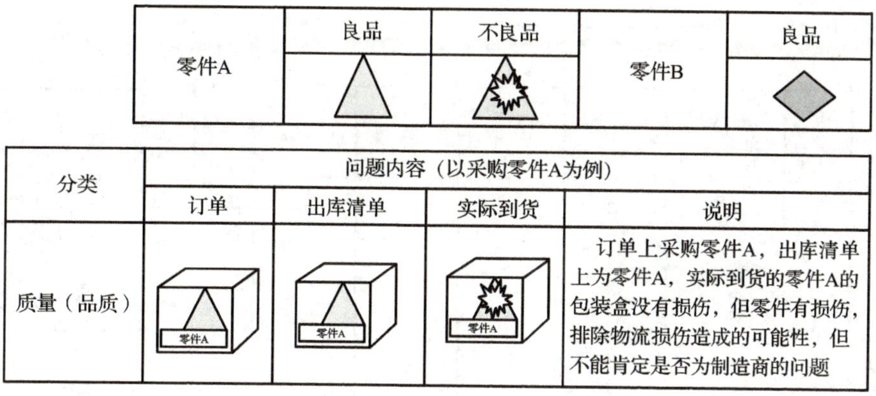

图 4-2　质量索赔判定

3. 物流索赔判定

以采购零件 A 为例，物流索赔的判定如图 4-3 所示。

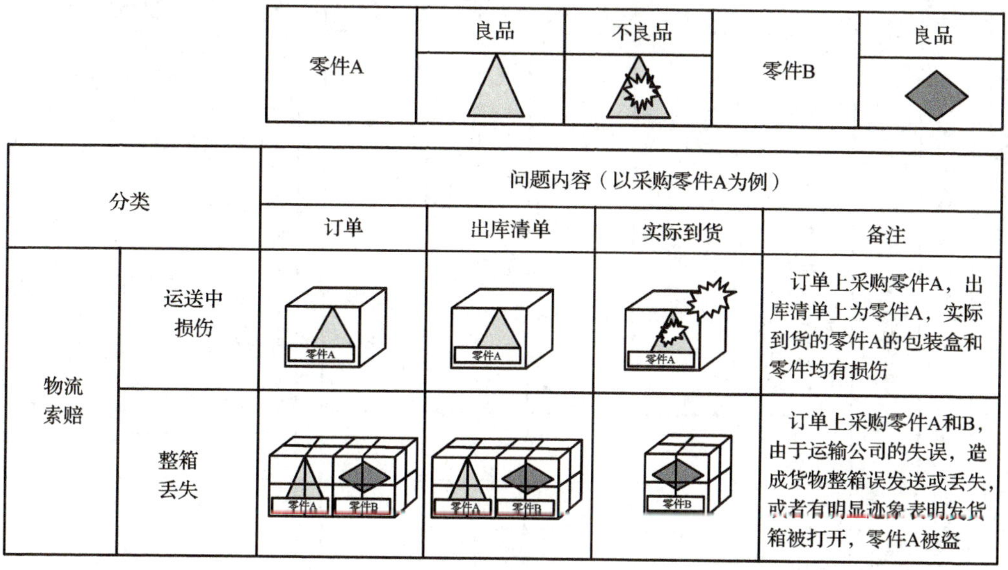

图 4-3　物流索赔判定

二、汽车配件索赔报告填写

针对不同类型的索赔，厂家均制作了相应的表单。4S 店索赔员要根据不同的情况进行对应表单的填写。

1. 短缺件、多余件、误件索赔报告填写

短缺件、多余件、误件索赔报告样本如图 4-4 所示。

如果发生了第二种类型的误件情况，即订单和出库清单上的零件均为 A，实际到货时零件标签也为 A，但包装内实物却是 B，这时要填写更加详细的报告，并提供对比照片。报告样本如图 4-5 所示。

零件短缺件/多余件/误件报告

特约维修店负责人名字		报告 →	零件供应中心负责人名字		回答 →	特约维修店

零件供应中心名称	××零件供应中心	特约维修店名称	××汽车销售服务有限公司

零件供应中心发货票号	123456	收货日期（A）	2022年02月24日（四）	报告日期（B）	2022年02月25日（五）	（A）·（B）	B

箱号	项目号	清单零件编号 / 实际收货零件编号	Y/Z	清单件数	收货件数	短缺件数	多余件数	单价	总额	维修店要求	原因	零件供应商回答
1	12	11111-11111		10	8	2		99	198	R	1	
1	14	22222-22222		2	3		1	88	88	B	2	
2	1	33333-33333	Z	1	0	1		77	77	C	3	
		33333-44333		0	1		1					
2	8	44444-44444	Y	5	2	3		66	198	C	3	
				0	3							

地区供应中心备注

样本

Y：零件包装上编号与实收零件不同
Z：零件包装上编号与实收零件均不符

要求代码	内容
C	抵消
R	再发送
B	可以购买

原因代码	原因	提供文件：本报告书	提供文件：相片	提供文件：其他文件
1	短缺	0		
2	多余	0	0	
3	误件	0	0	
5	其他	0	0	0

回答代码	内容
A	同意要求
AR	同意要求/请求退还
X	不同意要求

图4-4　短缺件、多余件、误件索赔报告

零件质量问题报告--样式1

Tel:
Fax:
e-mail:

经销店品质担当：
零件经理：
联系电话：
邮箱：

零件质量问题报告

编号规则：ZL-DLR/FPD代码-年月日-序号

问题类型：	□ 品质问题　☑ 误件问题	质量问题报告编号：	
问题现象：	车标大小不一样		
经销店名称：		申报日期：	
零件号：	754410R010	零件名称：	背门1号铭牌
收货日期：	2020/2/22	零件标签日期：	2019/10/18

图片及说明

1

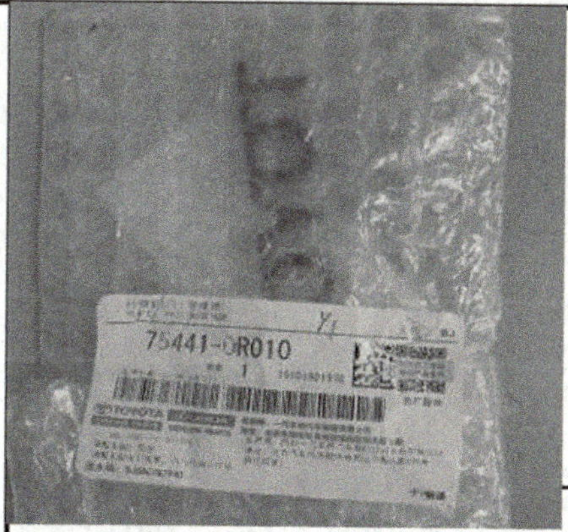

说明：零件编码标签

说明：到货零件

2

说明：　原车零件

说明：到货零件与原车零件大小不符

图 4-5　报告样本

2. 质量索赔报告填写

质量索赔报告样本如图 4-6 所示。

零件质量问题报告--样式1

TO:	经销店品质担当:
Tel:	零件经理:
Fax:	联系电话:
e-mail:	邮箱:

编号规则：ZL-DLR/FPD代码-年月日-序号

零件质量问题报告

问题类型:	☑ 品质问题	☐ 误件问题	质量问题报告编号	
问题现象:	出厂打胶没打好，都是褶皱			
经销店名称		申报日期:	2021/6/16	
零件号:	633100R100B2	零件名称:	车顶内衬总成	1
收货日期:	2021/6/9	零件标签日期:	2021.4.21	

图片及说明

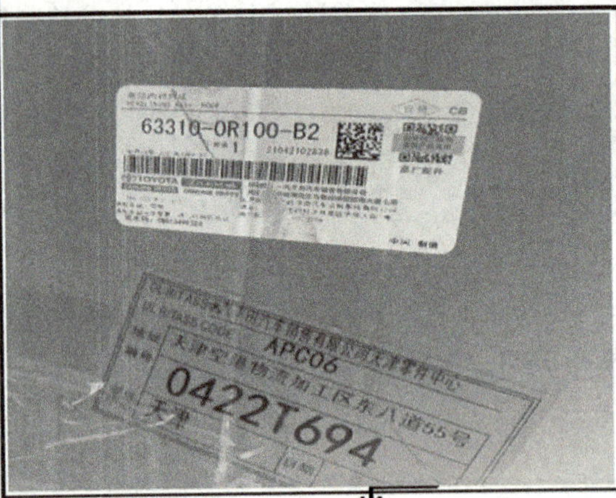

说明：零件标签

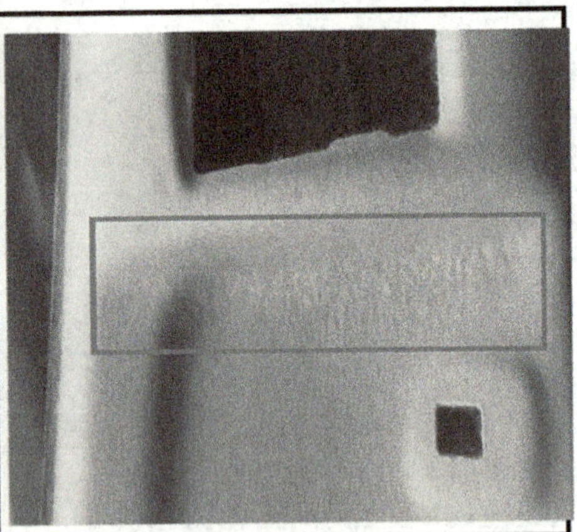

说明：外包装都完好，实物有褶皱，出厂胶没打好

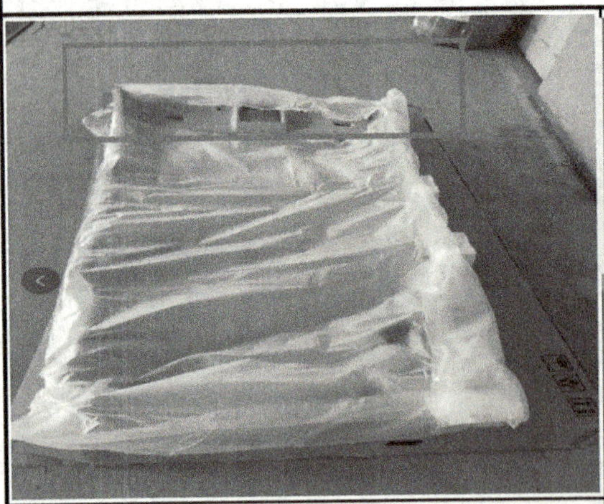

说明：零件外包装完好

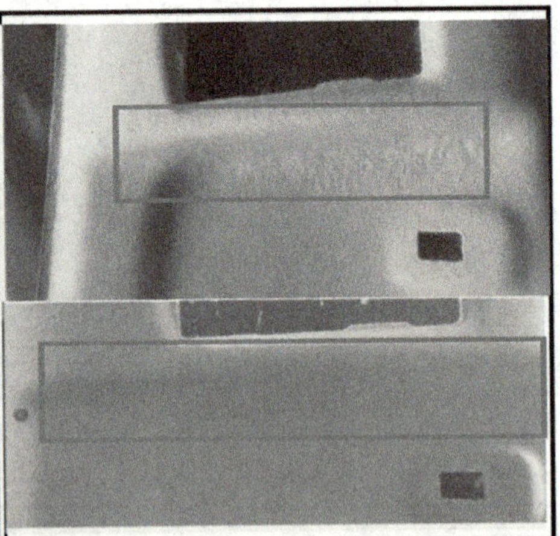

说明：上图为问题零件，下图为正常零件

图 4-6　质量索赔报告样本

3. 物流索赔报告填写

物流索赔报告样本如图 4-7 所示。

保险索赔B表

有限公司（Tel：　　　　　　Fax：　　　　　　）
抄送<运输公司名称>

事故报告书（补给零件用）

索赔函编号：＿＿＿＿＿＿＿＿　　　　报告书顺序编号：＿＿＿＿＿＿＿＿

收货×××汽车销售服务有限公司　　　　填写日期：2020年11月12日

<table>
<tr><td>零件号码</td><td colspan="3">16360–F0130</td></tr>
<tr><td>零件名称</td><td>带电机的风扇总成</td><td>数量</td><td>1</td></tr>
<tr><td>损伤发现</td><td colspan="3">卸货（　）　接收验货（√）　入库（　）　出库（　）　修理开箱时（　）</td></tr>
<tr><td colspan="2">装箱照片</td><td colspan="2">1.包装盒破损与零件损伤位置一致（　）
2.包装盒没有破损，缓冲材料破损与零件损伤位置一致（　）
3.包装盒、缓冲材料没有破损,但是零件损伤（√）</td></tr>
<tr><td colspan="2">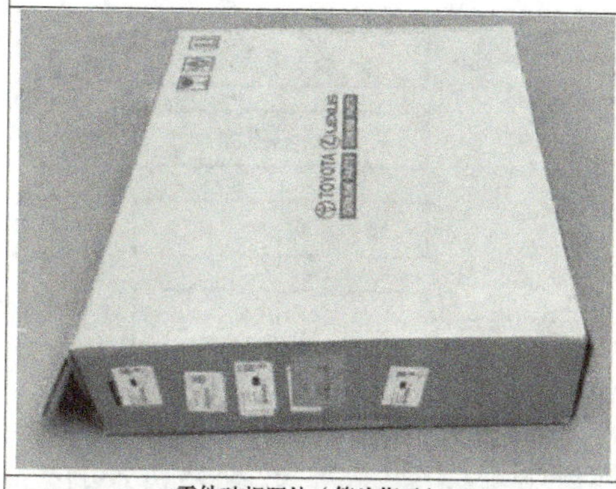</td><td colspan="2">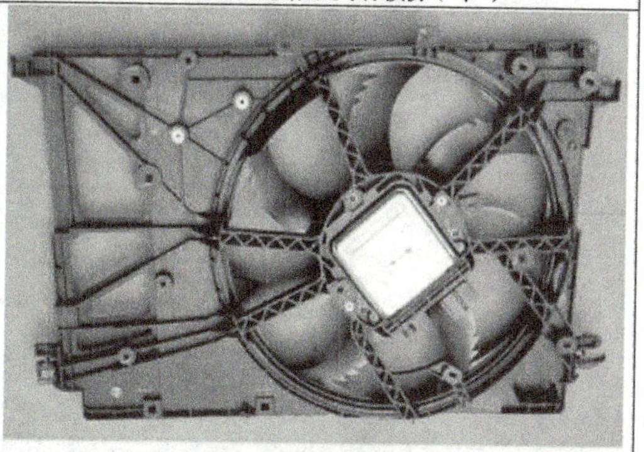</td></tr>
<tr><td colspan="2">零件破损照片（箭头指示）</td><td colspan="2">零件标签、出库标签照片</td></tr>
<tr><td colspan="2">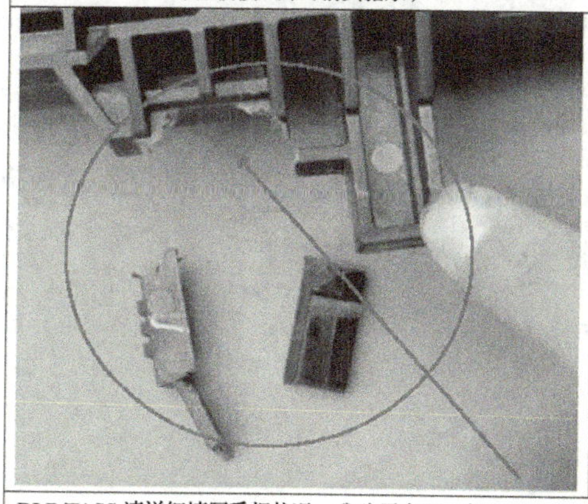</td><td colspan="2">
</td></tr>
<tr><td colspan="4">DLR/TASS 请详细填写受损状况：我公司在2020年11月12日入库该零件，零件号码：16360–F0130，票号为：FY00002。此风扇总成底角处断裂，发生破损，已无法正常使用，特申请办理索赔</td></tr>
<tr><td colspan="4">210FPD确定损伤发生原因
供应商：　包装方式不良（　）　其他（√）
FPD：　装箱不良（　）　其他（√）
运输公司：运输中的撞击（　）　装卸不当（√）　货物集载（　）　坠落（　）　其他（　）</td></tr>
<tr><td colspan="4">FPD确定损伤种类
破损（√）　折断（　）　弯曲（　）　凹陷（　）　水浸（　）　污损（　）　生锈（　）　其他（　）</td></tr>
</table>

图 4-7　物流索赔报告样本

三、汽车配件索赔流程

保修索赔是售后服务的重要组成部分，各维修服务站和配件经销商都有各自不同的保修模式和保修条例。某特约维修服务站的汽车配件索赔流程如图 4-8 所示。

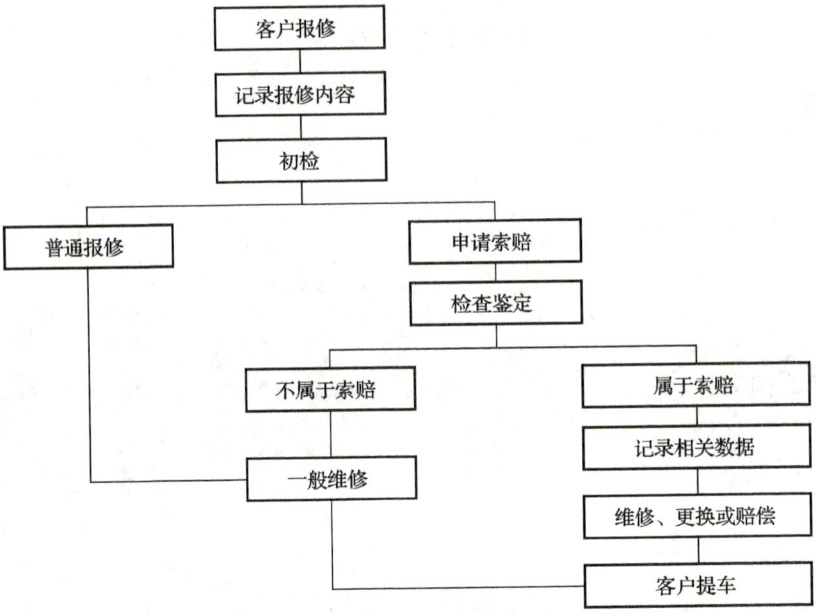

图 4-8　汽车配件索赔流程

随着汽车保有量的增加，汽车配件的质量问题接踵而至，对汽车配件质量的投诉呈递增趋势。如果有客户前来索赔，一定要热情礼貌地接待，充分理解客户所表现出来的急躁态度和言行。至于客户所反映的内容属不属于索赔范围，一定要仔细辨别，进行质量鉴定。如果客户对鉴定结果存在争议，一定要运用丰富的理论知识和实践经验摆事实、讲道理，既要满足客户的要求，又不给企业造成不必要的损失。最后一步就是办理索赔，填写索赔单，是修还是换，是折价赔偿还是全额赔偿，做出决定后给客户一个结果。在打印索赔单时，一定要注意保证处理结果准确无误，打印完成后，要让客户在索赔单上签字并要求核对其所修项目。

四、索赔旧件处理

1. 索赔旧件处理规定

1）任何情况下都不允许将更换下的索赔旧件再次出售、扔掉和用作新件或再制造件的重要部件。

2）被更换下来的索赔旧件的所有权归汽车制造厂所有，各 4S 店必须在规定时间内按指定的方式将其运回厂家索赔管理部。

3）更换下来的索赔旧件应挂上“索赔旧件悬挂标签”，保证粘贴牢固并按规定填写好该标签，零件故障处需要详细填写，相关故障码和故障数据也须填写完整。索赔旧件悬挂标签由汽车制造厂索赔管理部统一印制，4S 店可以向索赔管理部申领。

4）故障件的缺陷、破损部位一定要用红色或黑色等不易脱落的颜料或记号笔做出明显标记。

5）应尽可能保持索赔旧件拆卸下来后的原始故障状态，一些规定不可分解的零件不可擅自分解，否则将视为该零件的故障为拆卸不当所致，不予索赔。

6）旧机油、变速器油、制动液、转向液、润滑油脂、冷却液等不便运输的索赔旧件无特殊要求不必运回，按当地有关部门规定自行处理。

7）在规定时间内将索赔旧件运回。回运前索赔员应填写《索赔件回运清单》，注明各索赔旧件的装箱编号。索赔旧件必须统一装箱，箱子外部按规定贴上《索赔旧件回运装箱单》并把箱子封装牢固。

8）汽车制造厂家索赔管理部对回运的索赔旧件进行检验后，对存在问题的索赔申请返回或取消。

9）各4S店有权索回被取消索赔申请的旧件，但须承担相应的运输费用。

2. 索赔旧件的报废

未经汽车制造厂家索赔管理部的书面同意，任何4S店都不得擅自实施索赔零件报废。

项目总结

本项目主要介绍了建立客户档案和客户分类的方法；索赔专员和索赔主管的岗位职责；鉴定是否属于索赔范围的方法；索赔类别的判定及索赔的流程。通过本项目任务的实训完成了建立客户档案，客户追踪回访，按规定受理索赔申请，按流程办理索赔。

实训项目

实训一 宋先生购买的卡罗拉汽车使用仅5000km就发现空调压缩机异响。刚开空调的时候“滋滋”地响，响一会儿就不响了，有点像传动带打滑的声音，可是又没那么大。宋先生去4S店修理。服务顾问接待后，根据宋先生报修情况、车辆状况及车辆维护记录，送至保修工位。索赔员协同维修技师确认故障点及引起故障的原因，后又经技术经理判断是压缩机问题。该车有关资料显示，其空调配件在质量保修索赔范围之内，履行索赔手续后，为宋先生更换了新的空调压缩机。如何鉴定该空调压缩机是否属于索赔范围？

实训二 客户李先生于2021年12月份在4S店购买了一辆某品牌的汽车，在2022年2月份时发现电动车窗无法正常升降，于是打电话预约到4S店进行维修。服务顾问接待了李先生，并联系了索赔员小王，准备鉴定一下是否属于索赔范围（附：该品牌整车质保2年或6万km）。经鉴定，李先生的情况在索赔范围内，索赔员小王要在电脑系统中填写索赔申请。请根据案例内容模拟填写索赔申请单，见表4-5。

表 4-5　质量保修索赔申请单

<table>
<tr><td colspan="3">×××汽车</td><td colspan="2">质量保修申请表</td><td>（盖章）
网点名称：________
网点编号：________</td></tr>
<tr><td colspan="2">申请单编号：</td><td>申请日期：</td><td rowspan="3">备件保修</td><td colspan="2">备件装车里程：</td></tr>
<tr><td colspan="3">客户单位：</td><td colspan="2">备件装车日期：</td></tr>
<tr><td colspan="3">销售单位：</td><td colspan="2">装车派工单号：</td></tr>
<tr><td>车型</td><td>底盘号</td><td>行驶里程</td><td colspan="2">购车日期</td><td>分类号</td></tr>
<tr><td colspan="6">申请理由：</td></tr>
<tr><td colspan="6"></td></tr>
<tr><td colspan="6"></td></tr>
<tr><td colspan="6"></td></tr>
<tr><td colspan="4">需要更换的总成（零件）</td><td colspan="2">总成（零件）编号</td></tr>
<tr><td colspan="4"></td><td colspan="2"></td></tr>
<tr><td colspan="4"></td><td colspan="2"></td></tr>
<tr><td colspan="4"></td><td colspan="2"></td></tr>
<tr><td colspan="4">小计</td><td colspan="2"></td></tr>
</table>

鉴定人：　　　　　　　　　　　　网点审核人：

附录

合作企业仓储管理作业 SOP

1.中小件上架SOP（附图1）

作业名称	入库上架	标准作业指导书		经理	部长	仓库长	现场管理
作业进度	中小件上架	实施日期：					

NO.	作业顺序	作业标准 ★高效★安全★品质★服务★
①	穿戴、整理劳保用品，工作开始，执行标准作业，如图1	
②	到分拣完成区域，按照台车摆放顺序提一台车，如图2	
③	根据台车上货物内容，推到台车货物相对应的货位位置，如图3	注意行走路线
④	拿起台车上的零件，对照入库标签与所粘贴货物是否一致，确认零件数量，确认货位，如图4	再次确认
⑤	在核定中发现零件数量不全或与货位内零件不符时，要停止，拿回给现场监督者	
⑥	车上零件上完后，按照规定路线把车按顺序位置停好，如图5	
⑦	到分拣完成区域，进行下一上架任务	
⑧		
⑨		

正确实例

图1

图2

图3

图4

图5

图6

安全遵守项目	
	异常处理规则=停止→呼叫→等待
	作业必要保护用具=手套
	备注：

经理	部长	NO.	提出日期	改善内容	改善理由

附图1

2.大件上架SOP（附图2）

作业名称	入库上架	标准作业指导书		经理	部长	仓库长	现场管理
作业进度	大件上架	实施日期：					

NO.	作业顺序	作业标准 ★高效★安全★品质★服务★	正确实例
①	穿戴、整理劳保用品，工作开始，执行标准作业，如图1		
②	到分拣完成区域，按照台车摆放顺序提一台车，如图2		
③	根据台车上货物内容，推到台车货物相对应的货位位置，如图3	注意行走路线	
④	拿起台车上零件，对照入库标签与所粘贴货物是否一致，确认零件数量，确认货位，如图4、图5	再次确认	
⑤	在核定中发现零件数量不全或与货位内零件不符时，要停止，拿回给现场监督者		
⑥	车上零件上完后，按照规定路线把车按顺序位置停好，如图6	一定要把空车放到分拣空车位，便于下道工作的衔接	
⑦	到分拣完成区域，进行下一上架任务		
⑧			

图1

图2

图3

图4

图5

图6

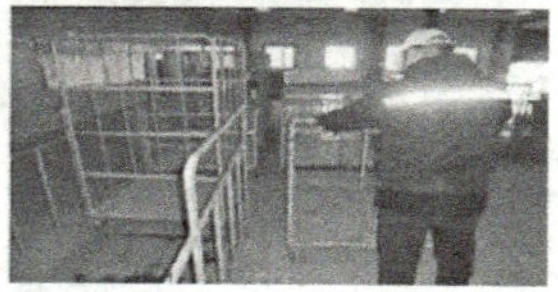

安全遵守项目	
	异常处理规则=停止→呼叫→等待
	作业必要保护用具=手套
	备注：

经理	部长	NO.	提出日期	改善内容	改善理由

附图2

3.备货搬入、搬出SOP（附图3）

作业名称	保管	标准作业指导书		经理	部长	仓库长	现场管理
作业进度	备货搬入、搬出	实施日期:					

NO.	作业顺序	作业标准 ★高效★安全★品质★服务★
①	主料位口满载时，更改备货标签数量（增加）后，按照仓位备货标签指示来到备货区域	备货标签修改满了，要及时更换
②	搬入备货放完后，修改备货标签数量及日期	修改要用看板笔，容易擦涂
③	备货1口满载时，增加备货2口	备货2口指示与备货1口指示有对应
④	提取备货时，先根据料位主口数量调整备货标签数量（减少）	注意可补充数量与料位口最多补货数量
⑤	按照仓位备货标签指示来到备货区域，进行搬出作业，完成后，修改备货标签数量	修改要用看板笔，容易擦涂
⑥	如有多个备货口，从1号口顺序搬出	先进先出
⑦		
⑧		

正确实例

图1

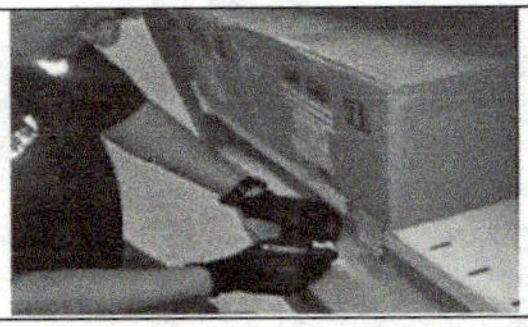

图2

图3

图4

图5

图6

安全遵守项目	
	异常处理规则=停止→呼叫—等待
	作业必要保护用具=手套
	备注:

经理	部长	NO.	提出日期	改善内容	改善理由

附图3

4.打印出库发票，任务分配SOP（附图4）

作业名称	出库	标准作业指导书		经理	部长	仓库长	现场管理
作业进度	打印出库发票，任务分配	实施日期：					

NO.	作业顺序	作业标准 ★高效★安全★品质★服务★
①	首先要熟知配送路线路径与截单时间	
②	在TOPSS上按客户截单时间段获取数据，如图1、图2、图3	截单时间要精确
③	检查打印纸是否装好，打印发票清单与提货小票，如图4	
④	把提货小票按标准循环统计分割成段，并进行统计	依次循环，直到完成
⑤	按时将出库票分配到提货板对应路径，并填写管理看板，如图5	
⑥	工作结束后，按5S 要求整理	登记要准确，客户发票一定要清楚
⑦		
⑧		
⑨		

正确实例

图1

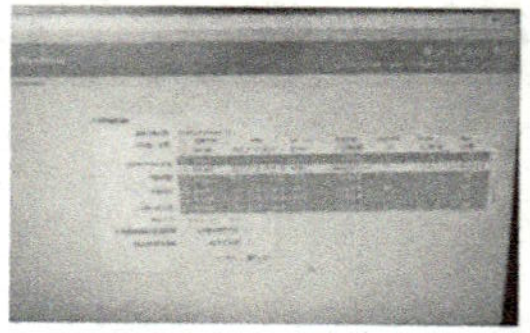

图2

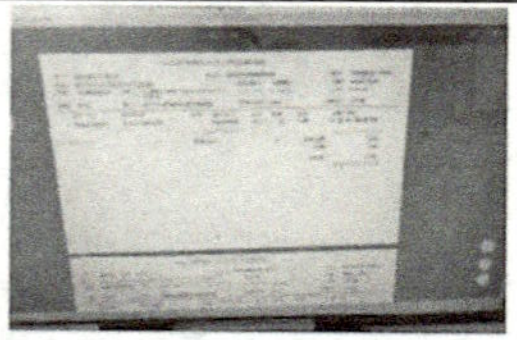

图3

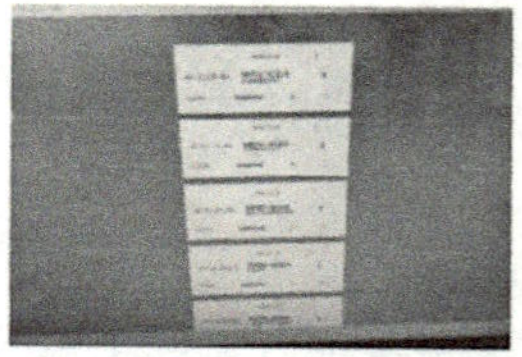

图4

图5

图6

安全遵守项目	
	异常处理规则=停止→呼叫→等待
	作业必要保护用具=手套
	备注：

经理	部长	NO.	提出日期	改善内容	改善理由

附图4

5.中小件提货SOP（附图5）

作业名称	出库	标准作业指导书		经理	部长	仓库长	现场管理
作业进度	中小件提货	实施日期:					

NO.	作业顺序	作业标准 ★高效★安全★品质★服务★
①	穿戴、整理劳保用品，工作开始，执行标准作业，如图1	
②	到任务版提取任务标签，如图2	在提货小票上敲上标记
③	按指定路线到达对应零件货位，如图3	
④	到达货位后按照提货小票指令提取货物，如图4	确认零件号码，零件数量
⑤	货物提取完成后，按照规定路线送到发货小件捆包区放好，如图5	*在按线路分货时，进行二次零件号码及数量的核实*
⑥	车上零件分拣完后，按照行走路线，把车按顺序位置停好，如图6	
⑦	等待下一指令	
⑧		
⑨		

正确实例

图1

图2

图3

图4
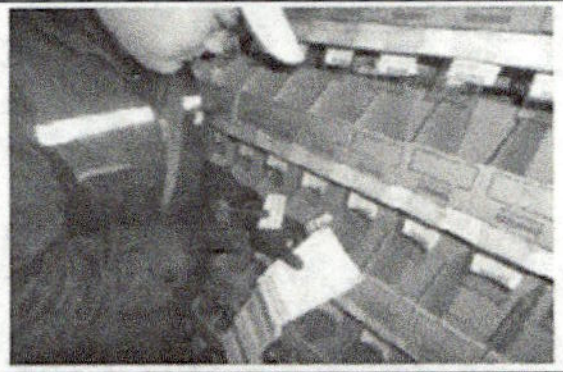

图5

图6

安全遵守项目	
	异常处理规则=停止→呼叫→等待
	作业必要保护用具=手套
	备注:

经理	部长	NO.	提出日期	改善内容	改善理由

附图5

6.大件提货SOP（附图6）

作业名称	出库	标准作业指导书		经理	部长	仓库长	现场管理
作业进度	大件提货	实施日期:					

NO.	作业顺序	作业标准 ★高效★安全★品质★服务★	正确实例	
①	穿戴、整理劳保用品，工作开始，执行标准作业，如图1		图1 	图2 
②	到任务板前提取任务标签，如图2	在提货小票上做上标记		
③	按指定路线到达对应零件货位，如图3		图3 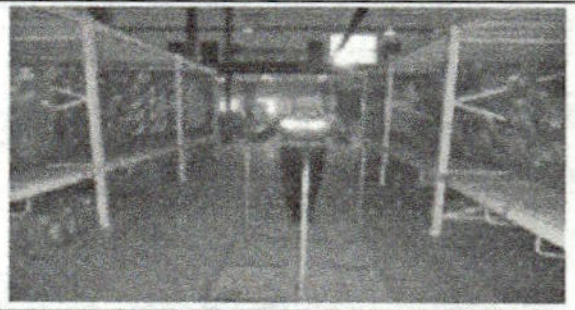	图4 
④	到达货位后按照提货小票指令提取货物，如图4	确认零件号码，零件数量		
⑤	按照指定线路将提取货物分放到大件捆包作业区，如图5	*在按线路分货时，进行零件号码及数量的二次核实*	图5 	图6 
⑥	分放完货物后，把大件出库车停在分拣停车位上，如图6			
⑦	结束本次任务，进入下次任务			
⑧				

安全遵守项目	
	异常处理规则=停止→呼叫→等待
	作业必要保护用具=手套
	备注:

经理	部长	NO.	提出日期	改善内容	改善理由

附图6

7.捆包准备工作SOP（附图7）

作业名称	捆包	标准作业指导书		经理	部长	仓库长	现场管理
作业进度	捆包准备工作	实施日期:					

NO.	作业顺序	作业标准 ★高效★安全★品质★服务★
①	准备好分拣工具，如图1	
②	中小件准备好回收箱及木排子，如图2	按照货量选好回收箱使用
③	大件摆放好木排子，如图3	注意出库零件不允许落地
④	按照路径摆好看板，如图4	以便装车人员清点件数
⑤	准备完成，进行下一项工作	
⑥		
⑦		
⑧		

正确实例

图1

图2

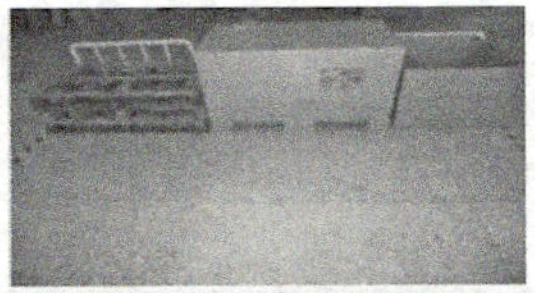

图3

图4

图5

图6

安全遵守项目	
	异常处理规则=停止→呼叫→等待
	作业必要保护用具=手套
	备注:

经理	部长	NO.	提出日期	改善内容	改善理由

附图7

8.中小件捆包作业SOP（附图8）

作业名称	捆包	标准作业指导书		经理	部长	仓库长	现场管理
作业进度	中小件捆包作业	实施日期:					

NO.	作业顺序	作业标准 ★高效★安全★品质★服务★
①	接到客户销售单后，在出库登记本上登记发票单号，如图1	客户发票划分时准确无误
②	登记时，客户名称统一，发票号码登记准确、详细，如图2	必须精准，登记无遗漏
③	作业时，首先核对零件编号是否与发票清单一致，如图3、图5	
④	再次核对数量，如图3、图4	
⑤	依次循环，直到作业完成	
⑥		
⑦		
⑧		

正确实例

图1 	图2 
图3 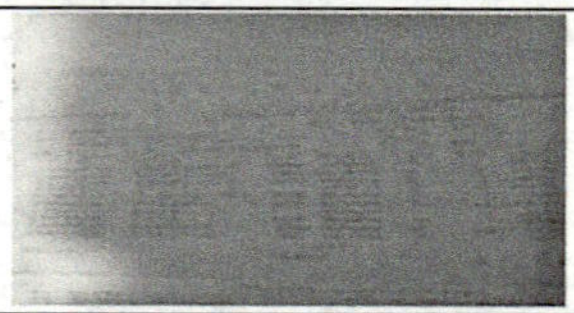	图4 
图5 	图6

安全遵守项目	
	异常处理规则=停止→呼叫→等待
	作业必要保护用具=手套
	备注:

经理	部长	NO.	提出日期	改善内容	改善理由

附图8

9.大件捆包作业SOP（附图9）

作业名称	出库	标准作业指导书		经理	部长	仓库长	现场管理
作业进度	大件捆包作业	实施日期：					

NO.	作业顺序	作业标准 ★高效★安全★品质★服务★
①	首先核对出库小票与零件号是否一致，如图1	
②	核实无误，零件需要检验，如图2	发现有问题零件及时更换
③	确认零件无问题之后，把零件放到指定位置，如图3	注意：盖板两个角需二次包装，保险杠角二次包装，玻璃加固包装，独立零件包装检查
④	统计件数，填写看板，如图4	
⑤	完成后，按5S进行整理	
⑥		
⑦		
⑧		

正确实例

图1

图2

图3

图4

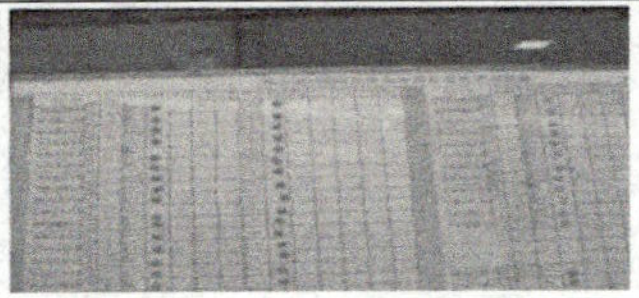

图5

图6

安全遵守项目	
	异常处理规则=停止→呼叫→等待
	作业必要保护用具=手套
	备注：

经理	部长	NO.	提出日期	改善内容	改善理由

附图9

10.装箱作业SOP（附图10）

作业名称	捆包	标准作业指导书		经理	部长	仓库长	现场管理
作业进度	装箱作业	实施日期：					

NO.	作业顺序	作业标准 ★高效★安全★品质★服务★
①	复检及核对完成后，进行装箱	
②	装箱时，首先验货，如图1	确认零件无损坏
③	装箱中，轻重分开，重物下置，如图2	
④	独立易损零件要2次包装，如图3	
⑤	装箱完成后把零件放到排子上，如图4	
⑥	清点件数，把零件放到指定位置	件数要精确
⑦	填写看板	
⑧	完成后，按5S进行整理	
⑨		

正确实例

图1

图2

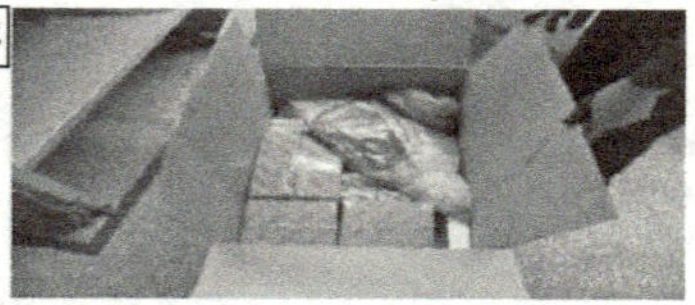

图3

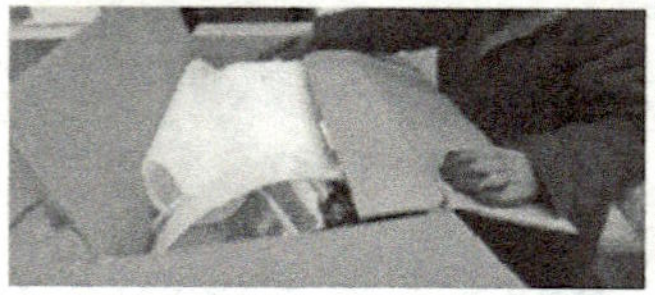

图4

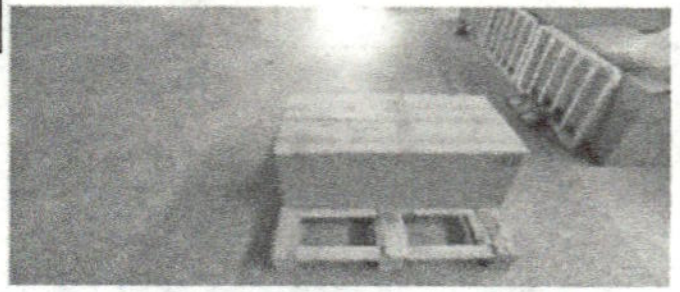

图5

图6

安全遵守项目	
	异常处理规则=停止→呼叫→等待
	作业必要保护用具=手套
	备注：

经理	部长	NO.	提出日期	改善内容	改善理由

附图10

11. 5S现场管理SOP（附图11）

工　作　名	5S	标准作业指导书	哈尔滨FPD	经理	部长	主任	现场
工作进度	任意时段		零件办公室				

NO.	作业顺序	作业标准★安全★品质★效能★服务★
①	在规定时间段对负责区域按5S进行整理	早8:30—8:50 晚17:10—17:30
②	在空闲时段对负责区域按5S进行整理	整理、整顿、清扫、清洁、素养
③	对仓位标签整理	货位整齐，规范
④	对仓位整齐度整理	作业区整齐，干净
⑤	对仓位周边卫生清扫，清洁	标签完整，地面干净
⑥	保持仓位的干净整洁	
⑦		
⑧		
⑨		
⑩		
⑪		
⑫		

安全遵守项目	
	异常处理规则=停止→呼叫→等待
	作业必要保护用具=手套
	备注:

经理	部长	提出日期	NO.	改善内容	改善理由

附图11

参 考 文 献

［1］钱燕．汽车配件与管理［M］．北京：人民邮电出版社，2014.
［2］刘海雄．汽车配件营销与管理［M］．北京：北京出版社，2014.
［3］孙凤英．汽车配件与营销［M］．北京：机械工业出版社，2016.
［4］姚丽萍．汽车零部件营销［M］．北京：机械工业出版社，2014.
［5］夏志华，郭玲．汽车配件市场营销［M］．北京：北京理工大学出版社，2010.
［6］谭克诚，杨琳．汽车与配件营销教程［M］．北京：机械工业出版社，2011.
［7］李刚．汽车及配件营销实训［M］．北京：北京理工大学出版社，2011.
［8］韦焕典．现代汽车配件基础知识［M］．2 版．北京：化学工业出版社，2017.
［9］滕仙娟．汽车及配件营销［M］．北京：人民邮电出版社，2013.
［10］张彤，牛雅丽．汽车售后配件管理［M］．2 版．北京：机械工业出版社，2016.
［11］郭捷，刘铭．汽车配件管理与营销［M］．北京：机械工业出版社，2019.